河北省 2020—2021 年度社会科学基金项目
（项目批准号 HB20JY015）

中国近代职业教育思潮流变研究

赵建平◎著

燕山大学出版社
·秦皇岛·

图书在版编目（CIP）数据

中国近代职业教育思潮流变研究 / 赵建平著. —秦皇岛：燕山大学出版社，2024.6
ISBN 978-7-5761-0616-9

Ⅰ. ①中… Ⅱ. ①赵… Ⅲ. ①职业教育－教育思想－思想史－研究－中国－近代 Ⅳ. ①G719.29

中国国家版本馆 CIP 数据核字（2024）第 011037 号

中国近代职业教育思潮流变研究
ZHONGGUO JINDAI ZHIYE JIAOYU SICHAO LIUBIAN YANJIU

赵建平 著

出 版 人：陈 玉	
责任编辑：张文婷	策划编辑：裴立超
责任印制：吴 波	封面设计：刘韦希
出版发行：燕山大学出版社	电 话：0335-8387555
地 址：河北省秦皇岛市河北大街西段 438 号	邮政编码：066004
印 刷：涿州市般润文化传播有限公司	经 销：全国新华书店
开 本：710 mm×1000 mm 1/16	印 张：15.5
版 次：2024 年 6 月第 1 版	印 次：2024 年 6 月第 1 次印刷
书 号：ISBN 978-7-5761-0616-9	字 数：230 千字
定 价：62.00 元	

版权所有 侵权必究

如发生印刷、装订质量问题，读者可与出版社联系调换

联系电话：0335-8387718

前　言

  对中国近代职业教育思潮的研究，学术界选择切入的方法一般有四种。第一种方法是重点研究和介绍与中国近代职业教育相关的主要代表人物的思想，诸如魏源、康有为、梁启超、张之洞、张謇、蔡元培、黄炎培、陶行知、徐特立等人的思想。这些人的思想具有代表性，而且与教育实践活动紧密联系，通过他们的理论与实践来了解中国近代职业教育思想史，不失为一种好方法，但是不足之处是难以反映中国近代职业教育思潮的演变过程与规律的全貌。第二种是重点掌握几种主要思潮，如经世实学思潮、洋务教育思潮、维新教育思潮、实业教育思潮、职业教育思潮等。这种关注主要思潮的方法，能够比较清晰地反映近代职业教育思想的发展演变，突出重点，有利于对中国近代职业教育思潮演进规律的探讨和总结。第三种是阶级分析法，即按地主阶级改良派、资产阶级改良派、资产阶级革命派、新民主主义革命派等来给近代职业教育思想分类，这种方法有利于辨别各个政治派别的职业教育思想的本质，但也难免会出现思想分类简单化、绝对化等问题。第四种是按照不同的主题来掌握各种主要职业教育思潮，如"师夷长技"、中体西用、实业救国、生计生利、实用主义、职业救国等，这种方法比较灵活，但有些主题贯穿于中国近代多个时期，难以准确概括和区分。

  为了便于探讨中国近代职业教育思潮演变的特征和规律，本研究从梳理中国近代几个主要职业教育思潮的产生、发展、演进入手，结合对有代表性的职业教育思想家的思想阐释，对应不同职业教育思潮的时代背景，对这些职业教育思潮的兴起与衰落的流变历程进行分析，进而对中国近代职业教育思潮流变的若干特点和规律进行初步的探讨。

（一）

中国的职业教育发展是一个历史性的范畴。

马克思主义教育史观认为，教育起源于人类的生产劳动。原始人类的生产和生活经验传授活动既是教育的萌芽阶段，也是职业教育的萌芽和发端。原始社会的人类生产从采集到种植，从狩猎和捕捞到驯化养殖，从打磨到烧制陶器等，生产劳动技术不断发展。原始农业、渔业、畜牧业、手工业等生产劳动技术的传授活动是自然的、非形式化的。这是由原始社会的生产力低下和原始社会分工状况决定的，即所谓"长者为师"，实现生产和生活技能经验的代际传递。因为那时还没有也无法进行"职"与"业"的明确划分，自然也不会有独立形态的职业教育。在奴隶制时代，国家出现专门的学校时，即"党有庠、术有序、国有学"和"以吏为师"的教育发展阶段，官办教育由奴隶主贵族阶层所独享，与生产劳动相分离。与生产劳动相结合的农业、手工业技艺传授以及经商、行医等职业性质的教育不被列入官办学校系统中，仍以"长者为师""能者为师"的朴素形式存在于生产生活中。

春秋战国时代，关于"职"与"业"的划分已经有文献可考证。如《周礼·天官冢宰·小宰》中记载："以官府之六职辨邦治：一曰治职……二曰教职……三曰礼职……四曰政职……五曰刑职……六曰事职……"《周礼·考工记·总叙》中也记载："国有六职，百工居一焉……坐而论道谓之王公；坐而行之谓之士大夫；审曲面执，以饬五材，以辨民器，谓之百工；通四方珍异以资之，谓之商旅；饬力以长地财，谓之农夫；治丝麻以成之，谓之妇功。"《国语·齐语》中记载了齐桓公和管子有这样一段对话："桓公曰：成民之事若何？管子对曰：四民者，勿使杂处……处士，使就闲燕；处工就官府，处商就市井，处农就田野。"管仲是中国历史上第一次提出"士、农、工、商四民分业定居"理论的思想家。由上述文献叙述可见，中国社会早在春秋战国时期以前就有了"职"与"业"的划分，而中国古代的"职"与"业"是截然不同的两个概念，一般来讲，"职"指的是官职，"业"指的是民业。"职"与"业"的教育自然也是分开的，在教育制度、内容、形式等方面都截然不同。官办学校中的"六艺"教育基本上是"职"的教育，而官办手工业工场中的"工师授徒"，民间的"子就父学""教作者传家技"等应属于"业"的教育。

诸子百家的私学是春秋战国时期教育的重要组成部分。其中，墨家思想和私学教育中包含大量的科学技术成分，体现了朴素的职业技术教育思想；农家私学的重农思想和农业技术传播也是典型的职业技术教育；兵家私学以兵法谋略、兵器制造技术等培养军事人才，也是特殊的职业技术教育。然而，儒家显学中"君子谋道不谋食""重于道而游于艺"等思想，把"道"提高到前所未有的高度，从而为西汉之后漫长历史时期"独尊儒术""重道轻艺"的儒学教育奠定了思想和价值观基础。封建教育制度把科学技术教育基本排除于官办学校教育体系之外。自汉代至清朝末年的两千多年间，以四书五经为主要内容的儒家经学，经过隋朝以来"科举取士"人才选拔制度的不断强化，长期占据封建教育的主流。除了封建统治需要的少数算学、律学、医学、书学等经学之外的内容列入了官办教育系统，其他诸如农、工、商、医等方面的职业教育内容均以隐性形式存在于民间生产和生活之中。

难能可贵的是，面对儒学教育空疏无用的现实，中国古代一些有识之士曾经先后倡导了经世致用实学思想，有的还在自己的家教或办学过程中付诸了实践。如南北朝时期的颜之推曾经提出"积财千万不如薄技在身"的思想；北宋时期的教育家胡瑗在苏州和湖州设学，采用"苏湖教学法"，分设"经义斋"和"治事斋"，其中的"治事斋"主要学习天文、历算、农田、水利、军事等实学知识。清代的颜元批判理学，提倡实学，开设家塾传授"六艺"和兵、农、钱、谷、水、火、工、虞等经世致用的实务,晚年时在他主持的漳南书院里实行分斋教学,设置了"文事、武备、经史、艺能、理学、帖括"六斋,课程里多含实用知识,并且采用"习行"教法,在封建时代是难能可贵的。明末清初的实学思想发展为一个新的阶段,徐光启、李贽、黄宗羲、顾炎武、王夫之等人批判封建理学空虚无用,开辟了经世致用的新学风。清末时期,龚自珍、林则徐、魏源等人率先放眼世界,提出学习西方的科学技术,"师夷长技以制夷",形成新的经世实学思潮。

清末至民国时期是中国传统职业教育向现代职业教育过渡和转型的重要历史阶段。中国近代社会的政治、经济、文化、教育等各因素激烈动荡,近代职业教育思潮与实学思潮、洋务教育思潮、维新教育思潮、民主革命教育思潮、实用主义教育思潮等都有密切的关系,在这些思潮的推动下,形成了中国近代职业教育制度。古代的隐性的、非系统化、非制度化的传统职业教育向制度化、形式化、系统化的近代职业教育过渡和转型,可以称之为中国职业教育近代化阶段。在职业教育近代化的过程中,独立形态的职业学校(包括洋务学堂、实业学堂、实业学校、职业学校等)相继设立,独立建制的职业教育制度(包括实业教育、职业教育等)先后列入近代不同历史时期的国家学制体系中。

梳理中国近代职业教育的发展演进过程可以发现,中国职业教育近代化是在内忧外患叠加交织的特殊历史时期逐步实现的。因此,中国近代职业教育既不可能是单纯的中国古代教育自然分化或传统职业教育的自然演进,更不可能完全是单纯的西方"舶来品"。可以明确地说,中国近代职业教育是在中国古代传统职业教育的本体上发展而来,同时也是引进和借鉴近代欧美、日本等国外先进职业教育思想、制度等发展而来的。

(二)

如何界定中国近代职业教育、中国近代职业教育思潮的概念内涵与外延，是本研究的出发点和落脚点，需要提前予以明确。

参照我国的教育史研究和教育思想研究惯例，对中国近代职业教育思潮的研究立足于广义的职业教育范畴更为合理。通俗而言，职业教育即为从事或胜任某种"职"与"业"而进行的教育。就像教育有广义和狭义的概念之分，职业教育的概念同样也有广义和狭义之分。广义的职业教育是指人类社会中所有传授有关生产劳动的知识、技能、品德的社会实践活动，包括非形式化、非制度化、非系统化的职业教育和形式化、制度化、系统化的职业教育两种类型，分为家庭职业教育、社会职业教育和学校职业教育等具体形式。狭义的职业教育是指学校教育制度下所进行的有目的、有计划、有组织的职业道德、职业知识和技能的传授活动。所以，不能简单地从"职业教育""职业学校教育"的现代词义范围来界定近代职业教育、近代职业教育思想的表现形态、历史阶段和代表人物等，而是要以历史唯物主义为指导，综合考量中国近代社会职业分工状况、教育结构状况、思想潮流演变状况等史实，客观地进行分析和界定。

中国近代是从封建社会转变为半殖民地半封建社会的特殊历史时期，教育形态也由以经学为主的封建科举教育和传统的农、工、商、医等学徒制教育并存，向近代学校教育为主和传统的农、工、商、医等非学校教育为辅的教育形态转变。在近代西方工业文明的冲击下，西方近代职业教育内容和体制也逐渐被引入中国，催生了洋务学堂、实业学堂以及后来的职业学校先后在各地建立，导致实业教育作为与主流教育并列的独立系统进入清末和民初的国家学制体系，1922年职业教育制度列入壬戌学制。列入国家学制系统的实业教育体系和后来的职业教育体系是狭义的职业教育。与此同时，那些广泛存在于社会中的手工业、商业、农业、医学、武学等行业的师徒制职业教育和大量的子承父业形式的家庭职业教育依然存在。受近代社会政治、经济、文化、教育诸多因素的影响，各种职业教育思潮风起云涌，由平民教育、乡村教育、劳动教育、生利教育、女子教育等社会思潮推动形成的各种具有职业教育性质的教育活动，以及由社会教育机构承担的职业技能训练、职业指导等，都属于广义的职业教育范畴。因此，中国近代职业教育思潮的研究充分考虑了这样的史实，从职业教育的"技艺授受"本质属性和"手脑教育"本质特征出发，结合中国近代社会的教育发展实际状况，以洋务运动、维新运动、新文化运动、乡村教育运动等历史事件为背景，通过对洋务教育、实业教育、实利主义教育、职业教育、乡村教育等教育现象的考量和对相关代表人物著述的梳理，来厘定"中国近代职业教育思潮"所囊括的内涵和外延。

基于上述若干观点，我们进行中国近代职业教育思潮流变的研究，是针对广义职业教育概念之下的中国近代几次大的职业教育思潮而言的。在这里，出现了广义职业教育和狭义职业教育的概念重叠，是需要事先予以明确和澄清的。而当时也有其他论及职业教育性质的问题，但未形成思潮，没有对中国近代职业教育发展产生较大影响的一些思想，不作为本研究的对象。这是本研究的基本定位和逻辑起点。

（三）

流变是指在外力作用下物体的变形和流动。中国近代职业教育思潮的流变是在政治、经济、文化、教育诸多因素的相互作用下而发生和发展的，不同阶段、各种形态的职业教育思潮观点既分殊又相互交融。中国近代职业教育思潮在流变过程中形成了不同阶段和形态，诸多近代思想家、教育家著书立说，阐述自己关于职业教育的言论、观点，同一历史时期内不同人物的职业教育思想既有变化也有联系，同一代表人物在不同历史时期的职业教育思想认识也在发展变化，职业教育思潮的流变既有阶段性也有统一性。不同阶段和形态的职业教育思潮，其发生发展既根源于当时的社会经济、政治、文化、教育等社会背景，也对当时社会的职业教育体制变革产生了深刻影响。

中国近代的职业教育思潮虽然源于西学东渐，同时也源于中国传统实学思想的积淀，其产生和发展离不开近代中国有识之士对职业教育中国化的艰辛探索。

从经世致用到洋务教育。在晚清社会内忧外患之际，龚自珍、魏源等人继承和发扬了儒家传统实学思想，反对空疏无用的科举教育，提倡经世致用和吸纳西学，成为中国近代职业教育思潮的源头。李鸿章、张之洞等洋务派兴办西文、西艺、军事等洋务学堂，培养洋务人才，"中体西用"的西艺、西技教育思想成为中国近代职业教育思想的滥觞。

从维新实学到实业教育。维新变法期间，康有为提出效法西方而使农、工、商、兵皆有专门之学，梁启超视农、工、商实学为本源，反映出维新派对新教育认识的深化。伴随着新学兴起和农、工、商实业发展，实业教育思潮逐渐壮大，农、工、商实业教育作为旁系纳入清末壬寅学制、癸卯学制和临时国民政府壬子癸丑学制，之后因为学用脱节而逐渐衰落。

从实利主义教育到职业教育。实利主义教育思潮强调改革普通教育，改善人民生计，经蔡元培、陆费逵等人提倡逐渐形成新的思潮。出于对实业教育脱离实际的反思，黄炎培、顾树森等人提出"职业教育论"并倡导成立中华职业教育社。在这一思潮推动下，职业教育取代实业教育进入壬戌学制。

职业教育从泛化到新生。平民教育思潮、生利教育思潮等相继出现，逐渐涵盖了职业教育思潮，平民教育论、乡村教育论、生活教育论等思潮，使职业教育思想日趋泛化。陈独秀、毛泽东、恽代英和杨贤江等先后阐述了重视职业教育、争取劳工受教育权、改造中等教育等职业教育思想，形成了新民主主义职业教育思潮。

历史的发展已经进入中国特色社会主义新时代，我国教育改革发展各项工作取得新的突破性进展，各级各类教育均取得很大成就，职业教育蹄疾步稳、有序推进。中国职业教育发展史研究同样得到进一步重视，一大批高质量的研究成果相继呈现，其中对中国近代职业教育思想史的研究也是成果颇丰。随着我国经济社会的快速发展，职业教育迎来了前所未有的发展机遇。立足我国职业教育的长足发展，需要从不同的视角去研究职业教育，构建中国特色的职业教育理论体系，指导新时代职业教育健康发展。希望本研究能为此尽绵薄之力。

目 录

第一章　源头：经世实学思想与西学东渐 ... 1
第一节　中国古代职业教育与经世致用实学思想 ... 2
第二节　西学东渐与西方职业教育思想的冲击 ... 5
第三节　晚清实学代表人物及其教育思想 ... 9

第二章　滥觞：洋务、改良、维新教育思潮 ... 14
第一节　洋务教育思潮与洋务教育兴起 ... 15
第二节　早期改良派教育思潮 ... 21
第三节　维新教育思潮与维新教育变革 ... 27

第三章　起伏：实业教育思潮的兴衰 ... 34
第一节　实业教育思潮的酝酿与产生 ... 35
第二节　实业教育思潮的兴起与实业教育制度化 ... 41
第三节　实业教育思潮的发展与衰落 ... 56

第四章　高潮：职业教育思潮的形成与发展 ... 65
第一节　职业教育思潮的产生与中华职教社成立 ... 66
第二节　职业教育思潮的推动与职业教育制度化 ... 76
第三节　职业教育思潮的发展与职业教育制度调整 ... 92

第五章　泛衍：平民教育、生利教育与工读教育思潮……112
第一节　平民教育思潮与平民教育运动……113
第二节　乡村教育思潮和乡村教育试验……120
第三节　生利主义职业教育思潮……129
第四节　工读主义教育思潮……134
第五节　劳工教育思潮……138

第六章　新潮：新民主主义职业教育思潮……142
第一节　新民主主义职业教育思潮的产生……143
第二节　苏维埃政权的职业教育思想与实践……155
第三节　抗日根据地和解放区的职业教育思想与实践……163

第七章　特征：中国近代职业教育的思潮、制度、实践互动……174
第一节　中国近代职业教育思潮的时代特征……174
第二节　中国近代职业教育思潮与职业教育制度的建立……177
第三节　中国近代职业教育思潮的实践特征……188

第八章　启示：中国近代职业教育思潮的现代观照……194
第一节　中国近代职业教育思潮的流变规律探寻……194
第二节　中国现代职业教育转型发展的成效和趋势……201
第三节　中国近代职业教育思潮流变的现代启示……212

参考文献……225

后记……232

第一章　源头：经世实学思想与西学东渐

中华文明源远流长，伴随着古代社会分工和职业分化而产生的士、农、工、商、医等职业人才培养的教育形式客观存在。但是，中国古代的职业教育是跟分散的个体经济联系在一起的，基本没有进入官办学校教育体系，更不可能形成从上到下的一个学校教育体系。奴隶社会以降的中国古代官办教育与生产劳动相分离，因而对被排斥于经、史、子、集教育内容之外的古代职业技术教育较少有人关注和思考，更难以载入典籍史料。直至中国近代时期，从洋务运动开始，清末民族工商业逐渐得到发展，近代工商业对劳动者的素质和数量的要求都发生了很大变化，对教育的认识视角才有所改变。

历史上，儒家思想中经世致用的传统，至宋代形成"实体达用"的实学，特别是明清时期的实学思想达到高潮，成为古代思想向近代思想转化的桥梁和纽带，也是中国近代职业教育思想产生的深厚土壤和内部动因。而伴随着西学东渐传入中国的西方职业教育思想、制度等，是我国近代职业教育思想产生与发展的外部动因。

第一节 中国古代职业教育与经世致用实学思想

一、中国古代的职业教育

教育起源于原始社会人类的生产劳动,主要内容为捕猎、耕种、采集、制造劳动工具等生产劳动技术和生活经验的传授。现在看来,这种在生产、生活过程中进行的技术传授活动即带有职业教育的性质。如早期古籍中记载神农氏"教民农耕",伏羲氏"教民拘兽以为畜",嫘祖"教民育蚕,治丝茧以供衣服"等,虽然带有一定的神话传说的色彩,但也反映出了人类原始生产劳动技术传授的基本形式样貌。

原始社会末期,手工业已经从农业中分离出来。到了夏、商、周时期的奴隶社会,手工业技术得到了新的发展,手工业由官府垄断,需要大量的掌握专门技术的劳动力,于是大批奴隶被迫进入官营的生产宫廷器物和军械等的手工业作坊,在生产过程中接受强制性的技术培训,也就是《周礼·考工记》记述的"巧者述之守之,世谓之工",由掌握这些手工业生产技术的工师进行技术传授。此外,在商周时期出现了"设官分职"的现象,由技术职官专门掌管农业、建造业和手工业,这些技术职官世代相守其掌管的职业,同时兼任传授其生产或建造技术的教师,教授子辈承袭父学,以便接续掌管父辈职业,从而形成了在技术官吏中"子袭父学"的职业技术教育形式。

春秋战国时期,中国逐步进入封建社会,随着周王朝没落导致"天子失官,学在四夷",出现了诸子百家私学的兴起。原来在王室或诸侯治下任职的技术职官散落民间办学收徒,所以一些私学里出现了生产技术传授活动,如墨子创办的墨家私学传授木工与器械制造等手工业技能,许行创立的农家学派设学收徒,著书立说,传授与农业生产相关的知识和技能等。奴隶制废除后,原来在官办作坊从事手工业生产的工师,以家庭为单位进行手工业生产,延续了子承父业的职业技术教育形式。此外,医家、兵家等也存在着师徒制的教育方式,如《史记》里记载了长桑君传授医术给扁鹊的师徒制医学教育形式。

秦汉以后，律学、天文、历算和农、工、医等科学技术不断发展。职业教育除了继承前代的传统外，又有了新的发展。以培养技术职官为目的的律学、算学、阴阳学、医学相继出现在官办学校体系中。古代制造、冶炼、纺织、建筑等手工业中出现了"艺徒制"职业教育形式。隋唐时期，官营手工作坊设置了"掌百工技巧之政"的少府监和"掌土木工匠之政"的将作监。据《新唐书·百官志》记载："细镂之工，教以四年；车路乐器之工，三年；平漫刀稍之工，二年；矢镞竹漆屈柳之工，半焉；冠冕弁帻之工，九月。教作者传家技，四委以令丞试工，岁终以监试之，皆物勒工名。"由此可见，在唐代的官营手工业中，已经存在师徒授业年限和考核制度。这种学徒制是中国古代手工业中主要的职业教育形式，在唐代及其以后朝代的官营手工作坊和私人的手工作坊之中普遍存在，绵延不绝。

从中国古代士、农、工、商职业分化的角度来看，中国古代的职业教育主要有四种形式：以吏为师的职官教育、以医案为本的职医教育、师徒传承的艺徒制教育和农器与法术相结合的农业技术教育。[①] 中国古代的职业教育是在重农抑商的农耕经济时代，在官营手工业和分散的个体经济并存的历史条件下艰难发展的，在清末的新学制建立之前基本没有纳入官办教育体系。

不能否认，上述中国古代的职业技术教育是中国近代职业教育产生和发展的源头。中国近代形式的职业教育之所以没有从古代职业教育的母体自然产生，是由中国近代半殖民地半封建社会的历史条件造成的。由于清朝政权实行闭关锁国的政策，错过了思想解放和进行工业技术革命的最佳时机。清朝末年，在西方列强军事和经济侵略的同时，西方近代职业教育的兴起以及西学东渐对中国传统教育也必然带来强烈冲击。中国近代机器工业在御辱和图强的背景下艰难产生，成为中国近代职业

---

① 谢广山，《中国古代职业与技术教育范式》，《教育与职业》，2007年第23期，第36—38页。

教育产生的根本原因和直接推动力。所以中国近代的职业教育中包含着中国传统职业教育的因素，却不是由中国古代职业教育直接发展而来，而是与近代机器大工业生产方式联系在一起的，照搬了欧美的职业教育成例，逐步形成了一个较为完整的职业教育体系。

二、经世致用实学思想的传承

经世致用是儒家学说的传统思想。孔子在礼崩乐坏、社会失序的时代，没有消极避世，而是提出"士志于道"，为维护道义和重建社会秩序积极奔走于诸侯之间。孔子的思想和行动是经世致用思想的源头。经世致用思想既关注精神境界和价值追求层面的"道"，也重视国家和社会治理层面的"术"，追求的是家国天下情怀和入世担当的精神。

随着社会的变迁和文化的演进，经世致用思想到明清时期达到一个新的高潮。明清实学最初主要是从批判宋明理学、王阳明心学的日趋空疏无用而兴起的，到明代后期，这一学术思潮把儒学的"经世"传统发展到了一个新的高度，思想内容深刻，在社会上产生深远的影响。明清实学思潮高举经世致用、倡导实学的大旗，影响范围不仅是学术领域，而且波及政治、经济等领域。从明末的顾宪成、高攀龙到清初的黄宗羲、顾炎武、王夫之、颜元、李塨等人，把"程朱理学"与"陆王心学"的空疏、教条看作是导致国弱民贫的重要原因，为了济世救民而反对空谈心性，竭力提倡"治国平天下"的有用实学。在经济方面，他们提倡并研究"利用厚生"之学，提出"惠商恤民""士农工商，生人之本业""工商皆本"等观点，有利于手工业和商业进步与发展。

自鸦片战争失败以后，西方列强的不断入侵，内忧外患日益加剧，民族矛盾和阶级矛盾相互交织，使近代中国沦入半殖民地半封建社会的深渊。龚自珍、林则徐、魏源等一些爱国人士开始苦苦思索中国贫弱之源和救亡之道，要求进行社会改革；在教育方面提出改革空疏无用的科举教育，倡导经世致用的新学。

这一思潮的主要代表人物之一龚自珍提倡学术的经世致用功能，把史学研究与社会现实问题相结合，并从历史变异的观点出发，提出了凡朝廷政治必须注重变革和改制的主张。他在《上大学士书》中指出"自古及今，法无不改，势无不积，事例无不变迁，风气无不移易"，清醒地看到了清王朝已经进入"衰世"，批判封建统治的腐朽，揭露封建社会没落趋势，呼唤社会改良，发出了"我劝天公重抖擞，不拘一格降人才"的呐喊，是中国改良主义运动的先驱人物。另一位代表人物林则徐大力提倡向西方学习，改革教育内容，"师敌之长技以制敌"，学习西方"船械、枪炮、量天尺、千里镜、火轮车、自来火、千斤秤、风锯"制造技术以抵御西方侵略，被誉为清代"开眼看世界的第一人"。魏源在他们二人提出的思想基础上进一步发展，认为"世"分治世、乱世、衰世三等，晚清时期已成为"衰世"，必须"更法改图"，变革朝政。他在《武进李申耆先生传》中批判乾嘉考据训诂之学是"锢天下聪明知慧，使尽出于无用之一途"，主张针对社会现实问题去研究学术，寻求经验教训，满足致世需要。魏源曾亲历鸦片战争的抗英失败，深受震动后冷静地分析了鸦片战争中抗英失败的教训，针对西方侵略者拥有船坚炮利的优势，提出"师夷长技以制夷"，最早发出向西方学习的强烈呼声。他在林则徐《四洲志》的基础上增补扩充为《海国图志》，书中比较详细地介绍了英国等西方诸多国家，使国人"悉夷情"以达到"制夷"的目的。《海国图志》成为我国近代第一部介绍有关世界知识的书籍。龚自珍、林则徐、魏源等思想家将明清实学推向了一个新的高度，开启了近代新学学派的先河。

第二节　西学东渐与西方职业教育思想的冲击

西学东渐指从明朝后期到近代的西方学术思想向中国传播的历史过程。清末时期，西方文化对中国传统文化的冲击加剧，促进了中西文化的交流融合，对中国传统教育向近代教育的变革起到一定的刺激和影响作用。

一、西学东渐

明代中后期以后到清朝康熙年间，一些欧洲的传教士曾经来到中国。这些传教士中有的还在中国当时的朝廷担任过重要官职，其中意大利的利玛窦、德国的汤若望、比利时的南怀仁最为知名。他们在传播天主教的同时，还将西方的天文、地理、历法、火炮等科学传入中国，掀起了西学东渐的第一个高潮。但他们对中国文化的渗透和影响很有限，并没有给中国传统的文化价值观念带来根本上的冲击。随着清政府对传教的禁止和闭关锁国政策的实行，这一时期的西学东渐被迫停止了。

鸦片战争后，清朝闭关锁国的政策被迫终止，打开国门后，近代意义上的西学东渐的历史开启，依据不平等条约规定，允许外国人在通商口岸居住和建立教堂，道光皇帝发布了上谕准免查禁天主教。于是各类西方人士纷纷来到中国。据《中国丛报》（卷20）记载，1850年前后，在华外国人总数已达500余名，他们中有商人、军人、外交人员和传教士。其中，传教士150名，约占总数的1/3。他们带着不同的目的来到中国，客观上也带来了西方先进的异域文化。与来华的商人、军人、外交人员带着谋求经济、政治目的来华不同，来华的传教士更希望用西方宗教来改造中国文化，改变中国人的头脑和心灵。因此，在西学东渐的过程中，传教士们的活动对中国传统文化的冲击更大，影响更深远，起着特殊的中西文化和科技交流作用。《南京条约》签订后，在香港及广州、厦门、福州、宁波、上海等5个通商口岸纷纷成立教会学校。到1860年，在上述5个通商口岸开设的基督教新教小学就有50所左右，学生有1000余人。

虽然这些19世纪60年代由外国人在中国创办的教会学校数量不多，在中国顽固而庞大的传统教育体系之外显然是弱小的，对中国社会传统教育体系不可能造成更大的冲击和影响，但是，教会学校所引进的西方学校课程设置、教育方法、教育理念等，与中国传统科举教育形式形成了鲜明对比，为沉闷的中国大地上的传统教育注入了新鲜元素，对中国教育的近代化产生了深远的影响。这时期的教会学校还培养了一些通晓西方文化的中国近代早期知识分子，如中国第一个留美学生容闳。这些近代早期知识分子对中国近代教育的发展作出了重要贡献。

二、欧美近代职业教育的兴起及其对中国传统教育的冲击

当世界文明进入了近代工业化进程时，中国却没有赶上科技进步的历史步伐，甚至实行闭关锁国政策故步自封。因此，中国的政治、经济和文化教育制度在17世纪以来逐步落后于西方国家。而西方工业革命的发生，标志着人类生产方式由手工业生产发展到近代机器大工业生产阶段。与此相对应的是与传统经济方式联系在一起的古代职业教育也逐步向近代职业教育转变。

和古代中国一样，古代西方的职业教育的主要形式也是学徒制。最初的学徒制是父亲把自己的手艺传给儿子的形式。随着社会经济发展，手工业生产规模不断扩大，劳动者除了家庭成员外，还需要招收一些家族外的年轻学徒工，为满足生产要求必须向他们传授必要的生产知识和技术。于是学徒制的教育就逐步变成了固定化了的教育形式。中世纪西欧的行会组织具有严格的等级性，从业人员按不同的身份分成徒弟、工匠、师傅三等。徒弟学艺前一般要向师傅支付学费，并生活在师傅家中，师傅在使用这些徒弟从事劳动的过程中向徒弟传授职业技艺，这使得欧洲中世纪学徒制又和封建行会制度紧密地联系在一起。行会对学徒期限作出规定，根据职业的不同，学徒期限长短也不同。学徒期满时，他的师傅向行会提出申请，经过行会的审查合格后才可以转为工匠。和传统的手工作坊中的生产不同，西欧的工场手工业快速发展之后，工场内把产品的整个生产过程分解成各个片段的操作，生产分工进一步细

化，工人长期从事单一的工种，只需要熟悉其中的某一道工序，对操作技术的要求简单化了，因此不再需要师傅长期训练学徒，最终导致欧洲中世纪的学徒制的逐步衰落。

18世纪60年代，最早在英国的纺织业中产生了工业革命。由于蒸汽机的改进和应用并迅速地推广到工业生产的其他各个部门，工业革命进一步发展。到19世纪，继英国之后的各个欧美主要国家也相继发生了工业革命，资本主义生产从工场手工业过渡到机器大工业阶段。因为机器的广泛运用带来工业的迅速发展和工厂数量的增多，所以对工人的职业培训和教育产生了新的需求。为了满足机器工业生产对技术工人的需要，作为专门的、大规模的对劳动力进行技术培训的机构——职业技术学校应运而生。这样，向学生传授工业知识和机器操作技能的正规近代职业教育学校逐步取代了传统的学徒制形式。欧美几个主要国家最早的职业技术学校的创办都是在18世纪，而职业学校的大规模发展及其被纳入国家的学制系统是在各国完成工业革命之后，如德国17—18世纪创办数学、机械学、经济学实科学校，俄国1701年创办数学及航海学校，法国18世纪创办土木学校、矿山学校、船舶学校、军事学校，美国1751年创办费城文实中学等。欧美各国工业革命极大推动了职业教育的发展，另一方面职业学校教育的发展又加快了西方各国的工业化进程，为各国工业的发展提供了大量的专业技术人才和掌握了一定生产技能的工人。

可以说，西方兴起的近代职业教育思想和制度随着西方经济、政治和文化等传入中国，对中国传统教育带来了巨大冲击，为中国学习欧美国家建立近代职业教育制度体系提供了范本。在西学东渐中，外国人先是在中国建立了一些教会学校，到1866年外国教会建立了我国第一个医学教育专门学校——博济医院附属医校，成为在中国创办的最早的职业学校。洋务运动开始后，洋务派主要代表李鸿章在办理洋务过程中深感翻译人才和掌握洋务企业生产技术人才的匮乏，因此提出："中国欲自强，则莫如学习外国利器。欲学习外国利器，则莫如觅制器之器。师其法而不必尽用其人,欲觅制器之器与制器之人,则或专设一科取士,士终身悬以为富贵功名之鹄,则业可成,艺可精,而才亦可集。"[①]后来,在洋务派倡导、推动下,一些新式军工学堂和西文翻译学堂相继建立。

中国近代职业教育的产生有着复杂的历史背景。中国古代的职业技术教育的历史为它提供了深厚的历史渊源,西方近代职业教育的兴起为它提供了可资借鉴的经验,西学在中国的传播又使得先进的西方近代职业教育被引入中国。但是,近代工业在中国的出现和发展迫切需要一定数量的技术人员和熟练工人,成为直接催生中国近代职业教育的最根本动因。

第三节 晚清实学代表人物及其教育思想

晚清时期内忧外患加剧,西方列强的坚船利炮,使一些率先"睁眼看世界"的文人志士得以觉醒,他们针砭时弊,呼吁变革,倡导向西方学习先进技术,并提出若干改革思路。在人才培养方面,他们提出了新的人才观,大力提倡经世致用实学教育,呼吁重视培养农、工、商、政等方面的专门人才,这些思想成为中国近代教育变革的先声。

一、龚自珍的教育思想

龚自珍(1792—1841),号定庵,浙江仁和(今杭州)人,清末思想家、文学家和改良主义先驱。他出身于封建官宦家庭,曾历经6次会试之后考中进士,但入仕为官后因屡屡揭露时弊而不断遭到权贵的排挤和打击,辞官南归后百感交集,写下《己亥杂诗》三百余首。曾先后执教于江苏丹阳书院和杭州紫阳书院,终因病亡故。清末的阶级矛盾日益

---

① 李鸿章,《筹办夷务始末(同治朝)》(卷二十五),故宫博物院1930年影印版,第10页。

激化，龚自珍面对清王朝日渐没落的社会现实，从社会改革的角度提出了自己的人才观和重视实学教育的思想。

在人才观方面，龚自珍提倡人才培养要打破封建科举教育的空虚无用。他认为"世有三等，三等之世，皆观其才。才之差，治世为一等，乱世为一等，衰世别为一等"[①]。基于此，龚自珍称衰世的清末人才状况是"一睨人才海内空""左无才相，右无才史，阃无才将，庠序无才士，陇无才民，廛无才工，衢无才商，抑巷无才偷，市无才驵，薮泽无才盗，则非但尠君子也，抑小人甚尠"[②]。在他看来，当时社会不仅"才相""才史""才将""才士""才民""才工""才商"这些国家发展需要的人才极度缺乏，即便是造成社会动荡的"才偷""才驵""才盗"之类的"小人"都很少见。人才匮乏造成社会颓丧。他提醒治学之人面对困境要担负"忧天下""探世变"的责任，为危机时代探寻出路。龚自珍以诗言志："九州生气恃风雷，万马齐喑究可哀。我劝天公重抖擞，不拘一格降人才。"揭露了封建官僚体制用人只论资格出身，不论真才实学的弊端，造成各级官吏庸碌无为，大声呼吁社会建立新的人才培养选拔制度，不拘一格地起用真正的治世人才。

在教育观方面，龚自珍提倡学以致用，重视民生实用知识的学习。他批评科举考试八股取士的机械刻板"今世科场之文，万喙相因，词可猎而取，貌可拟而肖，坊间刻本，如山如海"[③]，导致广大举子只会读死书、死读书，空耗精神呆读死记无用知识，所学习的内容与治国安邦丝毫没有关系。八股取士的科举考试内容既无教育意义，又无评价人才的价值，根本不能选拔出真正的人才。为改变这种状况，龚自珍提出经世致用的教育思想，强调教育必须贯彻"学用一致"的原则，"一代之治，即一代之学也"，"是道也，是学也，是治也，则一

---

① 龚自珍，《龚自珍文集》，上海人民出版社 1975 年版，第 6 页。
② 龚自珍，《龚自珍文集》，上海人民出版社 1975 年版，第 6 页。
③ 龚自珍，《龚自珍文集》，上海人民出版社 1975 年版，第 344 页。

而已矣"①，培养经世致用的人才，也就是要做到学术研究和教育要与国家政务相统一，道、学、治相辅相成，把关乎民生之用的知识都作为教育内容，让士人加以研习并达到精通。他指出"田夫、野老、驵卒之所习熟，今学士大夫谢之，以为不屑知，自珍获知之，而以为创闻"②，批判了封建科举教育忽略和轻视技术知识的倾向，提出要把农、工、商等实用知识作为教育内容加以传授。他继承了颜元的思想，认为即使是大圣人也只能终生专司一业，教育应该培养社会需要的专门人才。

龚自珍继承了明清之际实学思潮的主要理念，强调教育应当培养专门人才、传授民生日用的知识，为之后封建统治阶级的教育制度改革提供了理论上的铺垫。

二、魏源的教育思想

魏源（1794—1857），名远达，字默深，又字墨生、汉士，号良图，湖南邵阳隆回人，清末启蒙思想家、政治家、文学家，近代中国"睁眼看世界"的先行者之一。他通过科举进入仕途，曾任知县、知州等职。他讲求经世之学，倡导学习西方先进科学技术，辑成《海国图志》50卷，开启了解世界、向西方学习的新潮流，成为开晚清学术新风气的重要思想家。

在人才观方面，魏源认识到当时社会的各种矛盾沉积日久，希望能够有一大批人才降临，来拯救和挽回清王朝的衰败没落。他认为人才分成若干种类，不同的人才应当委以不同的职责。"有大贤，有中贤，有小贤；小贤君役，中贤君弼，大贤君师。"大贤即圣人，是君主的导师；中贤即有济世之才的英杰，可以辅佐君主；小贤就是各种可以承担职责的专门人才，可以为君主所用。魏源认为"大贤"或"圣

---

① 龚自珍，《龚自珍文集》，上海人民出版社 1975 年版，第 4 页。
② 龚自珍，《龚自珍文集》，上海人民出版社 1975 年版，第 10 页。

人"是万世楷模，他们"以诗、书教民，以礼乐化民……其德盛者化自神"。这类人才并不是生而知之，也必须通过学习以及实践。对于"中贤"和"小贤"，他认为"有才臣，有能臣，世人动以能为才，非也。小事不糊涂之谓能，大事不糊涂之谓才。才臣疏节阔目，往往不可小知；能臣又近烛有余，远觑不足，可以佐承平，不可以胜大变。夫惟用才臣于庙堂，而能臣供其臂指，斯两得之乎"①。所谓"才臣""中贤"，能深谋远虑，具有战略眼光，可位列庙堂，为君之辅弼；所谓"能臣""小贤"，能精明干练，具有实务才能和专门技术，可充为官僚执行政务。魏源的人才类型思想将治国安邦所需要的人才划分为三类，各有其特征和所长，要求教育必须培养经世致用、具有实际才能的人才。

在教育观方面，魏源痛斥科举考试导致"举天下人才尽出于无用之一途，此前代所无也"②，指出科举取士教育空疏无用，从而使科举所选拔的士人所学非所用，不能成为强国的有用之才，因此魏源指出，农、商、政务以及钱谷簿书等知识和技术，与诗、书、礼、乐等同样重要，提出了自己的实学教育理论。他认为："工骚墨之士，以农桑为俗务，而不知俗学之病人更甚于俗吏；托玄虚之理，以政事为粗才，而不知腐儒之无用亦同于异端。彼钱谷簿书不可言学问矣，浮藻饾饤可为圣学乎？"③他指出科举考试"其造之试之也，专以无益之画饼，无用之雕虫，不识兵农礼乐工虞士师为何事"④，造成当时社会严重缺乏实用人才。

魏源强调知行统一，认为培养经世治国的专门人才，必须重视在实践中考察了解实用知识，"夫士而欲任天下之重，必自其勤访问始，勤访问，必自其无事之日始"⑤。用多问、多考察、多实践的方法来习得专

---

① 魏源，《魏源集》，中华书局1976年版，第54页。
② 魏源，《魏源集》，中华书局1976年版，第163页。
③ 魏源，《魏源集》，中华书局1976年版，第37页。
④ 魏源，《魏源集》，中华书局1976年版，第37页。
⑤ 魏源，《魏源集》，中华书局1976年版，第36页。

门知识和技术。魏源是中国近代思想史上第一位提出学习西方的思想家。他在鸦片战争的抗英实践中，目睹西方的船坚炮利，看到了西方的"长技"，提出"以彼长技，御彼长技"的思想，希望能够通过引进和学习西方的先进技术，达到"尽收外国之羽翼，转外国之长技为中国之长技"[1]的目的。在《海国图志》中，他提出了"师夷长技以制夷"的主张，明确指出要学习西方的战舰、火器和养兵练兵之法，并在《海国图志》中详细介绍了上述西洋技术，使国人能够了解、仿造和使用。作为早期的地主阶级改良派，魏源能够开始逐渐转变中国传统的教育和人才观念，为日后维新教育改革打下了重要的思想基础。

---

[1] 魏源，《圣武记》（卷十），中华书局1984年版，第336页。

第二章　滥觞：洋务、改良、维新教育思潮

在明清实学思潮的长期积淀中，已经孕育了对空疏无用的传统科举教育的变革动因。西学东渐不但为中国这个传统农业国家带来了西方近代工业文明发展的科学技术成果，也为变革传统的科举教育提供了思想启发和制度参考。

尽管魏源、林则徐等人已经提出了新的人才观和"师夷长技"的教育思想，但是中国社会真正较大规模接受并实践了近代西方的科技和教育思想，是从洋务运动时期开始的。清王朝高层官僚中产生了新兴的封建统治阶级改革派。他们秉承了儒家经世致用的传统，从维护封建统治制度出发提倡"中学为体，西学为用"，引进西方的科学技术和兴办新式学堂，开启了中国近代职业教育的先河。

早期的资产阶级改良派提出了"商战""学战"思想和近代教育体系的构想。新兴资产阶级维新派把改科举、兴学校、倡西政作为维新变法的核心内容，促使中国教育走向近代化的道路，特别是逐步推动建立系统化和制度化的实业教育。维新派倡导推动的教育改革虽然仅有百日之功，但是也为中国教育走上近代化道路发挥了重要作用。

第一节　洋务教育思潮与洋务教育兴起

19世纪60年代至90年代的洋务运动，是清政府内部产生的洋务派倡导引进和学习西方先进科学技术以图自强的改革运动。为了兴办洋务外交和军工企业培养专门人才，洋务派建立了各类洋务学堂，成为中国近代最早的职业教育学校。

一、洋务教育思潮的产生与发展

（一）洋务运动的兴起

清政府在遭受两次鸦片战争的失败后，被迫签订了一系列丧权辱国的不平等条约，背负了沉重的政治和经济负担，只能变本加厉地剥削底层人民，导致太平天国起义爆发，起义重创了清王朝的统治根基。在日益加剧的内忧外患之下，清朝统治者内部形成了主张学习西方先进技术尤其是军事技术的洋务派，奕䜣、曾国藩、李鸿章等人是其代表人物。洋务派希望通过引进西方先进的技术，以自强图治，达到维护和延续清王朝统治的目的。这场以"求强"和"求富"为宗旨的改革运动声势浩大，一方面购买西洋舰船、火炮、枪械等武器，采用西方先进技术开办工矿企业，通邮电、筑路开矿等；另一方面，学习西方学校教育制度，聘请西洋教习，创办洋务学堂培养相应的技术人才。此外，洋务派还力主派遣留学生出洋学习。这些洋务学堂的建立标志着中国近代意义的职业学校教育的开端。

（二）洋务教育思潮的产生与发展

洋务运动前，近代民族工商业已经萌芽。在西方教育制度和思想的影响下，人们开始从思想层面上要求社会重视"工艺"之学。洋务运动的主要人物之一李鸿章于1864年致信恭亲王奕䜣和文祥，分析了"中国军器远逊外洋"的原因，指出了西方与中国在教育制度方面的利弊，分析了科举制度存在的弊端在于中国士大夫沉浸于章句小楷之积习，武夫悍卒又多粗蠢而不加细心，以致用非所学，学非所用。因此他提出，中国如果要自强，必须学习外国的先进武器和制造技术，培养掌握先进技术的人才，通过在科举制度中专门设一科来选拔这类人才。这反映了李鸿章对洋务教育的早期设计思想。

张之洞是洋务运动后期的洋务派领军人物。自从开始筹办洋务后，张之洞深感国家自强迫切需要人才，而科举教育制度下培养的人空疏无用，因而主张"工农兵学商无不设学"，大力发展新式实业学堂。他发表的《劝学篇》总结30多年的洋务运动实践，系统地阐述了洋务派对中国近代化的基本观点和"中体西用"思想，形成了一个完整的理论体系，被后人称为洋务思潮的代表作，反映出清末既想固守封建传统又被迫进行近代化变革的这种历史转型过渡时期的思想特征。张之洞既是中国近代实业教育的开创者也是实践者。他的实业教育思想一是来自中国古代"经世致用"实学思想与西学教育思想的融会贯通，二是他在洋务运动中兴办农、工、商洋务教育的实践经验总结。张之洞与早期洋务派的思想不同，不仅继承和发展了晚清时期的经世实学，而且学习西方和日本先进的教育思想，结合洋务教育实践，基本形成了中国的实业教育思想体系，在其主持制定的癸卯学制中设计了较为完整的实业教育制度。

近代洋务教育思潮促进了洋务教育的开展。洋务派模仿西洋学校制度兴办了一批新式学堂，主要包括同文馆、船政学堂、水师学堂、电报学堂等，反映了洋务派对人才的基本需求，主要以"西文""西艺"为基本教学内容。

（三）李鸿章的洋务教育思想

李鸿章（1823—1901），安徽合肥人，号少荃。他自幼饱读经书，曾任直隶总督兼北洋通商大臣，洋务派代表人物之一，从培养"制器之人"及掌握近代军事技术人才目的出发，一方面提出改革科举制度，将西学列入科举；另一方面设立天津水师学堂、天津武备学堂、天津电报学堂、上海电报学堂、天津医学堂等各类近代学堂，主张派遣数批留洋学生，培养洋务人才。

　　李鸿章洋务教育思想的核心是对西学的重视与倡导。他认识到"华夷混一局势已成，我辈岂能强分界画"[1]，提出"中国欲自强，则莫如学习外国利器。欲学习外国利器，则莫如觅制器之器。师其法而不必尽用其人"[2]。把引进西方的制造机器，并且学习西洋技术，培养会操作机器的人，作为清王朝由弱转强的关键。他认为洋人能够制造先进的机器，是因为有先进的教育。因此，他于1874年在《筹议海防折》中提出要设立洋学局，"分为格致、测绘、舆图、火轮、机器兵法、炮法、化学、电器学数门，此皆有切于民生日用军器制作之原"[3]。对西学的重视和倡导已经成为李鸿章主张改革科举弊端的直接原因。

　　李鸿章在办理洋务过程中，深切感到清末实用技术人才匮乏。中国的技术人员培养落后的原因在于"中国之制器也，儒者明其理，匠人习其事，造诣两不相谋，故功效不能相并。艺之精者，充其量不过为匠目而止"[4]。因此，出于为洋务运动培养所需要的既具有西学知识又具备技术技能的人才，他提出了"能造一器为国家利用者以为显官，世食其业，世袭其职"[5]的做法，奏请开科举西学科，保障洋务学堂毕业生的职位。他指出科举制度的弊端在于"所用非所学，人才何由而出"[6]，提出"欲觅制器之器与制器之人，则或专设一科取士，士终身悬以为富贵

---

[1] 李鸿章，《复沈幼丹中丞》，《李文忠公全书·朋僚函稿》（卷一），第9页。
[2] 李鸿章，《筹办夷务始末（同治朝）》（卷二十五），故宫博物院1930年影印版，第10页。
[3] 李鸿章，《筹议海防折》，《李文忠公全书·奏稿》（卷二十四），第51页。
[4] 李鸿章，《筹办夷务始末（同治朝）》（卷二十五），故宫博物院1930年影印版，第10页。
[5] 李鸿章，《筹办夷务始末（同治朝）》（卷二十五），故宫博物院1930年影印版，第10页。
[6] 李鸿章，《筹议海防折》，《李文忠公全书·奏稿》（卷二十四），第51页。

功名之鹄，则业可成，艺可精，而才亦可集"①。这一方法实质上是在不否定科举制度的前提下，以增开实学科取士，开通洋务人才的成长之路，使西学取得正统地位。

在提倡改革科举的同时，李鸿章还大力倡设新学堂，培养急需的洋务人才。为了在办理洋务时对西方"必先通其志，达其意，周知其虚实诚伪，而后有称物平施之效"②，他奏请设立上海广方言馆。1880年奏请建立津沪电报线，设立了天津电报学堂"以备各分局总管报房之选"，以便使电报事业"自行经理，庶几权自我操，持久不敝"③。此外，还开设了天津水师学堂、天津武备学堂、天津西医学堂等。尽管李鸿章兴办洋务教育、提倡西学、变革科举、培养洋务人才的目的是维护清王朝的封建统治，但是其洋务教育思想为打破封建科举八股取士空疏无用的局面作出了积极的努力。

（四）张之洞的洋务教育思想

张之洞（1837—1909），直隶南皮（今属河北）人，字孝达，号香涛，晚号抱冰，是洋务运动晚期的主要代表人物。他在兴办洋务的同时创办了广雅书院、广东水陆师学堂，进行传统书院的改制，兴办江南储才学堂、铁路学堂、湖北自强学堂、方言商务学堂、武备学堂、工艺学堂、算术学堂、两湖师范学堂等，因为兴办新式教育在朝野赢得了"通晓学务"的声誉。1898年维新运动时，他著成《劝学篇》，对洋务运动做了理论上的概括。在壬寅学制的基础上，他主持制定了癸卯学制，为清末学制的建立和颁行作出了重要贡献。

张之洞指出，"人皆知外洋各国之强由于兵，而不知外洋之强由于学。夫立国由于人才，人才出于立学，此古今中外不易之理"④。同时，

---

① 李鸿章，《筹办夷务始末（同治朝）》（卷二十五），故宫博物院1930年影印版，第10页。
② 李鸿章，《李文忠公全书·奏稿》（卷三），第11页。
③ 李鸿章，《李文忠公全书·奏稿》（卷三十八），第17页。
④ 张之洞，《吁请修备储材折》，《张之洞全集》（第三册），武汉出版社2008年版，第259页。

他还认为"今日中国欲转贫弱为富强,舍学校更无下手之处"①,而办新学须体现"中体西用"的指导思想,以"中学治身心,西学应世事"②。在他看来,在列强欺凌、内外交困中,只有倡西学、办洋务,才可挽救清王朝的封建统治。

张之洞继承了传统实学的"经世致用"思想,提出了"农工商兵皆须设学"的思想。认为"朝廷作育人才,以修行为基,以求实为主"③,指出"若农、若工、若商,无专门之学,遂无专门之才"④。他还认为"窃惟富国之道,不外农工商三事","农工商是生利之事,开辟利源恰恰是自强之端"⑤,因而明确提出"天下广设学堂""农工商设学"⑥。1898年,他在《设立农务、工艺学堂暨劝工劝商公所折》中说,中国地理条件适宜发展农业,但传统农业缺乏农业科学技术,农民朴拙,不懂地学、化学、制器利用,使中国传统的农业如茶、蚕桑产品出口受到沉重打击,必须建立农务学堂,培养技术人才。张之洞认为,"西方有实业之学以裕资生","工农商学,保民在养,养民在教,教农工商,利乃可兴也"⑦。中国的国民生计,莫重于农工商实业;中国也要办实业之学以造就人才,兴办实业学堂,有百益而无一弊。这些思想主张是在早期洋务派"求强求富"思想基础上的发展与进步。

在变革科举方面,张之洞主张通过分场考试法,将西学融于科举,以培养所谓的通才,使新设学校的学生能够参加科举,与他广设学校的主张一致。这一设计实质上是将新设学校教育纳入了科举体系。然而几年后,随着社会形势的发展,张之洞不得不和其他大员一起奏请废除了

---

① 张之洞,《筹定学堂规模次第兴办折》,《张之洞全集》(第四册),武汉出版社2008年版,第95页。
② 张之洞,《会通》,《张文襄公全集》(卷一百一十三)。
③ 张之洞,《筹定学堂规模次第兴办所》,《张文襄公全集》(卷五十七)。
④ 张之洞,《劝学》,《张文襄公全集》(卷一百一十三)。
⑤ 张之洞,《创设储才学堂折》,《张文襄公全集》(卷四十六)。
⑥ 张之洞,《设立农务工艺学堂暨劝工劝商合所折》,《张文襄公全集》(卷一百一十三)。
⑦ 张之洞,《劝学篇·序》,《张文襄公全集》(卷一百一十三)。

科举制度。张之洞的洋务教育思想与早期洋务教育思想是一脉相承的，"中体西用"的教育思想体现了封建地主阶级的保守性，而他的教育思想相比早期洋务派的教育思想而言，内容更为丰富和具有创见性。

二、洋务教育思潮推动新式学堂建立

在洋务运动中，洋务派多为掌握着实权的朝廷重臣或封疆大吏。他们相继创办了一批军工和民用工矿企业，为中国近代工商业发展奠定了基础，同时也为近代职业教育的发展提供了前提条件。

1861年，曾国藩建立了安庆内军械所，这是洋务派创办的第一所制造枪炮、弹药的军工企业。随后，李鸿章建立江南制造总局、金陵机器制造局，左宗棠建立了福州船政局，崇厚建立了天津机器制造局。为了解决军事工业所需要的运输、原料、燃料和资金问题，洋务派又先后兴办了一批采矿、冶炼、纺织等工矿企业以及航运、铁路等交通运输企业和近代通信企业。主要有轮船招商局、开平矿务局、电报总局、上海机器织布局等。在洋务企业方兴未艾的同时，中国一部分官僚、地主、商人开始投资轻纺工业等机器工业，主要有方举赞创办的上海发昌机器厂、华侨商人陈启源创办广东南海继昌隆机器丝厂等。这些近代工业企业需要技术人员和能够熟练操作机器的工人，而中国传统的以四书五经为内容的科举教育以及家庭手工作坊一对一的学徒制教育，根本满足不了这些企业对人才的需要，只能效仿西方国家，发展近代职业学校教育。于是，洋务派在这些军用或民用的洋务企业中附设专门培养技术人员和熟练工人的西式学堂，聘请洋教习执教，中国最早的近代职业教育学校应运而生。

为了满足兴办洋务企业以及外交的需要，培养包括翻译、外交、律例、电报、矿务、冶炼、机械制造、水陆军事等方面的专门人才，洋务派开办了大量的新式学堂，并且向海外派遣留学生，培养出一批精通洋务的人才。

1862年，奕䜣奏设京师同文馆，最早开办语言学堂。随后，时任江苏巡抚的李鸿章奏设上海同文馆，两广总督瑞麟奏设广州同文馆。此外还有新疆俄文馆、台湾西文馆、珲春俄文馆、湖南自强学堂、湖南湘乡东山精舍、湖南时务学堂等相继设立。

清政府为了加强军事人才培养，开设了福州船政学堂、上海江南制造局操炮学堂、天津水师学堂、天津武备学堂、广东水陆师学堂、江南水师学堂、湖北武备学堂等。

洋务运动中开设的技术学堂主要有天津电报学堂、福州电报学堂、上海电报学堂、湖北算术学堂、天津医学堂、南京铁路学堂、山海关铁路学堂、江南储材学堂等。

从管理体制来看，洋务教育各类学堂大多附设于或服从于洋务派创办的军用或民用企业，在设置上"各省近多设立学堂，然其章程功课皆未尽善，且体例不能划一，声气不能相通"①，为了应急而带有一定的随意性，自始至终没有统一规划和整体协调，不能形成一个自下而上的完整学制系统。从全国范围来看，科举教育仍然是主流，"中学为体，西学为用"带有很大的保守性。这些洋务学堂数量很少，规模也不大，没有形成初级、中级、高级上下贯通的学校体系，在办学过程中遭遇到很大阻力。但是洋务学堂在封建科举教育体制之外，开了中国近代职业教育的先河。

第二节　早期改良派教育思潮

洋务教育设立的新式学堂已经迈出了传统教育近代化的步伐，打破了传统科举教育一统天下的局面，但是洋务教育的办学思想还停留在"中体西用"的层面，从实践上看办学规模很小，还远没有撼动封建科

---

① 陈元晖，《戊戌时期教育》，上海教育出版社2007年版，第228页。

举教育的根基。于是，19 世纪 70 至 90 年代初的一批直接受近代资本主义文化熏陶的知识分子，如冯桂芬、王韬、宋育仁、何启等人以及从洋务官僚分化出来的知识分子如薛福成、马建忠、郑观应等，批判了封建教育和洋务教育，主张设立新式学校，引进西学课程，效法西洋国家建立新的学校制度，形成了早期改良派教育思潮。

一、冯桂芬的教育思想

冯桂芬（1809—1874），江苏人，字林一，号景亭，通过科举考中进士。他曾师从林则徐，重视天文、舆地、兵刑、盐铁、河漕诸政，推崇经世致用之学。1861 年写成了《校邠庐抗议》一书。

在教育上，冯桂芬尖锐地抨击八股取士，提出必须改革科举取士制，建议首先改革科举考试科目内容，其次奖励出身，鼓励科技人才，再次推行汉代的乡举里选之法，采用荐举的方式，广招人才。他在《改科举议》一文中指出，八股取士的弊病在考试太易，必须变通。要向西方学习，关键是要设立新式学校，培养适应社会需要的人才。

他提倡向西方学习，推广设立同文馆或翻译公所，教授学生诸国语言文字、西方国家的自然科学和生产技术。他在《上海设立同文馆议》一文中，建议仿照京师同文馆在上海、广州设立同文馆，"招收十五岁以下颖悟诚实文童，聘西人如法教习"，"兼聘品学兼优的举贡生监教授经史文艺，学习三年，并翻译西方格致、历算、尚象之书，供诸生学习，如是，我中华智巧聪明必不出西人之下"[①]。在《采西学议》一文中，冯桂芬提出在上海、广州设立翻译公所，除了聘请西洋人教授各国的语言文字，还要聘请国内的饱学之士教授经史和算学等内容。他认为，要重视翻译西洋书籍，不应该仅限于轮船、火器等方面内容，还要多翻译关于西方自然科学书籍，多翻译介绍西方工业和农业生产技术等有益于国计民生的知识。清政府采纳了冯桂芬这一建议，批准设立了上

---

① 冯桂芬，《上海设立同文馆议》，《校邠庐抗议》（卷下）。

海广方言馆和广州同文馆。

冯桂芬指出，学习西方不仅学习军事、生产技术，更要重视学习西方的科学知识。他认为西方的强大不仅是军事的强大、技术的先进，更重要的是科学知识的广泛普及，"如算学、重学、视学、光学、化学等皆得格致至理。舆地书备列百国山川厄塞、风土物产，多中人所不及"[①]。冯桂芬这种对西学的认识观点是比较先进的，提出了"西学"的概念，超越了魏源的学习西方"技"的层面和洋务派"器"的层面的认识范围，为西学在近代中国的传播奠定了崭新的思想认识基础。他的教育思想是早期改良派教育思想的萌芽形态，对后来的王韬、郑观应甚至维新时期的梁启超等人都有很大的影响。

二、王韬的教育思想

王韬（1828—1897），江苏苏州人，原名利宾，字紫诠，晚号天南遁叟。他是中国近代提倡学习西方、变法图强的早期改良派主要代表。他出生于贫寒的乡村塾师家庭，天资聪颖，以第一名入县学为秀才，之后到南京应试举人失败，到上海的一家书馆工作，亲眼看到西方先进的印刷技术，接触到西方的科学知识，对其后来思想的形成产生重要影响。他在游学英国期间走访欧洲各国，广泛接触了西方的政治、经济、文化、教育等，思想发生了深刻变化。回到香港之后筹资购买印刷设备，组建了中华印务总局。后曾经创办《循环日报》，宣传变法图强主张。1879年游历日本写成《扶桑游记》。五年后移居上海，任《申报》编纂主任，后任上海格致书院掌院，继续宣传变法思想和科学知识。1897年病逝。

与洋务派主张的"自强新政"不同，王韬力主变法自强，向西方学习，认识更为深入。他强调变法的四个方面，"一曰取士，二曰练兵，三曰学校，四曰律例"[②]。也就是从根本上改革封建制度中的选才、军

---

① 冯桂芬，《采日学议》，《校邠庐抗议》(卷下)。
② 王韬，《变法自强》(上)，《弢园文录外编》(卷二)。

事、教育、法律各个方面的制度。改革封建教育是他的变法方案中的重要内容。他还强调，兴办实业是国家摆脱贫困，走向富强之路。

王韬的教育思想基本上可以归纳为两个方面：一是废八股，崇尚实学培养实用人才；二是改书院，创建新式学校，培养新式人才。最终目标是实现变法自强。他认为旧学校已空疏腐化，崇尚虚文，不能收到实效，必须进行改革。王韬提出在沿海的商埠口岸设立"翻译西书馆"和水师学堂等专门学校以培养专业人才。在翻译西书馆中让士子学习英文，造诣精深者，可令他们翻译西方关于机器、格致、舆图、象纬、枪炮、舟车等专门各家的著作。对于水师人才的培养，要另设学校，教以司炮驾驶，布阵制器，使其各有专长。他还提出派遣出洋留学生，但不可专在一目，以便能学习各国之所长。他设计的新式学堂的课程分为两大类，一是文学，即经史掌故辞章之学；二是艺学，即机器、舆图、格致、天算、律例等西方的现代科学知识。

王韬长期关注和研究西学，对西方的科学技术倍加推崇，称之为"实学"。他曾经著作《火器略说》《格致新学提纲》《光学图说》《西学辑成六种》，为促进中西文化的交流做了大量工作。他不仅在理论上提倡实学，而且把他的实学教育思想落实到自己的教育实践之中。王韬在担任上海格致书院掌院的七年时间里，把这一书院作为提倡新学的试验田，真正把格致之学纳入到上海格致书院教授的内容之中。

三、郑观应的教育思想

郑观应（1842—1922），本名官应，字正翔，号陶斋，广东人，曾担任上海电报局总办、轮船招商局总办等，在经营工商业时关注时政，推崇西学，是中国近代的早期改良主义思想家、实业家、教育家，著作有《易言》《盛世危言》等。他在政治上主张实行立宪政治；经济上主张收回关税自主权，促进民族工商业和对外贸易发展；军事上主张加强练兵，军民联防和强化海防。他敏锐地指出外国资本主义入侵的方式是

"商战"甚于"兵战",呼吁改变中国传统的"贱商"观念,支持发展民族工商业,培养胜任"商战"的人才。

在教育思想方面,郑观应深刻批判了科举取士制度,主张广设学校,学习西方广设教学内容,建立新的学校制度。他虽然一生经办洋务和经营实业,但是对教育问题有着深入的思考和专门的著述。他在《易言》中撰写了《考试》《西学》等篇,讨论教育改革问题,并在《论洋学》中初步介绍了西方的教育制度,提出仿照西方的学校制度改造中国教育的观点。之后又在《盛世危言》中专门写了《学校》一篇,详细介绍了西方近代学校制度,并提出设立我国自己的新式学校体系,以培养新式人才。他在分析西方富强的原因时得出的结论是:泰西之所以富强,是由于经济上重视商务,政治上设立议院,而两者的根本则在学校,"学校者,造就人才之地,治天下之大本也"①。教育的主要功能就是为社会培养人才。

郑观应积极倡导近代学制,并且为中国近代教育设计出了第一个系统的学制蓝图。他在《论洋学》中,系统地介绍了西方的学校制度,认为西方各国学制以德国最完备;还介绍了各种专门学校,对西洋国家的学校经费来源、课程设置、教学形式和考试方法等都有论述,特别是较为详细地介绍了班级教学制度的基本特征。在《盛世危言》总纲《道器》篇后,就是《学校》上、下篇,并且附录《德国学校规制》《英法俄美日本学校规划》《英德法俄美日六国学校数目》等材料,着重介绍了西方主要资本主义国家的教育制度。他对学制的性质、任务、学习年限、课程内容、教学形式、考试方法及各国教育的发展概况都有详细论述,进而把西方学制归结为以三级普通教育为主干,含有普通、专门两大部类的学校教育系统。郑观应根据对西方学制的认识,提出了变通传统教育制度,建立中国自己的学制的设想:学堂类型分设文学和武学,文学和武学各自分为大、中、小三等级,设在各州、县的为小学,设在各府、省会的为中学,设在京城的为大学。文学设置政事科、文学科、

---

① 郑观应,《盛世危言·学校》(卷一)。

格致科、言语科、艺学科、杂学科六科,武学设置陆军科和海军科两科。在他所设计的学制中还规定了小学、中学、大学的学习年限、考试升学制度和分班教学制度等。在《易言》里,郑观应论述了书院的变通之法,提出把中国传统的书院纳入近代学制,一是在省会、京城设立两级书院,两者相互衔接;二是增加西学课程,把格致、天球、地舆、船政、农政、理学、化学、医学及各国语言、政事、律例等科目纳入书院的教学内容;三是使书院具备人才培养和人才选拔两种职能,通过考试的形式从书院选拔人才。

在职业教育方面,郑观应基于兴办近代工商业的经历,深知专业技术人才的重要,但传统的教育不屑于讲授农工商贸之学,洋务教育也只是注重学习技术层面,没有注重学习各种自然科学知识。因此,他指出西方国家"士有格致之学,工有制造之学,农有种植之学,商有商务之学,无事不学,无人不学"[1]。中国要富强,必须形心皆备,既要练兵船、制船炮,备有形之战以治其标;也要兴办士农工商之学,备无形之战以固其本。他认为学校是"体",而练兵、制器、铁路、电线等是"用",没有学校培养人才,增强军事力量和兴办各类实业就无从谈起。基于兴办实业的需要,他把自己的教育设想付诸实践。1894年,郑观应在担任轮船招商局总办时,在《致招商局盛督办书》中提出"窃思商战须从学问上讲求","所谓有人才而后可与人争胜也"[2],所以必须设立驾驶学校培养驾驶人才,解决轮船招商局长期雇佣洋人驾驶的问题。招商局先是把一艘轮船改为教练船,招收一些人学习轮船驾驶技术,后来在他主持倡导之下,聘请美国人做学堂总教习,正式成立了教授轮船驾驶技术的专门学堂。1896年,郑观应在担任汉阳铁厂总办时,曾经向盛宣怀建议,在厂内设立一个大学堂,招收的学生上午读书,下午到铁厂里学习机器操作技术,"盖厂中所设书院有机器可以指授,非徒读

---

[1] 郑观应,《盛世危言·考试》(卷一)。
[2] 夏东元,《郑观应集》(下册),上海人民出版社1982年版,第845页。

书也"①，把理论学习与实际操作结合起来。郑观应还为这个学堂制定了六条章程，在建议书信中提出了重视对实业技术人才的培养和专门学堂的设计思想，在当时是难能可贵的。

郑观应的教育思想是他社会改良思想的重要组成部分。他强烈要求改革科举教育，提倡西式学校教育，重视实用人才的培养，特别是对近代学制的设计和倡导，对近代中国教育的发展具有启发意义。

早期改良派主要是由知识分子组成，他们不遗余力地介绍西方科学技术，提倡仿照西方建立近代学制，重视实用人才的培养等。这些构成了早期改良派教育思想的主要内容。与洋务派、维新派相比，他们不掌握清政府的权力资源，因而推动教育改革的力量是有限的，无法在实践层面实现自己的教育改革设想。

第三节　维新教育思潮与维新教育变革

随着洋务运动的开展和"西学东渐"的不断深入，中国近代民族资本主义有了初步发展，近代资产阶级启蒙思潮开始兴起，最终发展为1898年6月至9月的戊戌维新变法，以康有为、梁启超为代表的资产阶级维新派登上了政治舞台，推动清政府变法革新。戊戌维新变法既是一场政治改革运动，也是一次较为全面的近代教育制度变革实践，虽然仅百日便因受到封建顽固势力镇压而失败，但是为清末新政时期的传统教育近代化变革奠定了重要基础。

一、维新教育思潮的形成

在变法维新、教育救国的新思潮中，维新派阐发了自己的教育变

---

① 夏东元，《盛宣怀年谱长编》（下册），上海交通大学出版社2004年版，第546页。

革思想，形成一股维新教育思潮，并进行了大规模的教育领域的维新改革。教育改革是戊戌新政的重要组成部分。维新教育思潮的主要内容是批判传统科举教育的空疏无用，主张开民智、废科举、广开学校、振兴实学等。维新兴学已经不是零星的建立实业学校，而是推动建立统一的近代教育体制。《知新报》《集成报》《时务报》《利济学堂报》《浙学新报》等报纸、杂志以提倡新学为重要内容，刊登大量文章，推动了这次维新教育思潮的发展。

（一）康有为的维新教育思想

康有为（1858—1927），广东南海人，原名祖诒，字广厦，号长素，又号更生，是戊戌变法运动的主要发动者，也是维新教育思潮的主要代表人物。

康有为批判封建教育空疏无用，认为科举教育"教士以诗文楷法，试武以弓刀步石，习非所用，用非所习，一旦授政，而欲其任事，岂可得哉"[①]。他认为传统的科举教育没有将社会发展必需的如书、数、农、医、天文、地理等纳入教学内容，是导致中国积贫积弱的根源之一。他曾多次上奏光绪皇帝希望改革科举制度，废除八股取士。1898年6月，他在《请废八股试帖楷法试士改用策论折》中指出："今变法之道万千，而莫急于得人才；得才之道多端，而莫先于改科举；今学校未成，科举之法未能骤废，则莫先于废弃八股矣。"由于科举制度"令诸生荒弃群经，惟读四书；谢绝学问，惟事八股"，任用此等"不识不知，无用人才"，国家何以富强？他痛斥"中国之割地败兵也，非他为之，而八股致之也"[②]。

康有为呼吁借鉴西方国家学制，大力倡导农工商学，指出"西人商务皆本于学……丝业则有蚕桑学堂，制茶、制糖、制磁、制酒、开煤、炼钢、纺纱、织布，无不有学堂，每创一业，必立一堂，故一材一艺之

---

① 汤志钧，《康有为政论集》，中华书局1981年版，第107页。
② 汤志钧，《康有为政论集》，中华书局1981年版，第268—270页。

微，万事万物之赜，皆由于学，故能精新"①。就此提出，中国的士、农、工、商、兵也必须各自设置相应的学堂，极力提倡"创农政商学，以为卓财富民之本"②。他认为必须通过重视和提倡"艺学"来开民智，"教育及于士，有逮于民，有明其理，有广其智，能教民则士愈美，能广智则理愈明"③。他的"艺学"即所谓"凡天文、地矿、医律、光重、化电、机器、武备、驾驶，分立学堂，而测量、图绘、语言、文字皆学之"④。

百日维新期间，康有为提出了一系列的教育改革措施。在《请开学校折》中，他奏请光绪帝仿效欧美、日本的学制设立各级各类学校，指出"泰西之所以富强，不在炮械军兵，而在穷理劝学"，"才智之民多则国强，才智之民少则国弱"⑤；"必使全国四万万之民，皆出于学，而后智开而才足，民富而国富以强"⑥；"兴学育才之事，若追亡救火之急"⑦。首先是要建立新的学制，改革科举考试制度，兴办新式学堂，设立从小学到大学的学校系统。他还特别指出，将电报学堂、铁路学堂、蚕桑学堂等各类专门学堂纳入学制体系，称这类学堂为"专门者，凡农商矿林机器工程驾驶，凡人间一事一艺者，皆有学，皆为专门也"⑧。专门学堂开设就是为上述行业培养专门人才，目的在于"教育人民之应用，以为执业者也"⑨。由此可见，康有为的这些教育思想已经接近职业教育的本质了。

（二）梁启超的维新教育思想

梁启超（1873—1929），字卓如，号任公，又号饮冰室主人，广东

---

① 汤志钧，《康有为政论集》，中华书局1981年版，第323页。
② 汤志钧，《康有为政论集》，中华书局1981年版，第207页。
③ 康有为，《康有为全集》（二），上海人民出版社1990年版，第94—95页。
④ 康有为，《康有为全集》（二），上海人民出版社1990年版，第95页。
⑤ 汤志钧，《康有为政论集》，中华书局1981年版，第130页。
⑥ 汤志钧，《康有为政论集》，中华书局1981年版，第131页。
⑦ 汤志钧，《康有为政论集》，中华书局1981年版，第312页。
⑧ 汤志钧，《康有为政论集》，中华书局1981年版，第306页。
⑨ 汤志钧，《康有为政论集》，中华书局1981年版，第306页。

新会人，是中国近代维新思想家和教育家。1895年，他随康有为联合三千举人发起"公车上书"，并与康有为一起创办《中外纪闻》，建立强学会，发动了维新变法运动。

梁启超在《论科举》一文中主张"欲兴学校、养人才以强中国，惟变科举为第一义。大变则大效，小变则小效"。建议光绪皇帝"停止八股试帖，推行经济六科，以育人才而御外侮"[①]。他认为科举制度弊端极大，致使"生童无专门之学，故农不知植物，工不知制物，商不知万国物产，兵不知测绘算数"，将"四万万有用之民，而弃之无用之地"[②]。

梁启超批评洋务学堂的学习内容只涉及西文和西艺，而不涉及西政和教育，指出"今之同文馆、广方言馆、水师学堂、武备学堂、自强学堂、实学馆之类，其不能得异才何也？言艺之事多，言政与教之事少。其所谓艺者，又不过语言文字之浅，兵学之末，不务其大，不揣其本，即尽其道，所成已无几矣"。他总结了洋务教育弊端产生的三个原因："一曰科举之制不改，就学乏才也。二曰师范学堂不立，教习非人也。三曰专门之业不分，致精无自也。"[③]这些批评和分析是深刻的，反映了梁启超等维新派对近代教育发展状况的认识有了进一步深化。

梁启超主张各级学校以政学和艺学作为教学内容，以政学为主，以艺学为辅。在维新派的推动下，光绪帝下诏，各地书院改称学校，大、小学和义学等一律兼习西学，一直被国人看作"异端邪说""雕虫小技"的西学正式成为清末官办学校的教育内容。

梁启超是中国近代师范教育的开创者。他撰写的《论师范》一文专门论述了师范教育，指出"今天下之变日亟，教学之法日新"，而当时教师的状况堪忧，洋务学堂名义上是效法西方国家的学制，讲授实学知识，但是这些学堂大多聘请洋人担任教习，洋教习存在语言不通、间有滥竽

[①] 舒新城，《中国近代教育史资料》（上册），人民教育出版社1961年版，第39页。
[②] 朱有瓛，《中国近代学制史料》（第一辑下册），华东师范大学出版社1986年版，第79页。
[③] 陈学恂，《中国近代教育文选》，人民教育出版社2001年版，第132页。

充数者、对中学无所知等诸多问题。所以，梁启超反对聘用外国教习，认为"欲革旧习，兴智学，必以立师范学堂为第一义"①。他主张参考日本师范学校之制，"自京师以及各省府州县，皆设小学，而辅之以师范学堂"，"以师范学校之生徒，为小学之教习，而别设师范学堂之教习，使课之以教术，即以小学堂生徒之成就，验师范生徒之成就"②，进而又强调师德规范，指出"夫教育事业何等重要，专心致志尚恐不能尽善"，千万不能"或一面在学校当教习，一面又兼营他事"③。

梁启超很重视女子教育，在《论女学》一文中阐述了女子教育的思想。他尖锐地批判传统教育制度忽视女学，指出"圣人之教，男女平等，施教劝学，匪有歧也"，"吾推及天下积弱之本，必自妇人不学始"，"欲强国必由女学"④。他认为，女子接受教育是生利之所需。如果女子受教育，掌握一定的生产生活知识和技能，就能提高谋生的本领，免除分利之害。梁启超在协办经正女学期间，专门撰写《创办女学堂启》《女学堂试办略章》，提倡女学堂要开设算学、医学、法学、师范科、纺织、绘画等专门之学。

维新变法失败之后，梁启超流亡日本。他借鉴和学习西方近代学制，以日本学制为基础，设计出一套国民教育制度体系，为近代学制的建立提供了参考。

（三）严复的职业教育思想

严复（1854—1921），福建人。初名传初，后改名宗光，字又陵，又字几道，是中国近代启蒙思想家、教育家。他从福州船政学堂毕业被派往英国留学，归国后任福州船政学堂教习、天津水师学堂总教习、总

---

① 陈学恂，《中国近代教育文选》，人民教育出版社 2001 年版，第 144 页。
② 陈学恂，《中国近代教育文选》，人民教育出版社 2001 年版，第 144 页。
③ 舒新城，《中国近代教育史资料》（三），人民教育出版社 1961 年版，第 959—960 页。
④ 朱有瓛，《中国近代学制史料》（第一辑下册），华东师范大学出版社 1986 年版，第 869 页。

办等职。甲午战争以后专心致力于翻译著述,介绍西学。先后创办天津俄文馆、复旦公学,辛亥革命后出任北京大学首任校长,其教育思想在维新教育思潮中占有重要地位。

严复在他的《救亡决论》中指出传统科举教育使中国专门人才日益匮乏,科举八股取士有三大害处:锢智慧、害心术、滋游手。这三大害处"有一于此,则其国鲜不弱而亡,况夫兼之者邪","痛除八股而大讲西学"[①],中国才能救亡自强。在严复等维新派的推动下,光绪皇帝发布上谕停止八股,改试策论,为最终彻底废除科举奠定了基础。

严复在反对八股取士制度的基础上,倡导"开民智",讲求"西学""实学"。他认为,通过教育"鼓民力""开民智""新民德",是使国家富强的根本。有本则治标可为,无本则治标亦最终必废。而练兵、开矿、通铁路、兴商务等只是治标的具体措施。严复从中西教育文化比较的角度,审视清末的教育状况,反对科举制度,反对"中体西用",坚持"体用合一"的文教观,呼吁另立选举人才之法,别开用人之途,废除八股旧制,大力讲求西学,大力提倡西方三级学校教育制度,把教育分为德、智、体三部分等,这些在当时都是较为切实可行的。

二、维新教育思潮推动的维新教育革新

维新派教育思潮深刻批判了传统科举教育八股取士制度,也指出了洋务教育的诸多弊端。康有为、梁启超、严复等人的教育思想学说继承和发扬了早期改良派在学校教育制度、教育内容、教育目的等方面的主张,推动了清末学制变革和新式学堂的建立。

维新变法运动开始后,变革八股取士制度、兴办新式学堂成为维新变法的重点内容。光绪皇帝几次下诏,敕令各地兴办各种专门技术学堂。1898年8月下诏,令王文韶、张荫桓筹设铁路学堂,培养铁路预

---

① 严复,《严复集》(第一册),中华书局1986年版,第43页。

备人才；随后又下诏令各地兴办农务学堂，并要求"工学、商学各事，宜亦著一体认真举办"①。9月，光绪帝批准在通商口岸及出口丝茶省份设立茶务学堂、蚕桑公院的奏陈。在维新变法力量的推动下，农务学堂、蚕桑学堂、矿务学堂、工艺学堂、翻译学堂、医学学堂、铁路学堂等各类新式学堂在全国各地迅速兴办起来。但是随着维新变法运动历经百日以失败告终，这些学堂中的大多数被停办。

戊戌变法前的官办学堂，虽然有教育水平高低的区别，但不同级别的学堂缺乏上下衔接，办学性质相近的学校也缺乏明确的分工，学校分散在全国各地，没有形成一个完整的学校系统，洋务学堂在这一点上表现得尤其突出。为此，在学制变革方面，维新派思想家梁启超、康有为、李端棻等人都提出过设立三级学校相互衔接的教育制度的具体方案建议。在他们的推动下，清政府1805年颁布诏令，准许设立头等学堂、二等学堂的二级教育；之后又在1808年颁布《明定国是诏》，规定将书院改为兼习中学或西学的学堂，并在省府设高等学堂，府城设中等学堂，县城设小学堂，以京师大学堂统辖，小学、中学、大学三级学校教育制度已见雏形。维新派提倡三级学校教育制度，使各级各类学校形成一个完整的学校系统，从而加速了科举制度的废除，为中国近代学制的建立奠定了基础。

如果说早期改良主义教育思想的出现标志着中国近代资产阶级教育思想的萌芽的话，那么，维新派教育思想则标志着中国近代资产阶级教育思想的初步形成。一方面，维新教育思想内容较以前的洋务教育、改良教育思潮更为丰富、系统，形成了一种新的教育思潮；另一方面，在维新教育思想家的极力鼓吹下，统治阶级内部出现了一些倾向于教育的改革者，使维新教育思想中的改革设想落实为具体的行动，在"百日维新"期间推出了一系列教育改革措施。虽然戊戌变法最终失败了，但是维新派的教育思想在客观上起到了一定的启蒙和解放思想的作用。

---

① 中国史学会，《戊戌变法》（二），上海人民出版社1957年版，第57页。

第三章　起伏：实业教育思潮的兴衰

实业是指农业、工业、商业、矿冶、铁路等物质生产行业。实业教育是指19世纪下半期到20世纪初，与普通教育和师范教育相对应，以传授农业、工业、商业等所需知识和技能为教学内容，为农业、工业、商业、矿冶、铁路等物质生产部门培养专门应用人才的学校教育。

中国近代实业教育思潮的产生与发展大致可分为三个阶段。第一阶段是酝酿和推动阶段，指洋务教育思潮中提倡西学和"艺学"、早期改良派教育思潮中倡设"工艺学堂"、维新教育思潮中倡设"专门之学"的阶段。这一阶段的特征是在教育救国思潮推动下，一些军事、技术、翻译、农桑等新式学堂的相继设立打破了封建科举教育的藩篱，批判科举教育空疏无用和提倡西学的呼声逐渐强烈，为实业教育的产生和发展做好了铺垫。第二阶段是兴起和制度化阶段，指的是从清末新政时期实业教育从壬寅学制、癸卯学制到实业学堂普遍设立的阶段。这一阶段，实业教育思潮从批判科举教育空疏无用和倡设新式学堂为重点，转为呼吁建立西式学校教育制度和体系，强调实业与教育结合以及提高实业教育地位等方面。第三阶段是发展和衰落阶段，指的是辛亥革命胜利后"实利主义教育"思想的提出，实业教育从壬子癸丑学制，到实业教育思潮衰落、职业教育思潮渐起的阶段。这一阶段，新兴民族资产阶级的民主、民生思想深刻影响了实业教育思潮的发展，他们从关注实业教育宗旨到呼吁充实完善实业教育制度，批判人才与社会需求脱节，导致实业教育思潮逐渐衰落并最终被职业教育思潮所替代。

第一节　实业教育思潮的酝酿与产生

　　培养农、工、商、矿等各类实用技术人才的实业教育，在进入清末统一学制前的名称是不一致的，不同的称谓含义也不尽相同。在洋务运动时期，李鸿章提倡设置培养"制器之人"的各类学堂，张之洞称其为"西学"；早期改良派郑观应称西方科学技术教育为"艺学"或"格致之学"；维新变法时期，康有为、梁启超或称其为"艺学""实学"，或称其为"专门之学""农工商学"。如梁启超在文章中提出"今日学校，当以政学为主义，以艺学为附庸"[①]，"一切实学，如水师必出海操练，矿学必入山察勘"[②]。以上名称虽然各异，但是基本上都是指传统科举教育之外的实用知识和技术教育。所以，实质意义上的实学教育思潮应该从洋务教育思潮开始。

　　实业一词源于德文 realschule 的日文翻译。日本在 1899 年 2 月颁布的《实业学校令》中即使用了"实业"的名称。1901年，时任出洋学生总监督的夏偕复在《学校刍议》的"日本学校概述"一节中，用"实业学校"的概念指"中等农、工、商实业之教育"[③]，大概算是国内最早使用"实业学校"和"实业教育"名称的人。1902 年由张百熙呈奏的《钦定学堂章程》方案（壬寅学制）中，仿照日本学制成例，采用了"实业教育"的名称。

　　如果从中国近代以来宏观的职业教育思潮流变角度来看，洋务教育思潮、早期改良教育思潮、维新教育思潮都具有一定的职业教育成分，因为所代表的阶级利益和观点主张各不相同，所以各自成为中国近代职

---

① 陈学恂，《中国近代教育文选》，人民教育出版社 2001 年版，第 157 页。
② 陈学恂，《中国近代教育文选》，人民教育出版社 2001 年版，第 130 页。
③ 璩鑫圭、唐良炎，《学制演变》，上海教育出版社 1991 年版，第 172 页。

业教育思潮的阶段形态。而仅从实业教育思潮的形成和发展角度来看，洋务教育思潮、早期改良教育思潮、维新教育思潮中无不包含实业教育的性质，被广义的实业教育思潮所涵盖。这恰恰是中国近代职业教育思潮流变的阶段形态相互交织、相互融合的典型特征之一。

一、洋务教育思潮中蕴含实业教育思想

首先，洋务运动创建了我国近代的工业企业，为近代实业发展奠定了基础，也为实业教育的产生和发展提供了前提。19世纪60年代至90年代，为了实现自强、求富的目的，洋务派创办了我国最早的近代军事工业和军工工业所需要的能源矿产工业、交通运输工业和电讯工业等，后来又创办了少数民用工业，并带动了近代民族资本工业的发展。随着这些新式工业的创办，迫切需要一些技术人员和熟练工人，而以四书五经为内容的传统科举教育根本无法培养这些专门人才，于是开始在这些军工或民用的工厂中附设新式学堂，专门培养技术人员和熟练工人。后来出现了专门的同文馆、西文馆等外语学堂，水师学堂、武备学堂等军事学堂以及电报学堂、铁路学堂、医学堂等。这些新式学堂采用西方近代学校教育的模式，成为我国职业学校教育的开端。但是，这些洋务学堂并非都属于后来称为实业学堂的农、工、商、商船学堂，其中的外语学堂、军事学堂、医学堂等则不属于实业学堂范畴。所以，洋务教育虽然包含了近代工业技术教育，但是简单地认为洋务教育等同于实业教育是不准确的。

其次，洋务派阐发和主张的洋务教育思想蕴含了实业教育思想。洋务教育思潮在指导思想上秉持"中学为体，西学为用"；在教育内容上批判了传统科举教育的空疏无用，主张改科举，引进"西文""西艺"等教育内容；在教育实践上主要是兴办新式学堂和洋务留学教育。其中的"西艺"教育内容和兴办的新式学堂中包含了但不限于后来称为实业教育的内容。例如洋务运动早期，1866年福州船政学堂（求是堂艺局）

在洋务企业福州船政局附设。创办者左宗棠指出:"夫习造轮船,非为造船也,欲尽其制造驾驶之术耳;非徒求一二人能制造驾驶也,欲广其传使中国才艺日进,制造驾驶展转授受,传习无穷耳。故必须开艺局,选少年颖悟子弟习其语言文字,诵其书,通其算学,而后西法可衍于中国。"[①] 沈葆桢也指出:"船政根本在于学堂。"[②] 再如李鸿章提出的"中国欲自强则莫如学习外国利器。欲学习外国利器则莫如觅制器之法而不必尽用其人。欲觅制器之器与制器之人,则或专设一科取士,士终身悬以为富贵功名之鹄,则业可成,业可精,而才亦可集"[③]。这种既重视引进西方先进技术,更注重培养掌握西方先进技术的人才,最终实现自立自强的思想,在当时成为洋务派的普遍共识。洋务派创办的近代新式学堂虽然数量不多,在学生管理、课程设置等方面仍然具有封建性,但是其在办学目的、教学方式、课程设置、毕业生就业等方面,打破了中国传统的科举教育的禁锢。这些思想和实践成为中国近代实业教育体系建立的先声。

再次,洋务运动后期已经规划出了实业教育体系和制度。张之洞是中国近代实业教育的开创者和实践者,他发展了晚清时期的经世实学,学习西方和日本先进的教育思想,结合在洋务运动中兴办农工商企业和学堂的丰富实践经验,基本形成了中国近代实业教育思想体系,明确提出"天下广设学堂""农工商设学"等教育主张,正如他在《学务纲要》中指出:"实业学堂所以振兴工商各项实业为富国裕民之本计,农工商各项实业学堂,以学成后各得治生之计为主,最有益于邦本。"而且他还主持制定出近代中国第一个颁布并施行了的全国统一学制——癸卯学制,其中包含了较为完整的实业教育制度。

---

① 朱有瓛,《中国近代学制史料》(第一辑上册),华东师范大学出版社1983年版,第355页。
② 中国史学会,《洋务运动》(五),上海书店出版社2000年版,第2页。
③ 李鸿章,《筹办夷务始末(同治朝)》(卷二十五),故宫博物院1930年影印版,第10页。

二、早期改良派的商战、学战思想对实业教育的推动

洋务运动兴起之后,随着"西学东渐"不断深化和民族资本工商业的逐步发展,一些初步具有资本主义思想的知识分子分化出来。王韬、容闳等人曾长期留居海外,薛福成、郑观应、马建忠等人曾为洋务派幕僚,深受西方资本主义思想影响。他们认为中国落后贫弱的根源在于工商业不发达,提出变革社会现状、发展民族工商业、全面学习西学等思想主张,形成了早期资产阶级改良思潮。

在文化教育的变革上,马建忠、薛福成、陈炽、郑观应等人提出"商务""商学""商战"等新词,传播近代"重商"思想。马建忠撰写《富民说》,主张发展对外贸易,扶持民间工商业,以富民强国。郑观应批判了传统的"农本商末"思想,指出:"欲制西人以自强,莫如振兴商务,安得谓商务为末务哉?"[①]这些观点强调摆脱贫弱局面必须振兴商业和民族工业,从而为后来的实业和实业教育发展起到了推波助澜的作用。

早期改良派把培养农工商矿实用人才的学校叫"实学"或"艺学",实际上已经反映出近代中国实业教育思想的萌发。参与过洋务运动的郑观应在他所著的《盛世危言》中指出,"泰西诸国富强之基根于工艺","我国亟宜筹款广开艺院教育人材,以格致为基,以制造为用","设立工艺学堂,招集幼童,因才教育,各分其业。艺之精者以六年为学成,粗者以三年为学成,其教成各师由学堂敦请。凡声、气、电、光、铁路、铭铸、雕凿等艺悉责成于工部衙门"。其中的所谓"艺院""工艺学堂"指的是后来的实业学堂。

郑观应在主张大力发展民族工商业的基础上,提倡"兵战不如商战、商战不如学战"。学战在很大程度上指的是发展农工商业教育。他指出"国家欲振兴商务,必先通格致、精制造之人,必先设立机器、技

---

① 郑观应,《郑观应集》,上海人民出版社1982年版,第261页。

艺、格致书院以育人才"。西洋各国"士之有格致之学,工有制造之学,农有种植之学,商有商务之学,无事不学,无人不学",要学习"泰西士、农、工、商之学",才能"裕无形之战以固其本"①。他所说的"裕无形之战",既指商战也指学战,最根本的是人才之战。他指出"富强之基"不在器,而在人。无论"兵战""商战",人才培养对国家富强是第一重要的,"有人才而后可与人争胜"。他强调人才培养首要的是兴办学校,"按古今中外各国,立教养之规,奏富强之效,原本首在学校"②,"学校者,人才所由出;人才者,国势所由强"③。

早期资产阶级改良派较早地认识到国家富强与科学技术和人才培养之间的内在联系,批判封建教育的空疏无用,主张考试分立两科,考格致、化学、电学和天文、地理、医学、种植新法等,把兴办新式学校和培养科技工艺型的实用人才视为国家富强的根本,对近代教育制度提出构思方案,成为维新派康有为、梁启超等提倡维新教育的思想先导。

三、维新教育思潮中的实业教育思想

维新变法运动中,变革科举取士制度,兴办新式学堂是维新变法的重点内容。维新派梁启超把培养农、工、商、矿等应用人才的学校叫"实学"④,或"艺学"⑤,或"专门之学"⑥。严复在1895年所著的《救亡决论》中称为"农工商学"。严复长期在英国留学,熟悉英国及欧洲政治、经济和文化、教育等方面的情况。1906年,他在上海商部高等

---

① 郑观应,《盛世危言·商战》(下册),上海人民出版社1982年版,第246、267、247页。
② 夏东元,《郑观应集》(上册),上海人民出版社1988年版,第261页。
③ 夏东元,《郑观应集》(上册),上海人民出版社1988年版,第276页。
④ 梁启超,《变法通议》,《时务报》,1896年8月至1897年1月。
⑤ 梁启超,《与林迪臣太守论浙中学堂课程应提倡实学书》,《时务报》,1897年。
⑥ 朱有瓛,《中国近代学制史料》(第二辑上册),华东师范大学出版社1987年版,第27页。

实业学校演说时提出"中国今日自救之术，固当以实业教育为最急之务"，不但提出了实业、实业教育的概念，而且也作出了相应的阐释："实业，西名谓之 industries，而实业教育，则谓之 technica education。顾西人所谓实业，举凡民生勤动之事，靡所不赅；而独于树艺、牧畜、渔猎数者，则罕用其字。则所谓实业教育，所苞尤隘，大抵同于工业。The teaching of handicrafts。此诚彼中习俗相沿，我辈莫明其故。……大抵事由问学，science，施于事功，展用筋力，于以生财成器，前民用而厚民生者，皆可谓之实业。"[1] 严复在演说中详细介绍了英国机器工业发展的历史，指出当时中国所谓"实业"一词，在欧洲指工业（Industries）；"实业教育"一词，在英语中指技术教育或工艺教育。并且指出"实业教育者，专门之教育也"，是"继普通教育而后施"。他批判中国传统教育"往者舍科举而外，且无教育。使其人举业不成，往往终身成废"，希望"实业教育与他种教育有不同者，以其人毕业所从事，皆在切实可见功程，如矿、如路、如一切制造。大抵耳目手足之烈，与治悬理者迥殊。故教育之要，必使学子精神筋力常存朝气，以为他日服劳于干事之资。一言蔽之，不欲其仅成为读书人而已"[2]。严复阐释的实业和实业教育是对英国乃至欧洲以机器制造、矿、路等实业教育的介绍，和当时仿照日本、已经列入壬寅学制和癸卯学制的实业学堂是有所差异的。

维新派在变法期间推动兴办了一批农务学堂、蚕桑学堂、工艺学堂、矿务学堂、铁路学堂、翻译学堂、医学学堂等各类新式学堂，虽然在变法失败后大多被废止，但是为清末新政时期的实业学堂设立奠定了基础。

---

[1] 王栻，《严复集》，中华书局1986年版，第203—207页。
[2] 王栻，《严复集》，中华书局1986年版，第205页。

第二节　实业教育思潮的兴起与实业教育制度化

洋务运动后期，张之洞和张謇等人较为系统地引进、借鉴了西方和日本的实业教育思想。经过早期改良派教育思潮的推动和维新派教育思潮的发展，实业教育思潮在清末新政时期取得了快速发展，并逐步系统化、制度化，形成了全国统一的学制——壬寅学制和癸卯学制，实业学堂数量和学生人数也不断增加。

一、实业教育思潮的兴起

甲午战争后，《马关条约》的签订迫使清政府增开沙市、重庆、苏州、杭州为商埠，并允许日本在中国的通商口岸投资办厂，扩大了帝国主义对中国的资本输出，中国的半殖民地化程度进一步加深。面对空前的民族危机，中国掀起了实业救国的热潮，民族资本主义工商业在甲午中日战争后取得了初步发展。清政府在被迫允许帝国主义列强在国内开设工厂的同时，也放宽了对民间投资设厂的限制。据统计，1895年到1911年，在中国设立的工矿企业共有800家，资本额达到165771000元[①]。中国近代工业的迅速发展，为实业教育的发展和实业教育思潮的兴起奠定了经济基础。

在中国近代民族工商业初步发展的进程中，产生了一些近代著名的实业家，其中包括张謇、周学熙等人。张謇从1895年开始，十几年间先后创办了大生纱厂等工厂和垦牧、航运等企业，资本达900万元。周学熙1906年创办启新洋灰公司，创办或参加投资的工矿企业共15个，资本达1600万元[②]。发展近代工业需要大量的专门技术人员和具有一定

[①] 汪敬虞，《中国资本主义的发展和不发展》，中国财政经济出版社2002年版，第369页。
[②] 汪敬虞，《中国近代经济史（1895—1927）》（上册），人民出版社2000年版，第76页。

文化素质的产业工人，因而需要发展实业教育来培养这些人才。在实业救国思想的指导下，张謇特别重视实业教育，认为"实业教育，富强之大本也"①。他以极大热情和大量精力创办或资助创办包括艺徒学堂、南通纺织专门学校、河海工程测绘养成所、商船学校、农业专门学校、银行专修科、商业学校、水产学校、医学专门学校、铁路学校、蚕桑传习所等实业学校，积极投身近代中国的实业教育，为中国近代的实业教育发展作出了重要贡献。周学熙提出"工不学不兴、学非工不显"，"方今为商战之天下，各国以商战实皆以学战，每办一事必设一学"，"故商业学校尤为外洋振兴商务之基"，"商学一日不兴，商务一日不振"②，他推崇西学，介绍引进日本的高等商业学校、商船学校等近代学校的课程设置和教学方法，创办直隶工艺总局、高等工业学堂等实业教育机构以培养实业人才。这些实业家在大力兴办实业的同时，也推动了实业教育思潮的勃兴。

虽然洋务运动伴随着甲午战争失败而告终，但是发展近代民族工商实业和引进西方教育制度的尝试和突破已经势不可挡，封建统治阶层内部分化出的洋务派和维新派的教育思潮产生了深远的影响，最终促使清朝最高统治者为了延续其封建统治而不得不推行所谓"新政"，其中在教育方面颁布新的学制系统，最终废除了沿袭1300多年的科举教育制度。在实业教育思潮的推动下，实业学堂作为旁系，列入癸卯学制中，成为官办学校教育的组成部分。张之洞曾经指出"国民生计，莫要于农、工、商实业；兴办实业学堂，有百益而无一弊，最宜注重"。《癸卯学制》中的《学务纲要》指出"实业学堂，意在使全国人民具有各种谋生之才智技艺，以为富民富国之本"。《实业学堂通则》规定："实业学堂所以振兴农工商各项实业，为富国裕民之本计"，"各省宜速设实业

---

① 张謇，《论创办地方实业教育致端抚函》，《张謇全集》（第四卷），江苏古籍出版社1994年版，第22页。
② 虞和平，《周学熙集》，华中师范大学出版社1999年版，第200页。

学堂","学成后各得治生之计为主,最有益于邦本"[1]。张百熙、张之洞、盛宣怀等人的实业教育思想在癸卯学制中得到集中体现,也标志着实业教育思潮达到高峰。

二、实业教育思潮的代表人物及其思想

(一)张百熙的实业教育思想

张百熙(1847—1907),字冶秋,生于湖南长沙,历任山东学政、礼部侍郎、刑部尚书、吏部尚书、管学大臣等职。他在戊戌维新变法期间积极参与新政,主张改革科举考试中的武科,奏请设立军事学堂,以舆地、测绘等课程培养军事人才。1898年,任内阁学士,主管京师大学堂事务。1901年后兴办学堂、设立报馆,创办了医学堂、译学馆、实业馆,选派学生出国留学。1902年1月10日,张百熙被任命为管学大臣,负责制定大学堂章程。他主持制定了我国近代第一个系统学制——壬寅学制,之后参与制定了癸卯学制,将实业教育作为单独的学堂类型列入国家正式学制系统。

张百熙提出,要培养各项艺能之人就必须要设分科大学堂,要振兴农工商各项实业,只有举办实业学堂才是富国裕民之计。在出任管学大臣之后,张百熙对当时全国新式学堂的设立情况进行了分析,发现各省府州县开办的新式学堂为数寥寥,于光绪二十八年(1902年)初上奏《筹办京师大学堂情形疏》,建议先开预备、速成两科,预备科分政科、艺科,"以经史、政治、法律、通商、理财等事隶政科;以生光电化农工医算等事隶艺科"[2],三年后预备科的学生与各省学堂毕业的学生一起再来考大学堂。速成科分为仕学、师范两馆。这是对中国传统教育模式的突破,其教育思想已经开始逐步摆脱传统科举教育的

---

[1] 璩鑫圭、唐良炎,《学制演变》,上海教育出版社1991年版,第290、473页。
[2] 国史馆,《清史列传·张百熙》(第六十一卷),中华书局1928年版,第25页。

局限，重视实用知识教育和实业学堂设立，为后来主持制定壬寅学制奠定了基础。

张百熙认为，振兴教育须建立完整系统的学校体系和制度。1902年，他以管学大臣名义上溯古制，参考列邦，兼取其长，拟定了京师大学堂章程、考选入学章程、高等学堂章程、中学堂章程、小学堂章程、蒙学堂章程等各级学堂章程，以《钦定学堂章程》命名颁布，是中国历史上第一个近代学制，史称壬寅学制。张百熙希望清政府在钦定学堂章程颁布之后，由各省督抚责成地方官兴办各级学堂，达到兴学育才的目的。但因为这一学制不够完备而没有实行。1903年，清政府又增派荣庆为管学大臣，派张之洞会同张百熙、荣庆再行切实商订，并将各省学堂章程一律厘定。他们在张百熙原定章程基础上修订增补，拟成各级普通学堂、师范学堂、实业学堂和仕学馆、译学馆、进士馆等各类学堂章程以及《家庭教育法》《任用教员章程》《实业学堂通则》《各学堂管理通则》《学务纲要》等。清政府以《奏定学堂章程》命名颁布，史称癸卯学制。这个学制将学校教育分为三段七级，其中专门设有初等实业学堂、中等实业学堂、高等实业学堂三级实业教育系统。

张百熙主持制定的壬寅学制作为近代中国第一个新学制，把实业教育列入官办学制系统中，在当时封建正统儒学仍占绝对统治地位的时代，是很大的进步，为僵化的传统教育注入了活力。

（二）张之洞的实业教育思想

张之洞（1837—1909），先后任翰林院编修、内阁学士、陕西巡抚、两广总督、两江总督等职。在兴办洋务和新式学堂的实践经验基础上，张之洞抨击传统教育的弊端，主张兴办新式学堂、废除科举制、派遣留学生、创立新学制等，形成了较为丰富的教育思想。实业教育思想是其教育思想的重要组成部分。

张之洞的实业教育思想是在兴办洋务实业和实业学堂的实践中而产生的。他敏锐地指出"时人皆知外洋各国之强由于兵，而不知外洋之强由于学"[1]，认为中国迫切需要仿效西洋，大力发展"专门之学"，发展农、工、商、铁路等实业来增强国力。他在兴办汉阳铁厂、湖北纺织四局及铁路事业等洋务实业的过程中，发现"有船而无驾驶之人，有炮而无测放之人"[2]，深感实业人才的匮乏。为培养能从事"洋务"的各种专门人才，他先后创办了湖北农务学堂、湖北工艺学堂、两湖书院、湖北方言商务学堂、湖北算术学堂、湖北自强学堂和多家矿业学堂和工业学堂等一大批实业学堂，并在教育实践中逐步形成了实业教育思想。他认为，实业之学"专求实际，不尚空谈，行之最为无弊，而小试则有小效，大试则有大效，尤为确实可凭"[3]。1901年，清政府宣布实行"新政"之际，张之洞与刘坤一联合上奏，提出"兴学育才"办法四条，主张仿照日本成例，在全国施行近代教育体制。1904年，清政府颁布施行了由张之洞、荣庆、张百熙制定的《奏定学堂章程》（癸卯学制）。

张之洞在实业教育实践活动中，围绕实业学堂的生源条件、师资来源、学堂种类、课程设置、教学方法等，阐发了一系列思想见解，并付诸办学实践。张之洞兴办学堂的目标十分明确，注重学有所用。他认为："通商繁盛之区，宜设商业学堂。富于出产之区，宜设工艺学堂。富于海错之区，宜设水产学堂。"[4]把学堂的设立和地方产业结合起来。为培养农业技术人才，1901年在武昌创办农务学堂，1903年改为农业高等学堂；为满足兴办工业的需要，开办工艺学堂，开设车床、绘图、翻砂、打铁等门工艺，1907年改为工业学堂，设置理化、机器、制造、染织、建筑等项课程；为修筑芦汉铁路，迅速培养中国铁路建设人才，将日本东京的矿学堂改建成湖北驻东京铁路学堂，引进日本的先进设备和师资力量。

张之洞等在制定学制时较早地意识到良好职业道德的重要性，鉴于

---

[1] 苑书义，《张之洞全集》（卷三十七），河北人民出版社1998年版，第996页。
[2] 张之洞，《张文襄公全集》，《海王邨古籍丛刊》，中国书店1990年版，第459页。
[3] 舒新城，《中国近代教育史资料》（中册），人民教育出版社1981年版，第200页。
[4] 舒新城，《中国近代教育史资料》（中册），人民教育出版社1961年版，第219页。

实业学堂的学生毕业后主要从事农工商各业，他把儒家提倡的正直、气节、人品和德行作为学堂的修身课程目标，在各级各类实业学堂开设"修身"课程，强调要求把实业学堂的学生培养成人品高洁、淡泊名利、明于公私的人，为实业的发展服务。

张之洞作为主持政治、经济、军事要务的封疆大吏，在创办实业学堂、派遣公费留学生出洋学习实业等方面，凭借封建官僚的力量发挥了一定的推动作用。

（三）盛宣怀的实业教育思想

盛宣怀（1844—1916），江苏武进人，字杏荪。他从小接受很好的儒家传统教育，但因为几次应试不第，放弃科举进身之路。1870年，盛宣怀入李鸿章幕府专事洋务，先后创建或经营了轮船、电报、铁厂、矿务、纺织、银行等关系国计民生的洋务企业，成为我国近代著名的实业家。在办理洋务和实业的过程中，盛宣怀深切感到人才匮乏和培养实用型人才的急迫，面对传统的科举制度的空疏无用，转而提倡实业教育。后来，盛宣怀从商场转入官场，先后任天津河间兵备道、天津海关道、太常寺少卿等职，在实践中更加清醒地认识到"学战"是"商战"的人才和智力支撑，发展中国近代工商业必须发展实业教育。

甲午战争后，盛宣怀认为国家欲图自强，筹设学堂、培育人才是关键。他在给朝廷的奏折中说："自强首在储才，储才必先兴学"，"西国人材之盛皆出于学堂"，因此，他不遗余力地推行新式教育。1895年10月2日，盛宣怀通过直隶总督王文韶奏请光绪皇帝设立新式学堂，创立天津北洋西学学堂，后更名为北洋大学。1896年，盛宣怀在上海创办南洋公学，1897年在南洋公学首开师范班，1909年在南洋公学开设了航政科，后发展为独立的吴淞商船学院。之后还创设了南洋公学附设译书院、电报学堂等，为发展铁路事业开办了铁路班。1901年创办商务学校、东文学校，1903年创办高等商务学校，1905年创办铁路法文速成学校，1911年创办商船学校等。

盛宣怀在给清政府的《条陈自强大计折》中系统阐述了自己教育救国的主张。他指出："泰西诸邦，用举国之才智，以兴农商工艺之利，籍举国之商力，以养水陆之兵，保农工之业。盖国非兵不强，必有精兵然后可以应征调，则宜练兵；兵非饷曷练，必兴商务然后可以扩利源，则宜理财；兵与财不得其人，虽日言练，日言理，而终无可用之兵，可恃之财，则宜育才。"① 提出要实现自强，须把练兵、理财和教育有机结合起来。他建议在科举制下先由各省设学"教以天算、舆地、格致、制造、汽机、矿冶诸学，而以法律、政治、商税为要"②。同时，还推行速成教育，先后兴办了译书院、特班、政治班、商务班等速成班，培养实用人才。

在长期经办洋务过程中，盛宣怀深入了解了近代企业的人才需求，因此把学以致用思想贯穿其实业教育的始终。在天津塘沽地区架设电线时，他深感电报人才的重要，建议李鸿章开设天津电报学堂并获准，提出"学堂与本局相表里"，宜将学堂增办一年，教授"电学与发报技术"③。盛宣怀批判了传统科举制度难以培养实业技术人才的弊端，认为科举教育"选将才于俦人广众之中，拔使才于诗文帖括之内。至于制造工艺，皆取材于不通文理、不解测算之匠徒，而欲与各国挈长较短，断乎不能"④。在他所创办学堂，实用性极强的测量、格物学、化学、地学、驾驶、机器绘图等课程占主体，传统经学则主要由学生自修，与当时社会背景下的传统科举教育做法迥异，在一定程度上体现了近代职业教育课程的特征。

盛宣怀参照西方教育制度创办的北洋大学，学生除学习语言文字外，主要学习理工方面的知识，分为工程学、电学、矿务学、机器学、

---

① 盛宣怀，《条陈自强大计折》，《愚斋存稿初刊》（卷一），第3页。
② 盛宣怀，《条陈自强大计折》，《愚斋存稿初刊》（卷一），第9页。
③ 沈云龙，《近代中国史料丛刊续编》（第十三辑第五卷），台湾文海出版社1966年版，第2页。
④ 金林祥，《中国教育制度通史》（第五卷），山东教育出版社2000年版，第205—206页。

律例学五个专科，学成后"或派赴外洋，分途历练；或酌量委派洋务职事"[1]。北洋大学采用分班教学、分科教学、年级制等西方教学模式和考核淘汰制度，在学校中设置了督办、总理、监院、总教习、提调、文秘、会计、图书管理员、校医等详细的岗位，初步形成现代学校管理模式。

盛宣怀办学的目的是培养"博通兼综""道与艺兼"的人才，不仅要掌握西学中的近代科学技术，更要培养实际工作能力。在他创办的学堂，不惜重金建造"格物化学机器等房"，"以备各学生阅视考据"[2]，达到其倡导的"人才与实业相表里，非此不足以至富强"[3]的目标。他有远见地提倡出洋留学，认为"学生必出洋游历，躬验目治，专门肄习，乃能窥西学之精，用其所长，补我之短"。他在《资送学生出洋游学片》中说，留学生学成回华，任以路矿、铁厂、银行各要政，渐可不借材异地，授柄外人，从而培养了一批实业发展所需的各类人才。

（四）张謇的实业教育思想

张謇（1853—1926），字季直，号啬庵，江苏南通人，清末民初的实业家、教育家。他历经科举得中状元，被授予翰林院修撰，一年后辞去官职。甲午战争后，他提出了"实业救国"和"教育救国"的主张，在赴日本详尽考察了实业和教育之后，创办和经营工农实业，形成了一个完整的实业体系。辛亥革命胜利后，张謇先后任国民政府实业总长、农商总长兼全国水利总长，后因不满袁世凯的卖国政策愤然辞职。张謇一生的心血倾注在兴办实业和实业教育上，创办了20多家企业和300多所学校，为中国近代民族工业的兴起、教育事业的发展作出了极大贡献。仅南通一县就创立了从幼稚园到中小学直至高等教育，从普通国民教育到职业教育、社会教育等的各类学校，形成了中国近代教育"南通

---

[1] 舒新城，《中国近代教育史资料》，人民教育出版社1981年版，第137页。
[2] 舒新城，《中国近代教育史资料》，人民教育出版社1981年版，第138页。
[3] 夏东元，《盛宣怀传》，南开大学出版社1998年版，第250页。

模式"。

张謇非常重视兴办实业学校。他指出"人皆知外洋各国之强由于兵，而不知外洋之强由于学。夫立国由于人才，人才出于立学，此古今中外不易之理"[①]。他认为欧美国家之所以强盛，根本在于兴办教育培养专门人才，促进了工业的发展。中国之所以积弱积贫，是因为教育落后，人才匮乏。要挽救民族危机，就必须大兴实业和教育。他辞官回到南通后，全身心致力于实业救国、教育救国，在南通创办了大生纺织公司、垦牧公司等实业。1902年在南通创办通州师范学校。1905年与马相伯在吴淞创办了复旦公学，同年设立艺徒预教学校。1906年在吴淞开设商船学校，议请开设工艺学校、农事实验场，在其举办的师范学校中附设土木科测绘班、农科班，同年在吴县开设铁路学校。1909年在南通中学设初等商业学校及银行专修科，同年创办邮传部上海高等实业学堂船政科。1910年筹设实业教育讲习所。1912年创办江苏省立水产学校，同年创办了医学专门学校和纺织专门学校、河海工程专门学校等。

张謇到日本考察实业和教育时，深感"夫世界今日之竞争，农工商业之竞争也，农工商业之竞争，学问之竞争，实践责任合群阅历能力之竞争"[②]，更加积极地投入兴办实业教育中。他主张办教育"既须适应世界大势之潮流，又须顾及本国之情势"[③]，力主参考仿效西方学制发展中国的教育，在借鉴外国经验时要有所选择，要学其实质而不照搬形式，求其效用而不追求宏美。他较早地认识到实用科学的重要性，强调"国待人而治，人待学而成。必无人不学而后有可用之人；必无学不专，而后有可用之学"[④]。张謇所说的"可用之学"即是注重实际应用，能应用于实业发展的科学。

---

① 张謇，《张季子九录·政闻录》（卷一），中华书局1931年版，第18页。
② 张謇，《张謇全集（第四卷）·事业》，江苏古籍出版社1994年版，第25页。
③ 张謇，《张季子九录·教育录》（卷四），中华书局1931年版，第36页。
④ 张謇，《张謇全集（第四卷）·事业》，江苏古籍出版社1994年版，第156页。

张謇创办的实业学校，遵循了从易到难、从简到繁、从初级到高级的原则，既有职业培训班，如法政、交通警察、纺织染、镀镍、女红、蚕桑等传习所，也有相当于职业专修班的各类附设科，如通州师范附设的测绘、土木、农、蚕桑等科，更有由那些传习所和专修班发展而来的各类实业学校，如纺织校、农校、商校等。1901年张謇创办了通海垦牧公司，第二年便在垦区设立了农学堂以满足对农业技术人才的迫切需求。1907年农学堂以农科附设于通州师范学校，几年后又独立成为农业学校。1912年为培养纺织技术人才而创办纺织染传习所，1913年成立纺织专门学校，后来该校又创办高级职业班。这种实业教育思想，保证了实业教育成效和教育人才质量，并逐步建立了层次完整的实业教育体系。

在长期从事实业和兴办教育的过程中，张謇认识到"苟欲兴业，必先兴学"，"教育为实业之父，实业为教育之母"[1]，形成了独特的实业教育思想。他指出"教育者，耗财之事也；资其耗者，必有所出"[2]。教育经费从何而来，当时"各国之通例"应当是"官立之校用国家税，公立之校用地方税，私立之校而力不足者，政府以国家税、地方税补助之"[3]。但晚清政府财政收入有限，许多近代新式学堂因为经费短缺而停办。他指出"欲兴教育，赤手空拳，不先兴实业，则上阻旁挠，下复塞之，更无凭借……办学须经费，鄙人一寒士，安所得钱？……其可以皇皇然谋财利者，惟有实业而已，此又鄙人兴办实业之念所由起也"[4]。张謇在兴办实业方面倾注了大量心血，获得稳定盈利，"得于实业而用于教育、慈善及地方公益者，凡银二百五十七八万，仍负债六十万有奇，叔兄所出亦八九十万不与焉"[5]，"人民以实业辛苦所得之资，间接而供

---

[1] 张謇，《张謇全集（第四卷）·事业》，江苏古籍出版社1994年版，第622页。
[2] 张謇，《张謇全集（第四卷）·事业》，江苏古籍出版社1994年版，第31页。
[3] 张謇，《张謇全集（第四卷）·事业》，江苏古籍出版社1994年版，第31页。
[4] 张謇，《张謇全集（第四卷）·事业》，江苏古籍出版社1994年版，第80、111页。
[5] 张謇，《张謇全集（第四卷）·事业》，江苏古籍出版社1994年版，第622页。

教育之用，将以成其子弟也"①。他利用实业收益兴办教育，通过兴办学校培养实用人才。

张謇兴办实业教育提倡"业之所至，学之所至"，"学必期于用"，让学生学有所用，凭借自己所受教育维持生计。他要求学生"须能用科学方法研究社会心理，量度社会经济，以为发展之标准"②，不仅应掌握专业技术知识，而且要有经济头脑，能够理论联系实际。他在南通商业学校中设储蓄银行，每日有若干学生轮值实训。在他创办的农业学校里，建有气象站、农作物家畜试验场、森林事务所等实习场地，定期组织农业学校学生到垦区实习试验，将取得的知识应用到生产中去。他开办的纺织厂是纺织学校学生的实习基地，商业学校的毕业生要到工厂或公司见习。

张謇作为近代实业救国和教育救国思想的代表人物之一，其实业教育思想和办学实践体现出浓厚的家国情怀，在中国近代教育史上具有重要影响。

三、实业教育制度化——壬寅、癸卯学制的建立

洋务运动和维新变法期间清政府曾经设立了一些新式学堂。1901年清末新政开始后，各地官绅响应清政府的兴学诏令，也纷纷建立了众多的新式学堂。新式学堂分属不同的洋务企业或个人，互不隶属，而且多数学堂都是独立设置的，没有形成依次递升的衔接关系，也没有形成完整的学校系统。随着西方学校教育制度不断被介绍到国内，建立统一的学校系统的呼声渐起。清政府开始仿照欧美和日本建立近代教育制度，先后颁布了1902年的壬寅学制和1904年的癸卯学制。前者颁布但并未实施，后者是中国近代第一个颁布并实施的学制。在实业教育思潮的影响和推动下，实业学堂作为独立的教育类型，分为不同等级，正式

---

① 张謇，《张謇全集（第四卷）·事业》，江苏古籍出版社1994年版，第192页。
② 张謇，《张季子九录·政闻录》（卷一），中华书局1931年版，第60页。

列入清政府颁布的上述两个学制中，标志着实业教育进入制度化阶段。

（一）壬寅学制中的实业教育制度

1902年8月，清政府下诏颁布由管学大臣张百熙主持制定的《钦定学堂章程》，包括《京师大学堂章程》《考选入学章程》《高等学堂章程》《中学堂章程》《小学堂章程》和《蒙学堂章程》，史称壬寅学制。

该学制中纳入了实业教育，确定了实业教育在整个教育系统中的地位，实业教育被划分为三级，分别称简易实业学堂、中等实业学堂、高等实业学堂，并且分别与高等小学堂、中学堂和高等学堂并列。但由于壬寅学制拟定颁布的时间较为仓促，所以并未制定各级实业学堂的章程。尽管此学制因为不够完备而备受争议，最终并没有实施，但是新式学堂章程的轮廓基本成型，实业学堂的设置也为癸卯学制中实业教育制度的建立奠定了基础。

（二）癸卯学制中的实业教育制度

1904年1月，清政府又颁布了由张之洞、荣庆、张百熙等人主持制定的《奏定学堂章程》，史称癸卯学制。

这一学制在壬寅学制的基础上进一步完善和补充，其中实业教育制度包括《初等农工商实业学堂章程》（附实业补习普通学堂及艺徒学堂各章程）、《中等农工商实业学堂章程》、《高等农工商实业学堂章程》、《实业教员讲习所章程》、《实业学堂通则》。实业教育包括初等、中等和高等实业学堂三级，分为农、工、商和商船学堂类型，以及实业教育师资培养制度，对实业教育的目的、种类、各级实业学堂的入学制度、修业年限、课程设置、学堂管理、培养目标等作出了详细的规定。另外，《实业补习普通学堂章程》指出各地可根据实际情况，针对各生产部门、行业需要，在实业补习学堂中相应地设立若干科目。艺徒学堂招收"未入初等小学而粗知书算之十二岁以上幼童"，附设于初等小学堂或高等小学堂，修业年限为六月以上至四年以下。癸卯学制的颁布，使实业教育形成了与普通教育并行的独立体系。

除了颁布学制以外，清政府还设置了各级教育管理机构。1905年成立学部，作为领导全国学务的机构。学部中设实业司，实业司内又分设教务科、庶务科。省级地方政府的教育机构为提学使司，下设实业课。各府、厅、州、县设有劝学所。这样，通过学制的制定，中国近代的实业教育具有了较为完备的体系，各地兴办实业教育有法可依，有章可循。中央和地方各级教育机构的设立，又使各地有专门机构负责兴办实业教育。除了学部之外，还有农工商部、邮传部等中央各部也主管着一些交通、矿业等实业学堂的创办和运行。因此，这一时期的诸多有利条件促进了实业教育的迅速发展。

四、实业教育宗旨的提出

在清末新政之前，全国没有一个明确、统一的教育宗旨。洋务学堂是在科举制度之外设置的，以"西文""西艺"等"西学"为教育内容。"中体西用"作为整个洋务运动的根本指导思想，也是各类洋务学堂的办学宗旨，但是未能明文规定。

中国近代学堂立学宗旨的提出，始于京师大学堂的筹办。1896年8月，管学大臣孙家鼐在《议复开办京师大学堂折》中指出，开办大学堂首先应确定立学宗旨。他提出京师大学堂的立学宗旨为"应以中学为主，西学为辅；中学为体，西学为用；中学有未备者，以西学补之，中学有失传者，以西学还之。以中学包罗西学，不能以西学凌驾中学，此是立学宗旨"。从此，"中体西用"的办学宗旨成为我国近代立学宗旨的开端。

1904年1月，清政府颁布的《奏定学堂章程》中明确提出："至于立学宗旨，无论何等学堂，均以忠孝为本，以中国经史之学为基。稗学生心术壹归于纯正，而后以西学沦其智识，练其艺能，务期他日成材,各适实用,以仰副国家造就通才、慎防流弊之意。"①《奏定初等农工商实业学堂章程》规定初等农业学堂"以教授农业最浅近之知识技能,使毕业后实能从事简易农业为宗旨",初等商业学堂"以教授商业最浅近之知识艺能,使毕业后实能从事简易商业为宗旨",初等商船学堂"以教授商船最浅近之知识技术,使毕业后实能从事商船之简易执务为宗旨"。《奏定实业补习普通学堂章程》规定"以简易教法,授实业所必需之知识技能,并补习小学普通教育为宗旨"②。其他关于各类职业教育的章程也有类似宗旨的规定。总体来说,癸卯学制实业教育的宗旨就是"意在使全国人民具有各种谋生之才智技艺,以为富民富国之本"③。

五、清末新政时期实业教育的发展

清末新政时期,实业教育由于学制的颁布、清政府的提倡而得以较快发展。1907年,学部统计数据显示,除了京师外,各省地方政府所办的农、工、商实业学堂达到137所,学生数达到8693人④。这时期创办的实业学堂主要有:农工商部立京师高等实业学堂、邮传部立上海高等实业学堂、天津中等农业学堂、福建中等蚕业学堂等。此外,各地还开办了一些专门职业学堂,如:京师专门医学堂、直隶保定医学堂、湖南医学堂、山西中西医学馆、江西省城医学堂、税务学堂、财政学堂、速记学堂等。除了兴办各类实业学堂外,清代末期还兴办了一大批工艺局、工艺传习所,对学徒进行培训,使他们掌握近代机器生产所需要的技能。从光绪二十八年(1902年)到宣统三年(1911年),据直隶、奉天、吉林等22个省的统计,有工艺局228个,各种工艺传习所519个,

---

① 璩鑫圭、唐良炎,《学制演变》,上海教育出版社1991年版,第2页。
② 璩鑫圭、唐良炎,《学制演变》,上海教育出版社1991年版,第444—445页。
③ 璩鑫圭、唐良炎,《学制演变》,上海教育出版社1991年版,第489页。
④ 璩鑫圭、唐良炎,《实业教育 师范教育》,上海教育出版社1994年版,第53页。

劝工场 10 个，成为实业教育的重要补充①。

另外，女子职业教育在这一时期也出现了，成为中国近代职业教育的重要组成部分。女子职业学堂主要集中在蚕桑、女工、医学方面。1904 年，史家修在上海创办了私立上海女子蚕业学堂，成为女子专科职业教育的开端。这一时期女子职业学校还有福建蚕桑女学校、杭州蚕桑女学堂、扬州女工传习所、杭州工艺女学堂、上海女子中西医学校、北京女医学堂、北洋女医学堂、杭州产科女学堂等。

尽管这一时期的实业教育得到了较快发展，但因为受到诸多因素的制约，存在着许多缺陷。一是带有明显的封建性，指导思想仍然是"中体西用"的延续，"读经""修身"仍被置于各级学堂课程的首位，强调对学生灌输封建伦理道德思想。二是整个实业教育体系基本上是模仿国外，缺乏对国情的深入结合，在没有普通教育基础的情况下盲目发展实业教育，生源质量和培养质量都难以保证。晚清政府积贫积弱，办学资金短缺，实习设备简陋成为当时实业学堂普遍存在的问题。三是多数实业学堂缺乏专业教师，聘请洋教习成为近代早期实业教育师资的主要来源。如张之洞创办的湖北农务学堂，农科教师聘自美国，蚕科教师聘自日本。由于聘用洋教习不但费用高，而且语言交流不畅，对中国的具体情况知之不多，教学上有很多困难，上课必须有译员翻译，合格的译员也不易聘到，影响了教育效果。四是不少学堂操作技能学习流于形式，毕业生只懂得书本学理，不能务实操作，存在着严重脱离实际的倾向，毕业生就业受到冷遇。五是实业教育在整个教育体系中所占的比例也是偏低的，在 1909 年，实业学堂的数量在全国新式教育机构中仅占 0.4%。

---

① 奕炳文，《清末工艺局对学徒制的改革》，《山西师大学报（社会科学版）》，1989 年第 4 期。

第三节 实业教育思潮的发展与衰落

1911年10月,辛亥革命推翻了清王朝的封建统治。1912年1月中华民国临时政府成立后,蔡元培出任教育总长,主持开展了全国范围内的一系列改革。改革废除了清末"忠君""尊孔"的教育宗旨,提出了中国第一个资产阶级教育宗旨——"注重道德教育,以实利教育、军国民教育辅之,更以美感教育完成其道德",制定了中国第一个资产阶级学制系统——壬子癸丑学制,召开了中华民国第一次全国教育会议,建立了比较完整的资产阶级新教育体制。尽管这些改革很快被"尊孔读经"所淹没,但是为近代中国教育的发展奠定了基础。在这个过程中,我国近代实业教育进入了一个新的发展阶段。

一、实利主义教育思想的提出

1912年2月,蔡元培发表了著名的教育论文《对于新教育之意见》,批判了清末的"忠君、尊孔、尚公、尚武、尚实"的封建教育宗旨。他指出,"忠君与共和政体不和,尊孔与信教自由相违"。他提出了军国民教育、实利主义教育、公民道德教育、世界观教育、美感教育的"五育"并举的教育宗旨。1912年7月在北京召开的全国临时教育会议开会词中,他又对"五育"并举作了具体的阐述。9月2日由教育部颁布实行新的教育宗旨是:"注重道德教育,以实利教育、军国民教育辅之,更以美感教育完成其道德"。其中"实利主义之教育,以人民生计为普通教育之中坚",实际上是根据当时社会经济发展的需要和从解决民众的生计问题考虑,发展资本主义生产的知识和技能。蔡元培认为,在当今世界上,各列强之所以能相互竞争"不仅在武力,而尤在财力。且武力之半,亦由财力而孳乳","我国地宝不发,实业界组织尚幼稚,人民中失业者很多,国家十分贫穷"。当时我国工业不发达,经济远远落后于西方国家,因此,"实利主义之教育,固亦当务之急者也"①。蔡元培提倡学习西方的科学技术，并且把算学、物理、化学、博物学等自然科学，甚至烹饪、缝纫、金、木、土工等都列为实利主义的教育内容，以满足资本主义工业生产所需要的科学技术人才和熟练技术工人的要求。

在实利主义教育思想指导下，民国政府1912年10月颁布的《专门学校令》第一条规定："专门学校以教授高等学术、养成专门人才为宗旨。"②1913年8月颁布的《实业学校令》规定："实业学校以教授农、工、商业必须之知识技能为目的"，"实业学校分甲种乙种，甲种实业学校施以完全之普通实业教育，乙种实业学校施简易普通实业教育，亦得应地方需要，施以特殊技术"。实业补习学校的教育目的，是对已有职业或志愿从事实业者"授以应用之知识技能，并补习普通学科"③。

1912年3月之后，以袁世凯为代表的北洋政府在教育领域里掀起了一股尊孔读经的风潮。在1914年12月教育部整理的教育方案草案中规定，中小学修身国文教科书采取经训，以保存固有之道德；大学院添设经学院，以发挥先哲之学说。各学校必须注重学生的德育，以孔子为模范人物。

改革封建教育与为民主革命服务，是资产阶级革命派教育思想的两个显著特点。当然，资产阶级革命派的教育思想也存在一定的局限性。由于近代中国的民族资产阶级是一个十分软弱的阶级，当时资产阶级革命派对封建教育的改革是不彻底的，尤其是随着辛亥革命的胜利果实被袁世凯所窃取，在教育领域又重新提倡尊孔读经，封建教育思想一度回潮。

---

① 中国蔡元培研究会，《蔡元培全集》（第二卷），浙江教育出版社1997年版，第131页。
② 宋恩荣、章咸，《中华民国教育法规选编（1912—1949）》，江苏教育出版社1990年版，第401页。
③ 璩鑫圭、唐良炎，《学制演变》，上海教育出版社1991年版，第2页。

二、新实业教育宗旨的制定

1913年8月，民国政府颁布了《实业学校令》和《实业学校规程》，明确规定实业学校"以教授农、工、商业必需之知识、技能为目的"[1]，这一宗旨基本上继承了清末《奏定学堂章程》中的实业教育宗旨，只是把"实业学堂"改称"实业学校"了。在《实业学校规程》中，针对实业学校办学的实际状况，民国政府教育部进一步强调了实业教育与地方需求相结合的宗旨。但是这种政策导向在各地发展实业教育的过程中并未受到足够的重视。1918年1月，教育部通令各省务必执行《实业学校规程》，按照地方情形及时势需要来设置实业学校的课程及科目，增强实业学校的办学针对性和实效性。1919年9月，教育部又下发《训令重申实业教育主旨》的通告。通告首先指出，民国成立以来，各地实业学校的成效并未如预期设想得那么好，究其原因，主要在于"学校所设学科，未能适应地方需要，所取教材，未能确合地方情形"，造成各地实业教育的实际办学效果"殊于设立实业学校之本旨"。[2] 因此，通告要求各省在设立甲种和乙种实业学校时"先就地方原有之利，加以考究，比较其良楛，而渐导以新机，则社会之信仰易生，实际之成效可卜。嗣后实业各校，诚能悉本此旨，切实考察，认真办理，为实业改进之先导，国家社会，胥利赖之"。[3] 这种秉持实业教育宗旨，进行政策调控的做法，对当时的实业学校健康发展发挥了积极作用。

尽管尊孔读经成为北洋政府时期教育的一大特点，但是这一时期的民国政府在推动实业教育发展的过程中，意识到了实业教育与当地社会需要相结合的重要性，指出实业教育的实效在于为地方经济发展服务。

---

[1] 璩鑫圭、唐良炎，《学制演变》，上海教育出版社1991年版，第721页。
[2] 璩鑫圭、童富勇、张守智，《实业教育 师范教育》，上海教育出版社1994年版，第201页。
[3] 璩鑫圭、童富勇、张守智，《实业教育 师范教育》，上海教育出版社1994年版，第201页。

此种务实且较为科学的宗旨契合了职业教育发展的基本规律，对于民国时期实业教育的发展具有一定的推动意义。

三、壬子癸丑学制中的实业教育制度

在确立新教育宗旨的同时，1912 年 7 月，全国临时教育会议还着手拟定了适合新教育宗旨的新学制。这些学制在 1912—1913 年间陆续公布，统称为壬子癸丑学制，是中国近代教育史上第一个具有资产阶级性质的学制，一直施行至 1922 年。其中，实业教育制度包括《实业学校令》和《实业学校规程》。

《实业学校令》规定，实业学校分为甲、乙两种。甲种实业学校实施"完全之普通实业教育"，与中学校并行；乙种实业学校实施"简易之普通实业教育"，与高等小学并行。实业学校的种类分为农业、工业、商业、实业补习学校，各地还可设女子职业学校。实业学校的层次可以分为省级、县级、城镇或乡级。根据投资主体不同，可以分为公立和私立实业学校。各种实业学校均不以升学为目的，学生毕业以后没有升学机会。

实业学校中的农业学校、工业学校、商业学校、商船学校均分为甲种和乙种，而且各实业学校均设有实业补习学校。实业补习学校面向已经就业者或有志于从事实业者，传授可以应用的知识、技能以及普通学科课程。实业补习学校附设于小学校、实业学校或其他学校内，并分为不同种类，如农业补习学校、工业补习学校等。

壬子癸丑学制中的实业教育制度与清末学制有较大的不同，一是把清末学制中的初、中等实业学堂改为甲、乙两种实业学校，并设置了专门学校。二是与清末学制相比，缩短了实业学校的修业年限，预科缩短为 1 年，本科一般均为 3 年。

四、民国初期实业教育的发展

从《实业学校令》和《实业学校规程》颁行到1922年新学制颁布期间，民国政府在实业教育发展和实业教育制度建设方面取得了明显进展，实业学校在种类、规模和数量方面均得到了很大发展。

（一）加强了实业学校的实习环节

《实业学校令》和《实业学校规程》对实业学校的设备及实习场所已经有所规定，但在实业学校的办理过程中，"各省甲乙种实业学校，设备多不完全，甚至号称实业，而一切校室、校具及其他实习用具、场厂、器械、标本、图画、药品等事，均付缺如"[①]，这种普遍存在的情况影响了实业学校的办学质量，可以说，培养出来的学生"能否致用，能否自立，不问可知"。民国初年，政府在兴办实业教育的过程中深刻认识到，实业教育必须将理论教学与实践教学结合起来，方可培养学生的能力。

为了使实业教育的学生能够学以致用，达到改善个人生计、增长社会经济的目的，国民政府教育部要求各省以实事求是的态度，加强实习设备和实习场所的建设，1915年11月下发的《通咨整顿实业学校办法并乙种各校毕业无庸先期报部》通告，指出"实业学校与普通中小学校不同，其最要之点，无如设备、实习二事"。首先，实业教育必须具备设备基础，这是开展实业教育的必备条件，所谓"实业重在应用，若使教室不适讲授，用器不敷考验，虽有良好教师，亦无所施其指导"。因此，通告要求各地尽量为实业学校配套相应设备，以使实业教育名副其实。其次，关于实习一项，通告指出，"实习及实验时间，须占总授业时间五分之二以上"，要求各校将实习与课堂讲授并重。通告中严厉批评了实业教育中不注意实习的现象，并且深刻指出实习教学以及实业教

[①] 璩鑫圭、童富勇、张守智，《实业教育 师范教育》，上海教育出版社1994年版，第176页。

育于国家社会的重要性："当此实业教育最关紧要之时，设立一校，须收一校之用。若其名不副实，虚縻款项，其事犹小，而贻误青年，失信社会，使教育前途，重多障碍，其事乃大，期望之切，不能不责备之深也。"①最后，通告要求地方各级视学人员负责考察和督促各实业学校的实习教学，使其落到实处，产生实效。

为了推动工业学校的实习教学，国民政府教育部针对工业实业学校"应用最广，设备最难，非备有实习工场所，其操作技能莫由造就"的实际情况，于1917年3月专门下发了《通咨各省区甲乙种工校实习工场应照普通工厂组织俾学生实地工作文》②，提出应当在工业学校设立工场，以使学生能够在工业方面积累"确实经验"。通告指出，为了培养学生具有工业知识技能，以期其将来能够独立营业或进入工厂，今后各甲、乙工业学校必须设立工场，工场的组织设备，则完全按照普通工厂办理。学生在完成理论课程之后，即就工场施教，实地工作，以资练习。学生可以按照地方和市场的需要来制造和改良产品，最终的产品则由学校售卖，所得款项则可以用来支付工场原料的费用，奖励学生，扩充学校设备。政府对实业学校实习工作的推动和促进，紧扣职业教育的特征和需要，在一定程度上保障了当时职业教育的办学质量。

（二）建立了实业教育的师资培养机构

为了培养实业学校的教员，为实业教育发展提供稳定的师资来源，国民政府教育部于1915年9月出台了《实业教员养成所规程》，设立实业教员养成所，培养实业教员。实业教员养成所分为农业教员养成所和工业教员养成所两种，以培养甲种实业学校的教师为主，其开设的数量和地点由各省行政长官视地方情形而定。实业教员养成所附设于专门学

---

① 璩鑫圭、童富勇、张守智，《实业教育 师范教育》，上海教育出版社1994年版，第178页。

② 璩鑫圭、童富勇、张守智，《实业教育 师范教育》，上海教育出版社1994年版，第178--179页。

校，招收中等学校毕业生或具有同等学力者，学制四年，学生免交学费。养成所的课程设置必须参照农业和工业专门学校的课程，养成所的学生可以与所附设的学校的学生合班上课，学习理论知识，在第四年学习教育学、教授法等课程。学生毕业后必须在本省的实业学校任教至少三年。

（三）建立了实业学校校长会议制度

为改善实业教育，国民政府教育部实施了"实业学校校长会议"制度，由教育总长拟定会议的召开时间，在教育部主持召开会议，各省选拔甲、乙种农工商学校"学识优长、富有经验"校长各一名参与会议，使各实业学校校长能够有机会交换意见，讨论实业教育政策和发展举措。被选中的与会校长在参会之前，需要预先对"应兴应萃事件"加以讨论，也可以召集本省各实业学校校长共同研究，提出建议，形成议案提交会议。为了保障会议收到实效，1917年9月教育部专门出台了《全国实业学校校长会议细则》，详细规定了会议的具体要求与程序，特别规定了议案的提交、讨论、表决和审查等事项。例如，1917年10月召开的全国实业学校校长会议通过了13项议案，包括"实业学校普通学科与实业学科联络之方法""实业学校体察各地方状况及应时势需要之点""实业学校宜注重实习，使学生确能施诸实用之办法""实业学校应注意管理训练，习成学生乐就实业界职务之习惯""实业学校应与实业界联络，俾毕业生得有相当之职务""实业学校教员目前应依何法造就之""实业学校应互相联络，调查教材，以求切合地方情形""注重实业补习学校，以增国民之生活能力""振兴实业学校办法""优待实业学校教职员办法""实业学校应比照美制，增添推广事务主任，俾专责成，以利进行""推广商业教育办法""实业学校宜注重自修"。稍加留意就可见，这次实业学校校长会议上提出的议案都是涉及实业教育发展的重要而具体的实际问题，也证明实业学校校长会议对于当时改善全国实业教育所具有的举足轻重的意义。

（四）发展了女子职业教育

民国初期，对女子实施职业教育首先是在女子中学校中设立女子职业科。1918年召开的全国中学校校长会议上提出了在女子中学校附设简易职业科的议案。议案指出第一次世界大战中的欧洲女子参加社会职业的现象极为普遍，代表了世界发展的潮流。我国的传统文化反对女子参与社会职业，这种情况必须加以改变。会议提出"欲扩充女子职业，必从教育入手"，"于中学校中别设简易职业科"[①]，可以包括技艺科、蚕业科、园艺科、商业科等。1919年，国民政府教育部批准了这份议案，下发《教育部咨各省区为女子中学校可附设简易职业科文》，准许各地女子中学校根据地方情形，附设女子简易职业科。这是对中国传统文化与教育的一次重要革新，承认女子也必须承担社会职业发展的责任，将女子参与社会工作合法化，这对于当时社会风气的开化与转变具有重要意义。

民国初期，全国先后设立了若干所女子职业学校，据统计，到1919年，全国共有22所女子职业学校[②]，所设置的科目以刺绣科、缝纫科为主，还有花边科、发网科、蚕科、染织科、美术科、造花科等。尽管女子职业学校数量不多，却具有重要的意义。

（五）设立各类实业学校

《实业学校令》和《实业学校规程》颁布后，全国各省相继设立各种实业学校。总体而言，从数量上看，农业学校最多，工业学校和商业学校较少，女子职业学校最少。据1914年统计，女子职业学校全国仅有14所。1916年全国各省甲、乙种实业学校的设立情况为：京师4所，直隶10所，奉天8所，吉林2所，黑龙江9所，山东58所，河南62

[①] 璩鑫圭、童富勇、张守智，《实业教育　师范教育》，上海教育出版社1994年版，第199页。

[②] 中国第二历史档案馆，《中华民国史档案资料汇编（第三辑）·教育》，江苏古籍出版社1997年版，第427页。

所，山西3所，江苏35所，安徽5所，江西7所，福建7所，浙江5所，湖北25所，湖南21所，陕西3所，甘肃1所，四川6所，广东9所，广西2所，云南31所，贵州1所，绥远1所。总体而言，山东、河南、江苏、湖南、湖北等省的实业学校数量较多，办学质量和成绩则以江苏和浙江等省较好。

尽管民国初年的职业学校数量不断增加，办学质量也有所提升，但是职业学校教育在当时的中国仍属于新生事物，其发展受多种因素影响，总体而言职业教育还比较落后。与当时的普通教育相比，职业教育无论是规模还是质量，都相差甚远。黄炎培在《三十五年来中国之职业教育》中，曾对1912年至1916年的职业学校数量与普通学校数量、职业学校学生数与普通学校学生数作过比较，得出的数据是，1912年至1916年实业学校数与一般教育学校数的百分比分别为0.48%、0.44%、0.42%、0.45%、0.43%，实业学校学生数与一般教育学校学生数的百分比分别为0.108%、0.081%、0.077%、0.072%、0.075%[①]。由此可见，民国初年职业教育的发展尚处于起步阶段，还远未能适应社会发展的需要。

至民国后，在实业救国思潮推动下，民族资本主义工商业得到进一步发展。而近代以来的实业教育在实践中出现了严重脱离社会生产和人民生活的弊病。黄炎培曾批评"所谓实业教育，非教以农工商也，乃教其读农工商之书耳"。民国初年，近代实业教育开始被蔡元培、黄炎培等所倡导的新职业教育所取代。

---

① 黄炎培，《职业教育论》，商务印书馆2019年版，第251页。

第四章　高潮：职业教育思潮的形成与发展

　　有别于中国近代以来的传统经学教育、普通教育之外的广义职业教育，本章的职业教育概念特指民国初期至新中国成立前的这段历史时期内的狭义职业教育，包括职业学校教育、职业补习教育、职业指导等。职业教育思潮则是人们对职业教育的认识观点、理论研究、制度设计等，通过报刊、书籍出版或宣讲、演说等在社会上形成具有一定影响的思想潮流。

　　中国近代实业教育经过了洋务运动以来的发展，特别是清末新政的推动，至民国初期已经初具规模。只是实业教育虽有职业教育之实，而没有以"职业教育"概念命名。较早出现职业教育的称谓是在1904年，山西农林学堂总办姚文栋在其主管的实业学堂开办之时，在《添聘普通教习详文》中指出："论教育原理，与国民最有关系者，一为普通教育，一为职业教育，二者相成而不相背……本学堂兼授农林两专门，即是以职业教育为主义。"[①] 他在派遣留学生出洋学习时特别强调："外洋本以职业教育为最重要，谓国有一民，必须予以一民之职业。"[②] 又在《送农林学生崔潮等游学日本文》中指出："职业教育为西洋各国所最重，生等出洋后自知之，予不必言也。普通教育与职业教育相需为用，缺一不

---

① 山西农工总局，《山西农务公牍》（第一卷），第13页。
② 山西农工总局，《山西农务公牍》（第五卷），第30页。

可。"① 这说明由于癸卯学制颁行后，实业教育得到重视，清末的一些地方官僚对实业教育的相关问题开始深入思考，并提出了具有先见之明的职业教育思想。

以黄炎培为代表的教育家们，为满足近代民族资本主义发展对工商业实用人才的需求而大力提倡实用主义，批判实业教育的不切实用，进而否定实业教育制度，宣传美国式的职业教育制度。陆费逵、顾树森、蔡元培、蒋梦麟、穆藕初等著名人物都主张在中国建立职业教育制度，从而形成职业教育思潮。这一时期，职业教育思潮的形成与发展大致经历了三个阶段：一是孕育和形成阶段，以 1917 年中华职业教育社成立为标志。二是制度化阶段，以 1922 年职业教育进入壬戌学制为标志。三是调整完善阶段，以 1932 年《职业学校法》等职业教育法规颁布施行为标志。

第一节　职业教育思潮的产生与中华职教社成立

民国时期的职业教育思想是由实业教育思想、实利主义教育、实用主义教育思想发展演变而来的。实业教育思想产生于清末，经维新教育思潮推动，在 1904 年颁布实施的癸卯学制中建立起独立的由初级到高级的实业教育体系。1912 年，蔡元培发表文章《对于教育方针之意见》，提出实利主义教育思想，要求改革普通教育，强调"以人民生计为普通教育之中坚"，列入中华民国初年的教育方针，经过蔡元培、陆费逵等人提倡，逐渐形成思潮。1913 年 10 月，黄炎培发表《学校教育采用实用主义之商榷》一文，明确提出实用主义教育主张，指出发展实业教育已成为社会潮流，得到教育界广泛响应，《教育杂志》辟出"实用主义教育专号"登载提倡实用主义教育的文章，使实用主义教育

---

① 山西农工总局，《山西农务公牍》（第五卷），第 32 页。

思潮风靡一时。1915年，陈独秀发表《今日之教育方针》，明确提出"职业主义"是四大教育方针之一，从此职业教育思潮逐渐代替了实业教育、实利主义教育、实用主义教育思潮，主张实用主义教育的人也大都转向提倡职业教育。1917年中华职业教育社的成立，标志着职业教育成为一种重要的教育思潮。

一、职业教育思潮的产生条件

（一）民族资本主义工业的发展对人才的强烈需求

辛亥革命为资本主义的发展扫清了一些障碍，民族资产阶级的社会地位得以提高，激发了民族资产阶级发展产业的热情。第一次世界大战的爆发又使欧洲列强忙于战争，放松了对中国的经济侵略，对华输出的资本和商品有所减少，甚至产生了对中国生产的轻工业产品的需求，这为民族资本主义的发展提供了良好的外部条件。这一时期，中国民族工商业的发展对劳动力的需求大大增加，并对劳动力的技术水平也提出新的要求。而近代以来我国农工商矿企业从技术人员到管理人员普遍雇佣东洋人的局面并没有根本改变。实业家们普遍认识到人才对企业兴衰的意义。郑观应在经营轮船招商局时，一直苦于没有本国的航海人才代替外国人；张謇认为办企业最急之务是储备人才；商务印书馆经营人张元济认识到"为公司全局计，不能不急于储才"[1]；近代企业家穆藕初认为"人才为事业之灵魂。故物色人才和善用人才，实为事业家首务"，因为"凡百事业之成败，全视人才之优劣"，"吾国各业之不振，皆由于缺乏适用人才，并缺少独树一帜之人才耳"[2]；荣德生也认为中国"所以贫弱，所以无新事业发展，则缺乏人才启发之

---

[1] 张树年，《张元济书札》，商务印书馆1997年版，第571页。
[2] 穆湘钥、童世亨，《穆藕初五十自述》，上海书店1990年版，第83页。

故耳"[1]。晚清时期兴起的实业教育虽然也培养了一些实业人才,但是大多数毕业生由于缺乏实际操作能力,职业素质不高,不受实业界的欢迎。民初实用主义职业教育思潮正是在这种社会经济发展急需大量的人才,而学校教育无论从质的方面,还是从量的方面都无法满足这种需求的矛盾中产生的。

（二）新文化运动的推动

新文化运动兴起后,自由、民主、科学思想深入人心,再加上美国实用主义教育思想传入中国,为教育界广泛认同,于是,针对壬子癸丑学制在实施过程中逐渐显现出的诸多弊端进行教育改革的一些新思想不断产生。随着新文化运动的发展,产生了"教育救国""实业救国""科学救国""工读互助"等诸多思潮。在这种历史背景下,中华职业教育社的重要创始人黄炎培将"教育救国"与"实业救国"结合在一起,认为职业教育可以使个人获得一技之长、自求知识的能力、坚定的意志和优美的感情,从而成为"健全优良之分子",不仅获得较好的生活,而且可以推动社会和国家的进步与发展。由此可见,职业教育思潮形成伊始,就已经秉持"职教救国"的宗旨与目的。

（三）美国实用主义教育思想的影响

陶行知、胡适、蒋梦麟、郭秉文、陈鹤琴、张伯苓、朱经农等当时教育界知名人士在美国留学时,都曾经在哥伦比亚大学的师范学院跟随杜威、孟禄、桑代克、克伯屈等教育家学习教育理论。这些人回国后大多数都在教育界取得了很大的声望,或在教育界担任重要的职位。他们对留学时所学到的教育理念,特别是对杜威的实用主义教育理念非常推崇。

除了教育界人士出国考察学习之外,外国学者来华讲学也是西方

---

[1] 荣德生,《穆藕初先生演说实业上之职业教育观》,《教育与职业》（卷7），第14—15页。

理论传播的重要途径。其中比较著名的学者有杜威和孟禄。他们的来华讲学对当时中国的职业教育思潮形成了很大的推动作用。杜威来中国讲学，是由胡适、陶行知、郭秉文、蒋梦麟等人士直接促成的。受北京大学、新学会、尚志学会、中国公学的邀请，杜威在1919年4月30日来到上海，开始了他的中国之行，直到1921年7月11日才返回美国。在这两年多的时间内，他在直隶、奉天、山东、山西、江苏、江西、湖北、湖南、浙江、福建、广东等省举行多场演讲，宣传他的实用主义教育思想，主要由胡适担任向导和翻译。他的教育思想深远地影响了包括职业教育在内的多个教育领域。杜威的教育思想很重要的一点就是"平民大众"都应该普遍享有接受教育的权利。他认为教育是使人增加知识或者掌握职业技能的过程。因此，学校应该重视发展平民教育和职业教育。杜威从实用主义的教育观出发，指出虽然学校教育不应该全部都是职业教育，但是一切教育都应该带有职业教育的性质。因此他强调，所有的教学科目都要实用，都能够促使人的性格向着完满的方向发展。他还强调，普通教育和职业教育是相互促进的，理论性质强的学说要和实践性质强的实验同时进行。也就是说不能只是单一地教授学说，教学生用脑，同时也要指导学生用手，也就是实践。职业教育与普通教育相互之间存在着一种和谐共生的关系。一方面，普通教育需要职业教育去帮助它；另一方面，职业教育又需要普通教育去救济它。杜威在中国讲学的这一段时期内，一直把职业教育看作平民教育的一个重要组成部分，并且不遗余力地广泛宣传这个教育理念。从一定意义上来看，杜威所提倡的教育理论，为中国近代的实业教育向现代职业教育的转型提供了理论支撑。

孟禄是另一位来华交流的美国著名教育家。1921年，他来到中国进行学术演讲和调查研究。在他来中国之前，一些曾经留学美国、师从孟禄和杜威的教育界人士做了很多的前期准备工作，为孟禄的中国之行进行了铺垫、创造了条件。孟禄来中国考察，目的是发现中国教育当时存在的弊端与问题，并且希望对中国当时的教育改革提出一些建设性的意见和建议，以便促进中国教育的发展。他的学术演讲和调查工作穿插进行，到了讲学和考察的地方之后，都会和当地的教育界人士以开教育谈话会或讨论会的形式进行沟通交流。他先后两次与中国上海教育界的工作人员讨论中国的学制改革问题，还在 1921 年 10 月参加了在广州召开的全国教育会联合会第七届年会，积极对学制改革提出建议。回到美国以后，孟禄公开发表了《对于学制改进方面之意见数则》并邮寄回中国。可见，孟禄在"六三三"学制改革中所起的作用是很大的[①]。在职业教育方面，根据调查结果，孟禄提出了建设职业学校的标准：第一，经过在职业学校的学习或培训，学生步入社会后适应性更强，谋生能力更强；第二，职业学校学生生产出来的产品，能得到国民的认可，并有一定的销路；第三，职业学校学生学习的过程，毕竟是受教育的过程，所以应体现出教育上的价值，职业教育的方法和工艺应根据社会的需要随时进行改良；第四，应重视发展乡村职业教育。这些标准符合中国当时的社会实际需要。

此外，西方教育理论在中国传播的另一个途径是以报纸、杂志、专业书籍为主要载体的媒介。大量的教育期刊通过介绍西方的教育理念、讨论教育中存在的问题和探讨解决问题的方法等形式，积极地参与到教育的大讨论之中，其中以《教育杂志》《教育世界》和商务印书馆的作用最为显著。许多报纸杂志对杜威等人的外文原著进行了翻译，介绍美国职业教育理论，或摘译他们的主要思想观点等，使中国的读者在接触杜威本人和他的系统著作之前，就对其学说和教育观点有一个大致的认识，为杜威思想以后的进一步广泛传播打下了基础。介绍欧洲和美国的职业教育的各种专业理论书籍也陆续刊印出版和传播开来，扩大了西方职业教育理论的传播范围和传播效果。

---

① 《中国教育会联合会第七次开会纪略》（广州），1921 年第 10 期。

二、从实用主义教育思潮到职业教育思潮

（一）民国初年的实用主义教育思潮

提倡实用主义教育，主张在中国建立实用主义教育制度的舆论在民国初期形成潮流，直接的原因是清末新教育制度确定后，普通教育和实业教育的受教育者数量有了较大的增加，毕业生人数逐年增加，但是出路问题却日益严重。1914年，黄炎培在调查全国教育状况时发现，初小毕业后除升入高小外别无出路，高小毕业后除了升入中学外别无出路，问题最为严重的是中学，当年江苏公私立中学毕业生升学者仅为25%，失业者却占30%[①]。到1917年，江苏全省高小毕业生近5000人，升学者不到四分之一。全国教育联合会调查全国各省区中学毕业升学者仅仅为十分之一，其余或失业，或苦于所学无所用。毕业生失业问题实际是生计问题，人们开始对实业教育制度产生怀疑和失望，开始对当时的学校教育进行反思和批判。如何才能使普通教育的学生获得谋生技能，使实业教育毕业生克服脱离实际的弊病？黄炎培、庄俞、庄启等人纷纷撰文阐发自己的观点和主张。

黄炎培在1913年发表的《学校教育采用实用主义之商榷》一文中指出，当时学校教育，教师给学生灌输一些无用的书本知识，根本不顾及学生是否接受，教学是否能达到目的。学生所学的东西能运用于实际的很少。例如学生会作论说文，然而不会写家信；会算术却不能计算日常生活数字；知道植物之名，却认不出庭院中的草木。这些都说明学校教育脱离社会生活。他说，如果照此不变，中国教育普及之日就是百业停废、社会生计困绝之时。中国教育应采用实用主义思想为指导思想和实施方法，改变文字的教育而为实物的教育，学校教育以实用为目的，使学生所得确实适于应用。此文发表后，立即引起了教育界的热烈响应。庄俞认为，中国教育必须采用实用主义，才能补

[①] 黄炎培，《黄炎培教育文集》（卷一），中国文史出版社1994年版，第58—62页。

救教育的严重弊端。表面看,中国教育有所进步,但是实质是所学非所用,所用非所学,"于国家鲜有实利"①。他要求教育贯彻实用精神,办学以"合于实用为目的",使学校成为实用学校,学生成为实用学生。廉方认为:"人之为学,当务实用,而教育之本旨即为造就实用之人而设。"②此后,各教育刊物发表了大量的文章,许多学校纷纷根据黄炎培思想试行实用主义教授法,实用主义教育于民国初年成为一种思潮流行全国。

庄启认为,实业教育制度根本不符合中国的国情,完全是当时的教育部门抄袭日本成制。他从教育目的、学校分类、教师资格的规定、课程设置等几方面详细分析了实业学校与专门学校制度规定,比较之后得出结论:"总之,所谓实业学校者,既非专门学校,亦非职业学校。故毕业此种学校之学生,上之不足以言知识,下之无可用之技能","此制既行,乃有一班上不成技师下不若工匠之人,踯躅于实业界中","故欲为实业界请命,非废止实业学校不可"③。实业教育制度的混乱,造成了民国初期实业学校办学实践中的种种问题。因此,庄启强烈呼吁废止实业学校制度。实用主义教育思潮批判了清末以来的中国实业教育,随后发展为职业教育思想。

(二)职业教育思潮的形成

在实用主义教育对实业教育的批判过程中,蔡元培指出,实业学校学生仍存在严重的书房习气,工学生不实习,农学生不务农。黄炎培指出,当时的学校仅多购一种教科书,教师照本宣科,学生一读了之,根本没有实习设备,学生也不进行实习。胡适认为,当时中国的教育不但不能救亡,简直可以亡国,"中学堂毕业的人才,高又高不得,低又低不得,竟成了一种无业的游民。这都由于学校里所教的功课,和社会的

---

① 庄俞,《教育杂志》,1913 年第 5 期。
② 廉方,《教育杂志》,1914 年第 6 期。
③ 庄启,《教育杂志》,1917 年第 8 期。

第四章 高潮：职业教育思潮的形成与发展

需要毫无关涉","社会所需要的是做事的人才，学堂所造成的是不会做事又不肯做事的人才"[1]。

陈独秀在《新青年》上发表了《今日之教育方针》一文，指出职业教育对经济发展的重要价值："现实之世界，即经济之世界也","今之教育，倘不以尊重职业为方针，不独为俗见所非，亦经世家所不取。盖个人以此失其独立自营之美德，社会经济以此陷于不克自存之悲境也"[2]。表达了他对职业教育的极大关注。蔡元培把职业教育作为解决中学生出路的办法，主张"为中学生筹救济，当注重职业教育"[3]。

蒋梦麟发表一系列的文章大力倡导职业教育，并对职业教育的起源、性质及分类进行了研究。他指出，职业教育就是用教育的方法解决职业问题，它属于中等程度以下的教育，与高等专门教育不同，大学不是职业教育，它是一种专业教育。职业教育按照工、农、商、家政四大类，分为工业教育、农业教育、商业教育和家政教育。

顾树森则从实业教育和职业教育两者的区别来分析实业教育的弊病，指出"现行学制既无职业教育之规定，与普通教育程度相当者虽有甲乙种实业学校，而其性质既非完全实业学校，又非简易职业学校。其所造就之人才，上不能适应于实业界，为重要之中坚人物，下又不能迁就浅易之职业以谋自立之生活。此等制度不适实用"。因此，他希望"今之秉政者，对于此项制度，当详细改革，对于职业教育当与实业教育分别注重，庶乎教育渐趋于应用也"[4]。庄启和顾树森指出了实业学校制度性的病因，进而怀疑和否定实业教育制度，认为实业教育制度必将被新的教育制度取代。

陆费逵时任《教育杂志》主编，1911年发表题为《世界教育状况

---

[1] 胡适,《新青年》,1918年第1期。
[2] 陈学恂,《今日之教育方针》,《中国近代教育文选》,人民教育出版社1983年版，第398页。
[3] 蔡元培,《教育界之恐慌及救济方法》,《蔡元培教育论著选》,湖南教育出版社1987年版，第35—39页。
[4] 顾树森,《论职业教育与实业教育之区别》,《中华教育界》,1918年第1期。

- 73 -

序》的文章，提出："吾国今日，亟宜注意者有三：国民教育，一也。职业教育，二也。人才教育，三也。"①1913年12月，陆费逵考察江苏、山东、直隶三省教育，看到"所至之处，小学渐见发达，而人才教育职业教育，不惟不进，反有一落千丈之慨"。他发表《论人才教育职业教育当与国民教育并重》一文，指出职业教育教给人一技之长，"所以使中人之资者，各尽所长，以期地无弃利，国富民裕也"。他认为普通教育虽然重要，"然以吾国今日情状言之，人才教育职业教育，殆较国民教育为尤急"。他极力提倡职业教育，"旷观中外教育发达之程度，无不视贫富为比例，而非职业教育兴盛，实业必不能发达，民生必不能富裕"②。他认识到了职业教育兴盛与实业发达的关系，提出职业教育应以授人一技之长为主，这两点实际上构成了以后职业教育思潮的重要内涵。

黄炎培是职业教育思想的主要倡导者和最有力的推动者。他针对当时社会上的实业教育理论说教多而实践操作少、读书人为学依然旨在求官的现状，提出实用主义教育的口号，希望"渐改文字的教育而为实物的教育"，阐明学校教育应当既能使个人谋得生计，又能推动社会进步。随后，黄炎培更多地提倡"职业教育"而非"实业教育"。在1915年考察美国教育之后，他对这两个名词间的区别有了清楚的认识，认为只是在普通教育的基础上强调"实用"，是无法解决中国的问题的，必须推行专门的职业教育。随后，在考察了日本、菲律宾和南洋各地的职业教育之后，他更加坚定了"今后之富国政策将取径于职业教育"的信念，会同多位知名人士，积极创办了集宣传、研究、试验和推广职业教育诸多功能于一身的全国性职业教育机构——中华职业教育社，这标志着职业教育思潮逐渐形成。

---

① 陆费逵，《陆费逵教育文存》（卷五），中华书局1922年版。
② 陆费逵，《陆费逵教育文存》（卷一），中华书局1922年版。

三、中华职业教育社的成立

在职业教育思潮的推动下，1917年4月，蔡元培、黄炎培等人在《教育杂志》上发表了《中华职业教育社之发起》的声明。5月6日，黄炎培联络教育界、实业界知名人士蔡元培、蒋梦麟、陈嘉庚、张謇、宋汉章等48人在上海召开成立大会，正式宣布中华职业教育社成立，通过《中华职业教育社章程》。

中华职业教育社在创立之初就明确了办社宗旨。《中华职业教育社组织大纲》第一条指出："本社之立，同人鉴于方今吾国最重要最困难问题，无过于生计。根本解决，唯有沟通教育与职业。同人认此为救国家救社会唯一方法。故于本社之立，矢愿相与终始之。"[1] 黄炎培在1918年中华职业教育社的第一次年会上加以进一步说明，职业教育的目的体现为"为个人谋生之预备，为个人服务社会之预备，为世界及国家增进生产力之预备"，这成为此后中华职业教育社发展的根本指导思想。

中华职业教育社致力于研究、提倡、试验、推广职业教育，始终处于引领和推进中国近代职业教育事业发展的地位。通过创办《教育与职业》杂志，系统、全面介绍西方职业教育理论，翻译、编辑出版大量职业教育书籍，汇集了一批教育界、实业界等社会名流为中华职教社的骨干。1918年创办了中华职业学校；发起成立了全国职业学校联合会；1927年创办了我国第一个职业指导机构——上海职业指导所。新中国成立前，中华职业教育社开展的主要工作是从事职业教育理论的研究和宣传工作，创办职业学校，推行职业指导，试验农村改进区，并且根据国家和民族形势的发展需要，积极投入爱国民主运动，深刻影响了中国职业教育的发展进程。

---

[1] 田正平、李笑贤，《黄炎培教育论著选》，人民教育出版社1993年版，第84页。

第二节　职业教育思潮的推动与职业教育制度化

职业教育思潮深刻地影响了民国时期的学制改革运动。在 1922 年颁布的壬戌学制中，职业教育制度取代了自 1902 年壬寅学制以来的实业教育制度。从指导思想上来说，壬戌学制中的职业教育制度体现了要求职业教育紧密联系中国经济发展、社会生产和人民生计的精神，深受实用主义教育思想的影响。

一、职业教育思潮的主要代表人物及其思想

（一）黄炎培的职业教育思想

黄炎培（1878—1965），号楚南，字任之，江苏川沙人，曾乡试中举，兴办学堂，后加入同盟会，辛亥革命后任江苏省教育司司长，全力以赴改革地方教育，此后以毕生精力奉献于中国的职业教育事业，为改革脱离社会生活和生产的传统教育、发展中国的职业教育作出了重要贡献，是近现代民主革命家、教育家，著有《实用主义小学教育法》《黄炎培教育考察日记》《中华职业教育社宣言书》《我之人生观与吾人从事职业教育之基本理论》等。中华人民共和国成立后，黄炎培历任政务院副总理兼轻工部部长、全国人大常委会副委员长、全国政协副主席、民主建国会主任委员等职。

1913 年，黄炎培在推动地方兴办各级学校时，发表《学校教育采用实用主义之商榷》一文，提倡教育与学生生活、学校与社会实际相联系，在全国知识界、教育界引发了一场关于教育思想的大讨论，此次讨论成为中国近代职业教育思想的发端。1916 年 9 月他组织职业教育研究会，1917 年 1 月发表《职业教育实施之希望》一文，明确提出职业教育的目的在于"解决社会国家最困难的生计问题"，得到当时工商界人士的积极支持。

第四章
高潮：职业教育思潮的形成与发展

1917年黄炎培联合国内各界知名人士在上海发起成立了中华职业教育社，全力从事职业教育活动。翌年，在上海创设中华职业学校，以"敬业乐群"为校训，提倡"劳工神圣"，提出"手脑并用、双手万能"的工读结合的职业教育原则，希望"使无业者有业，使有业者乐业"。

黄炎培将大量心血用于发展中华职业教育社和中华职业学校。他为了职业教育理想不计得失，不改初衷，1921年和1922年两次辞任教育总长。1917年，黄炎培积极筹措并创办了《教育与职业》杂志，用以介绍欧美各国职业教育动态，推动本国职业教育研究，刊发了大量关于职业教育理论与实践研究的文章，对当时中国职业教育的发展起到了很大的指导与影响作用。1922年颁布的新学制用"职业教育"代替"实业教育"，是黄炎培和中华职业教育社同人的巨大贡献。

1925年黄炎培提出"大职业教育主义"主张，认为单就职业教育而论职业教育是行不通的，职业教育必须参与到社会改革和政治运动中，必须顾及劳动人民的实际利益，唯有如此才有可能进一步发展和获得成功。九一八事变后，黄炎培在广西、贵州及云南等地创办了许多职业学校、职业实习学校及函授学校，为抗战时期职业教育的发展继续努力。

1. 论职业和职业教育

黄炎培将"职业"定义为"用劳力或劳心换取生活需求的日常工作"[①]。他认为职业具有双重意义：一是对己谋生，二是对人群服务，而且"人生必须服务，求学非以自娱。无论受教育至若何高度，总以其所学能应用社会、造福人群为贵。彼不务应用而专读书，无有是处"，"职业平等，无高下，无贵贱。苟有益于人群，皆是无上上品"[②]。所有职业均为社会分工所致，并无高低贵贱之分。

基于上述职业观，黄炎培提出了职业教育的基本内涵。1917年，他在《新大陆之教育》一书中提出了职业教育的早期概念："职业教育，以广义言之，凡教育皆含职业之意味……若以狭义言，则仅以讲求实用之知能者

---

① 黄炎培，《黄炎培教育文选》，上海教育出版社1985年版，第291页。
② 黄炎培，《黄炎培教育文选》，上海教育出版社1985年版，第115页。

为限，亦犹实业教育。"① 这种提法从理论上将职业教育与普通教育区别开来，也进一步对职业教育与实业教育加以区别。他认为实业教育兼含研究学说之意味。而职业教育则专重实用，纯为生活起见。1917年11月，黄炎培在《教育杂志》第9卷第11号上发表《职业教育析疑》一文，进一步区分了实业教育与职业教育的含义，认为"实业教育与职业教育，二者皆以解决生计问题为目的，然其范围不同。实业教育之高焉者，高等专门实业亦属之；其下焉，仅为职业之预备者亦属之。故论其长，可谓过于职业教育。英语 industrial education 之名词，依其本义，仅限于工业教育。东方译为实业教育，亦仅限于农、工、商三种，而医生、教师等不与焉。职业教育（vocational education）则凡学成后可以直接谋生者皆是。故论其阔，又可谓不及职业教育"②。1928年商务印书馆出版《教育大辞书》，其中"职业教育"一条由黄炎培撰写，其定义是"用教育的方法，使人人依其个性，获得生活的供给和乐趣，同时尽其对群的义务，名曰职业教育"③。由此可见，黄炎培对职业教育基本含义的理解，随着他开展职业教育实践的过程，而日益深刻。

2. 论职业教育的目的

1917年中华职业教育社创建之时，黄炎培在《中华职业教育社宣言书》中明确指出："教育不与职业沟通，何怪百业之不进步！""夫职业教育之目的，一方为人计，曰以供青年谋生之所急也；一方为事计，曰以供社会分业之所需也。"④ 他强调办理职业教育时必须对社会需要进行调查，了解今时之社会与某地之社会的职业需求，培养社会需要的人才。随后，他在《教育与职业》杂志上发表文章《职业教育读》，提出"职业教育之旨三：为个人谋生之准备，一也；为个人服务社会之准备，

---

① 黄炎培，《新大陆之教育》，商务印书馆1917年版，第5页。
② 黄炎培，《职业教育论》，商务印书馆2019年版，第59页。
③ 孙培青、李国钧，《中国教育思想史》（第3卷），华东师范大学出版社1995年版，第36页。
④ 黄炎培，《中华职业教育社宣言书》，《职业教育论》，商务印书馆2019年版，第167页。

二也；为世界、国家增进生产力之准备，三也"①。

黄炎培将为个人谋生确定为职业教育的首要目的，但他绝不认同职业教育就是"啖饭教育"的看法。他认为，人生在世，目的与责任绝不止于个人生存。但是，如若个体连生存的能力都不具备，又怎么能够为他人、社会和国家作出贡献？因此，职业教育首先要为个人谋生存，如果未解决个人生存问题，职业教育也不可能发挥更大的作用与功能，故教育必须通过培养人来影响社会的进步与发展。黄炎培进一步指出，职业教育需要为个人服务社会作准备："职业教育，即是给人们以互助行为的素养，完成他共同生活的天职。是安可不用最高的热诚，包涵一切，最大的度量，容纳一切，发挥大合作精神，做训练的方针，使受吾教育的，精神方面和知能方面，完全适合于人群的需要呢？"②强调个人不仅要具备专业的知识与技能，同时必须具备与人合作的精神与能力，才能真正地服务于社会。职业教育不仅要"使受教育者各得一技之长，以从事于社会生产事业，藉获适当之生活；同时更注意共同之大目标，即养成青年自求知识之能力、巩固之意志、优美之感情，不惟以之应用于职业，且能进而协助社会、国家，为其健全优良之分子也"③，通过培养社会需要的人才来促进社会的发展。职业教育"为世界、国家增进生产力作准备"进一步切中了职业教育的本质。黄炎培认为，"一战"之后的各国都普遍致力于提高生产力的教育，乘机发展国力，而"生产能力之增进问题，舍职业教育，尚无他道邪"。我国在"一战"之后"以土地如此之大，人口如此之多，苟不亟亟焉自谋所以增进其生产力，他人将有代为谋者。是故，吾国之战后教育，更舍职业教育无所为计"④。黄炎培将增进生产力的发展作为职业教育的重要目的，具有进步和前瞻意义。

---

① 黄炎培，《黄炎培教育文选》，上海教育出版社 1985 年版，第 59 页。
② 黄炎培，《黄炎培教育文选》，上海教育出版社 1985 年版，第 167 页。
③ 黄炎培，《黄炎培教育文选》，上海教育出版社 1985 年版，第 101 页。
④ 黄炎培，《职业教育论》，商务印书馆 2019 年版，第 63 页。

黄炎培在1934年3月发表的《中华职业教育社宣言》一文中，又在上述职业教育三项目的之前增加了"谋个性之发展"一项，使职业教育的目的成为四项，即：谋个性之发展，为个人谋生之准备，为个人服务社会之准备，为国家及世界增进生产力之准备。谋个性之发展，是黄炎培的职业教育目的论的进一步丰富和升华，将其置为首要目的，驳斥当时将职业教育仅视为一种传授技艺的培训活动的观念，深刻地指出"仅仅教学生职业，而于精神的陶冶全不注意，把一种很好的教育变成器械的教育，一些儿没有自动的习惯和共同生活的修养。这种教育，顶好的结果，不过造成一种改良的艺徒，决不能造成良善的公民"[①]。黄炎培将上述职业教育的四项目的进一步概括为十分精辟的两句话："使无业者有业，使有业者乐业。"这也是当今职业教育应该秉持的宗旨，应该成为发展职业教育的重要方针。

3. 论职业教育的实施

1917年，黄炎培在《职业教育实施之希望》一文中，针对职业教育"眩于言论而盲于实行"的状况，提出了实施职业教育的具体措施[②]。第一，"须确立职业教育之制度"。"凡欲解决制度问题，不宜沾沾于各国制度利害得失之比较，必一以吾国历史与现状为根据而研究之"，强调借鉴别国经验须立足于我国的传统与现实。他指出，当时设立的实业学校数量少，而中、小学毕业生中能升学者也为数不多，应当对民国初年独立设立甲、乙种实业学堂的制度加以改进，采用英美学制，在中小学广泛设立职业科，这样因地制宜，尤为利便。这种思想在1922年的新学制中得以实施。第二，"须审择职业之种类与其性质"。黄炎培认为，职业有普通与特殊之分，前者无地域之差别，凡是人群居处均须存在，如涉及衣食住方面的木工、金工、缝纫、烹饪等职业；后者是因地域不同、水土差异而造成的各地特有的职业，如因物产不同而存在的各种制造业与加工业。因此，黄炎培指出，德国、美国职业学校的分科

---

① 黄炎培，《黄炎培教育文选》，上海教育出版社1985年版，第84页。
② 黄炎培，《黄炎培教育文选》，上海教育出版社1985年版，第46—51页。

之所以繁多，正因为要适应各种不同职业的人才需要。我国要发展职业教育，首先要对我国的职业种类及性质加以广泛和深入的调查，并且加以确定。他还指出，实施职业教育，政府、学校、学生和职业界都承担着不可或缺的责任，必须整合各方面的力量，发挥其合力，才能真正办好职业教育。

在《中华职业教育社宣言书》中，黄炎培进一步指出，如欲推广和改良职业教育，必须同时改良普通教育。因此，中华职业教育社的宗旨确定为三项："曰推广职业教育；曰改良职业教育；曰改良普通教育，为适于职业之准备。"[①] 黄炎培认为，当时的普通教育使"学生贫于能力而富于欲望"，造成学生鄙视职业教育，因此必须对长期存在的"重知识轻能力""重升官轻事业"的普通教育加以改革，潜移默化地使学生了解职业教育的重要性，从而扩大全社会对职业教育的认可，使其影响渐大，成效渐彰。

随着社会经济背景的变化和对职业教育办学实践的经验总结，黄炎培关于职业教育实施与发展的思想也在不断深化，后期开始转为提倡"大职业教育主义"。

4. 论职业教育的教学原则和方法

在兴办职业教育的长期实践中，黄炎培提出要以"手脑并用""做学合一"作为职业教育的基本教学原则。

对于"手脑并用"，黄炎培认为，清末以来的实业教育，非教以农工商之技能，乃教学生读农工商之书，教学重理论、轻实习，使学生好高骛远而缺乏实际能力。他指出"中国读书人顶怕用手，除掉写字和吃饭、穿衣、上茅厕以外，简直像天没有给他生两手似的。在糊里糊涂中，把社会分做两下；一是号称士大夫，是死读书老不用手的；一是劳动者……是死用手老不读书的。好罢！吾们来矫正一下。要使动手的读书，读书的动手，把读书和做工两下并起家来。要使人们明了，世界文

---

① 黄炎培，《职业教育论》，商务印书馆2019年版，第167页。

明是人类手和脑两部分联合产生出来的。作工自养，是人们最高尚、最光明的生活……吾们亲身作工，同时还要用书本来阐发做工的原理和方法"①。职业教育是以职业为目的，以教育为手段，其宗旨在于沟通教育与社会。从这个角度上讲，兴办职业教育，单靠读书用脑或者仅靠动手实习都不能养成青年的"知能"。他强调，"教育之为事，不惟训练人之脑，尤当训练人之手"，"今科学之昌明，皆人类手与脑二者联络发达之成绩也，故手、脑二者联络训练，一方增进世界之文明，一方发展个人天赋之能力，而生活之事寓其中焉"②。

"做学合一"的教学原则指的是"一面做，一面学，从做里求学，从随时随地的工作中间，求得系统的知能"③。黄炎培反复强调"职业教育应做学合一，理论与实习并行，知识与技能并重"，"办职业教育，万不可专靠想，专靠说，专靠写，必须切切实实去做"。如果只注重书本知识，而不去实地参加工作，是知而不能行，不知真知。职业教育目的乃在养成实际的、有效的生产能力，欲达此种境地，需手脑并用。由他亲自确定的中华职业学校教育方针为"双手万能""手脑并用"，并且这一方针在办学过程中始终得到贯彻施行，取得了良好的教学效果，培养出大批为社会所欢迎的职业人才。为了保证"手脑并用""做学合一"教学原则的实施，中华职业学校在聘用教师方面，注意选聘有教学经验和相关职业经历者；在招收学生方面，尽量招收家长有某方面职业经历的学生入相应学科；在教材选编方面，注重理论与实践结合，尤其重视实践性。

黄炎培特别重视实习，把实习作为贯彻"手脑并用""做学合一"教学原则的重要教学方法。他批判了民国初年实业教育中重理论学习轻实习的问题，提出"应用知识技能于实地之唯一方法，莫如实习"，他认为"职业教育实习是重"，"假设实习，不如实地实习，学校附设机

---

① 黄炎培，《职业教育论》，商务印书馆2019年版，第224页。
② 黄炎培，《黄炎培教育文集》（第二卷），中国文史出版社2023年版，第217页。
③ 黄炎培，《黄炎培教育文选》，上海教育出版社1985年版，第190页。

关实习，不如送往社会机关实习"。他认为职业教育从课堂到课堂，从理论到理论，致使学生"长惰性而废服劳"，"其结果仅存职业学校之虚名，按其实际，学校自学校，职业自职业耳"，职业教育的效果丝毫都没有达到。中华职业学校专门规定：本校特重实习，学生半日授课，半日工作，务期各种技能达于熟练。学生修业期满仅发修业证书，必须到用人单位实习一年后，经鉴定能胜任工作才正式颁发毕业证书。各科教学均有实习训练标准，各科具体情况不同，又都有各自的实习方式，克服了传统教育重书本知识轻实际应用的弊端，在一定程度上体现了教育与生产劳动的结合。

5. 论职业道德教育

黄炎培认为"主张职业教育者，同时必须注重职业道德"，职业教育需要注意"培养德性，养成健康人格，俾将来成为善良之公民"。因此，在黄炎培看来，职业教育不仅要注重培养学生的职业技能，以谋得个人生计之解决，而且必须注重培养学生的服务德性，发扬民族精神，而后者"尤占重要地位"。黄炎培关于职业道德教育内容的论述较为丰富，"敬业乐群"是其职业道德教育思想的核心，也是最基本的教育内容。他指出，所谓"敬业"，是指"对所习之职业具嗜好心，所任之事业具责任心"；所谓"乐群"，是指"具有优美和乐之情操及共同协作之精神"。前者要求从事者热爱所从事的职业，以高度负责的态度忠于职守；后者是指从业者不仅要具备"利居群后，责在人先"的高尚情操，更要具备与他人合作共事的能力与习惯。他提出"敬业乐群"的思想是旨在纠正社会上尤其是职业学校学生"非以职业为贱，即以职业为苦"的错误认识，以破除"职业教育之礁"[①]。黄炎培将"敬业乐群"作为中华职业学校的校训，并且在中华职业教育社制定的中华职业学校《职业道德教育标准》中，把"敬业乐群"的思想具体化，规定要认识职业教育的真义在于服务社会，养成责任心，养成勤劳习惯，养成互助

---

① 黄炎培，《职业教育之礁》，《黄炎培教育文选》，上海教育出版社1985年版，第115页。

合作精神，养成理性的服务美德，具有稳健改进之精神，养成对所从事职业之乐趣，养成经济观点，养成科学态度等。

黄炎培深为推崇蔡元培"劳工神圣"的思想，并且将其作为职业道德教育的重要内容之一，指出"作工自养，是人们最高尚最光明的生活"，提倡"读书和做工两下并起家来"、"先劳后食"的精神和能力。黄炎培在中华职业学校贯彻"尊重劳动""劳工神圣"的办学思路，将"双手万能"作为中华职业学校的校徽图案，并亲书"劳工神圣"匾额悬挂在学校工厂，学校章程中明确规定"学生除半日工作外，凡校内一切洒扫、清洁、招待等事，均由全体学生轮流担任"①。中华职业学校校舍不够，扩充建筑校舍，教师和学生合力砌墙铺瓦；运动场扩建由教师和学生平整，全校不用一名校役。将"劳工神圣"的思想贯彻到多年的职业教育实践中，培养学生推崇职业平等、尊重劳动的精神与品质。

黄炎培重视对职业学校的学生进行人格培养，要求职业教育的受教育者"人格必须完整"。在九一八事变之后，黄炎培屡次在中华职业学校的周会上向全校师生讲述培育"金的人格"的道理，要求师生具有像金子般的品位，要有为工商业服务的意识。他强调在任何环境和条件下，都要看重自己人格的养成，要求学生具有高尚纯洁的人格、博爱互助的精神、侠义勇敢的气概、刻苦耐劳的习惯。同时告诫学生要不求名、不争功，将整个生命完全献给为了我们的国家、民族生存的工作。

（二）蔡元培的职业教育思想

蔡元培（1868—1940），字鹤卿，号子民，浙江绍兴人。他受到良好的传统教育，考中进士，入翰林院为庶吉士。1898年弃官从教，曾任绍兴中西学堂监督、南洋公学特班总教习。1902年组织中国教育会并任会长，创立爱国学社、爱国女学。1904年组织光复会。1905年加入同盟会。1907年赴德国莱比锡大学学习。1912年出任南京临时政府

---

① 黄炎培，《学生自治号发行的旨趣》，《教育与职业》，1919年第16期。

教育总长，1916年任北京大学校长。1932年与宋庆龄等成立中国民权保障同盟，任副主席。他曾被毛泽东誉为"学界泰斗，人世楷模"。

1. 论职业及"劳工神圣"

蔡元培的职业教育思想与其对职业及劳工的认识密切相关。他认为，职业可以分为劳心与劳力两种，前者指发明家、政治家，后者指实行家。在他看来，"职业无贵贱大小，都为平等。有利于人群者，即为正当职业"[①]。在他看来，个体从事任何社会职业，都必须适应社会的需要，以国家和人民的大幸福为前提，绝不可以因个人而损害公众利益。政府对于人民的职业应当采取保障与奖励的措施。社会中男女职业的选定，应当以分工为基础，以各自个性特点为依据，以能够为社会服务为宗旨。他关于职业的平等性、职业与社会分工之间的关系、职业的社会性的论述体现了思想的进步。

1918年11月16日，蔡元培在天安门广场发表了题为《劳工神圣》的演说，大声疾呼："我说的劳工，不但是金工、木工，等等，凡是用自己的劳力作成有益他人的事业，不管他用的是体力、是脑力，都是劳工。所以农是种植的工；商是转运的工；学校职员、著述家、发明家，是教育的工；我们都是劳工。""我们要自己认识劳工的价值！劳工神圣！""我们不要羡慕那凭借遗产的纨绔儿！不要羡慕那卖国营私的官吏！不要羡慕那克扣军饷的军官！不要羡慕那操纵票价的商人！不要羡慕那领干修的顾问咨议！不要羡慕那出售选票的议员！他们虽然奢侈点，但是良心上不及我们的平安多了！我们要认清我们的价值！劳工神圣！""此后的世界，全是劳工的世界啊！"[②]蔡元培在演讲中满怀激情地向世人宣告，"劳工"是神圣的。他深刻地意识到，现代社会的分工会导致个体必须依赖职业才能生存与发展。

2. 论普通教育与职业教育

---

① 蔡元培,《在中华职业教育社演讲词》,《蔡元培教育论集》,湖南教育出版社1984年版, 第501页。
② 蔡元培,《劳工神圣》,《蔡元培文集》(第三卷),中华书局1981年版, 第219页。

民国初期，学术界与官方逐渐认识到职业教育对国民生计的重要性，但对于普通教育与职业教育之间的联系与差异认识还很模糊。蔡元培指出，普通教育与职业教育之间存在明显的差异，但彼此之间又不能截然区分。关于二者之间的区别，蔡元培认为"职业教育好像一所房屋，内分教室、寝室等，有各别的用处；普通教育则像一所房屋的地基，有了地基，便可把楼台亭阁等建筑起来。故职业教育所注重的，是专门的技能或知识，有时研究到极精微处，也许有和日常生活绝不相干的情形。例如研究卫生的，查考起微生虫来，分门别类，精益求精，有一切另外的事都完全不皆的态度。这是从事专门学问的特异点"[①]。在这里，蔡元培明确指出，普通教育与职业教育之间具有融通性和差异性，普通教育是职业教育的基础，职业教育则是基于普通教育的专门教育。二者不可混淆，亦不可偏废。

在蔡元培看来，现代教育的发展具有明显的职业化倾向，即所有"教育均要为学习者未来的职业服务，只不过不同阶段和种类的教育，其侧重点存在差异罢了，职业教育与普通教育在现代社会实际上已经很难截然区分，也不应当截然区分"。蔡元培通过分析西方近现代大学的起源，意识到现代社会中教育与职业之间的密切关系，他指出，"讲教育系统，原是为职业的"[②]，在现代教育体系的建立与发展过程中，教育的目的就是将个体培养成为某种职业人。因此，蔡元培认同这样的观点，"现在固不必以每种教育都是为职业的，不过因为教育与职业实在是有密切关系，不能分画太甚。人受了教育，在社会上还是要服务的，所以职业教育极为重要"[③]。蔡元培这里所讲的职业教育，既包括在普通教育体系中实施的职业教育，也包括由职业技术学校开展的

---

① 蔡元培，《普通教育与职业教育》，《蔡元培全集》（第一卷），浙江教育出版社1997年版，第258页。
② 蔡元培，《中华职业教育社第十一届社员大会开会词》，《蔡元培全集》（第六卷），浙江教育出版社1997年版，第525页。
③ 蔡元培，《中华职业教育社第十一届社员大会开会词》，《蔡元培全集》（第六卷），浙江教育出版社1997年版，第528页。

专门的职业教育。

蔡元培认为,职业教育必须与普通教育相互沟通,在普通教育中加强职业教育训练,帮助学生树立正确的职业观。普通教育既要实施一定程度的职业教育,也要为学生日后接受专门的职业教育作准备。他指出,"普通小学,应特别施行职业陶冶,充分予以职业上之基本技能"[1],但他进一步指出,中小学教育只可具有职业化倾向,却不能成为职业教育。他说"教育的起源,虽然是职业的意思,但是普通中、小学校教育职业化是可以的,不过不是专为职业,而注重于修养品行"[2],以此为未来专门的职业教育打好基础。"各级教育,应于训练上一律厉行劳动化,使青年心理上确立尊重职业之基础,且使获得较正确之人生观。"[3]他反对社会上长期形成的重视普通教育而轻视职业教育的风气,指出"从前人以为从小学、中学到大学是正途,在各级职业学校用功是异途;现在要改为学职科是正途,被挑选出来受大学教育的,才是异途"[4]。

中国当时的普通中小学与实业学校的数量对比悬殊,推广职业教育刻不容缓。如若广设甲、乙种实业学校以符合需求,国家财力又难以负担。因此,蔡元培等人主张,国家一方面推广职业学校和职业补习学校,另一方面可以在高等小学和中学中设立职业科。蔡元培认为,在高小和中学设立职业科以加强职业教育的举措只能作为特定时期的权宜之计,从长远来看,必须通过专门的职业学校来培养职业技术人才。他在1917年2月接受《大公报》记者采访时说:"如于中学普通科参入职业科目,仍嫌凌杂,而难得实益,莫如多设与高等小学或中学同等之农工学校,俾无力升学急图谋生之青年,受职业教育有技能之修养也。"[5]尽

---

[1] 高平叔,《蔡元培全集》,中华书局1984年版,第24页。
[2] 蔡元培,《中华职业教育社第十一届社员大会开会词》,《蔡元培全集》(第六卷),浙江教育出版社1997年版,第525页。
[3] 高平叔,《蔡元培全集》,中华书局1984年版,第25页。
[4] 蔡元培,《关于青年教育的谈话》,《蔡元培全集》(第七卷),浙江教育出版社1997年版,第518—519页。
[5] 蔡元培,《对大公报记者谈话》,《蔡元培全集》(第三卷),浙江教育出版社

管小学校中加设了农商科,但是农无农场,商无商品,不过是加读农商业教科书数册;而所谓的乙种农、工、商学校,情况也是如此,功课偏重理论,学生实际动手能力较弱。

3. 论职业兴趣的培养

在蔡元培看来,办理职业教育必须基于调查与研究。"学生在学校毕业后,是不是具有担当职业的能力?现在所办的学校是不是很确当?受教育的人是否能够得到职业?"否则,便会出现"一方人才无用,他方有事无人"的现象。蔡元培认为,职业教育除传授学术之外,还要注重养成学生自主的研究学术的兴趣,培养学生对自然界或人造物的美感。他说"盖彼既于学术有兴趣,则毕业之后必可随所嗜好之职业就之,不致任便就业,或时作改弦易辙之思,起种种非分之妄想。既有高尚之美感,则职业以外,更有精神上之慰安,不致厌倦之感"[①],强调普通教育要重视对学生职业兴趣和职业精神的培养。

二、壬戌学制中的职业教育制度

总体而言,壬戌学制反映了社会发展对教育的新要求,带有明显的美国化特色,中小学学制由"七四制"(小学七年、中学四年)改为美国式"六三三"分段的单轨学制(小学六年,初中、高中各三年)。新学制的另一个重要变化,就是在职业教育思潮的强力推动下,职业教育制度取代了实业教育制度。

这次学制变革经历了较长时间的酝酿和讨论过程。1915年4月,在直隶省教育会的发起和主持之下,全国各省(贵州和广西未能参会)的教育会代表齐集天津,召开了全国教育联合会首次会议。此次会议的主旨在于审查全国各级各类教育状况。会议期间,湖南省教育会提交了改

1997年版,第35页。
① 蔡元培,《对大公报记者谈话》,《蔡元培全集》(第三卷),浙江教育出版社1997年版,第35页。

革学校系统的草案，对当时学制存在的问题进行剖析并提出实施新学制的思路，此项议案受到与会代表的广泛重视，由此掀开了新一轮学制改革的序幕。随后，全国教育联合会针对学制改革与完善问题，又先后召开五次全国会议进行讨论与研究，使新学制的改革思路得以不断明确。

在讨论修改学制的过程中，职业教育制度成为一个核心内容。在全国教育联合会第一次会议上，湖南省教育会提交的关于改革学制的议案中便提出，应当在初等小学国民学校之上设立三至四年的职业学校和女子职业学校，一年或半年的职业补习科，作为中等职业教育。在1916年全国教育联合会第二次会议上，建议中学自第三年起设立职业科。在1917年的第三次会议上，取消了实业教育分组，代之以职业教育分组，并且通过《职业教育进行计划案》的议案，指出"夫所谓学校于社会不相应者，质言之，即教育与职业不相应也。欲救此弊，惟有提倡职业教育"[①]。此后的历届会议均讨论职业教育的学制问题，逐步推进形成了最终的新职业教育制度。

新学制对职业教育制度的规定包括如下内容：一是改实业学校为职业学校。二是初等教育为六年制，在最后两年可以根据地方情形增加职业准备的课程，实施职业准备的教育。三是中等教育为六年制，其中初中三年，高中三年，初中阶段在施行普通教育的同时，根据各地的实际需要，兼设各种职业科；高中阶段则实施分科教育，分为普通、农、工、商、师范、家事等科，各地亦可根据地方情形，单设一科或兼设数科。旧学制中的甲种实业学校可以改为职业学校或者高级中学的农、工、商等科。旧学制中的乙种实业学校可改为职业学校接收高级小学毕业生，也可接收相当年龄修习过初级小学的学生。这样，在旧学制中作为独立分支类型的实业教育制度，被改革成为与普通教育相融合的职业教育制度，这体现了当时美国教育制度对中国学制改革的影响。四是各地可根据学科及地方情形设立专门学校，招收高中毕业生，修业年限为

---

① 陈学恂，《中国近代教育史教学参考资料》（中册），人民教育出版社1986年版，第86页。

三年。另外，大学或专门学校可以附设专门科，修业年限不等。此种专门学校，学术教育和职业教育两种目标兼备，既培养学术人才，也培养职业人才。五是为了发展职业教育，在相关学校内设置职业教员养成科，也就是开展职业师范教育。

壬戌学制的最大亮点就是旧学制中作为旁系的实业学校制度被职业教育所取代，职业教育和普通教育在中等教育阶段融合在一起成为综合中学，兼顾了升学与就业的双重需要。壬戌学制的职业教育制度中还在以下方面作出规定：一是职业教育要紧密联系中国社会和经济发展的实际，和人民的生计、生活实际相联系。如第一条强调教育"适应社会进化之需要"，第三条强调"谋个性之发展"。二是职业教育制度要兼顾中国经济落后、民众生活贫穷的国情，职业教育的教育制度必须是面向大众的、多样化的、普及的，由于中国疆域辽阔，自然条件和社会经济发展水平不同，各地对职业教育的需求可能不一样，可以根据各地的条件发展职业教育。如第六条规定"使教育易于普及"、第七条标准规定"多留地方伸缩余地"就是这个思想的体现。

1922年壬戌职业教育制度确立后，对职业教育的研究开始转变为重点关注一些职业教育具体实施中的问题，如黄炎培所言"职业教育，在全部学制之地位亦明定矣"，"进而研究如何设科，如何制订课程，如何立训育标准，如何培养师资，更如何测验职业心理"[①]。这种具体问题的研究使职业教育更具科学性和可操作性。

三、中华职业教育社的教育实践活动

为了落实好《中华职业教育社组织大纲》中规定的办社宗旨"其一在于推广职业教育；其二在于改良职业教育；其三在于改良普通教育，俾为适于生活之准备"，中华职业教育社在成立之初设立临时干事会，

---

① 黄炎培，《第七届全国职业学校联合会里几个问题》，《教育与职业》，1929年第107期。

第四章
高潮：职业教育思潮的形成与发展

负责处理日常社务。1917年7月起，临时干事会被取消，设议事部和办事部。黄炎培担任办事部主任11年，1928年起由江恒源接任。总书记由蒋梦麟担任，抗日战争期间由孙起孟担任。

在长期的职业教育实践中，中华职业教育社逐步形成了以职业教育研究与倡导、职业学校教育、职业补习教育、职业指导、职业介绍及改进农村教育为主要内容的职业教育体系。1917年12月，中华职业教育社设立研究部，1920年成立农业教育研究会，1921年以后开展工艺教育、女子职业教育、军人职业教育和中等教育制度研究，同年组织上海商业补习教育会，8月又发起成立全国职业学校联合会。1917年创办刊物《教育与职业》。1918年9月创办具有"手脑并用，做学合一"特色的上海中华职业学校。从1919年起，举办了多种形式与各种类型的职业补习学校（夜校、晨校、日班和午班学校、星期日班与函授学校等）、艺徒训练班。设立了中国第一个职业指导机构——上海职业指导所，并逐步推广到南京以至南洋等地。以"富教合一"为指导方针开展了农村教育，通过举办讲习所、农学团、新农具推广所等，增进生产，发展经济。

从1926年起，职教社邀请在职业教育方面有专门研究的教育界人士或者与职教社联系紧密的社会人士，每年召开专家会议，对职业教育的创办与改革、职业教育的理论和实践方面的问题、职教社的发展方针与措施等进行深入研究探讨，会后形成改进方案。1926年2月，第一次专家会议在黄炎培提出"大职业教育主义"之后于苏州召开，参加会议的有黄炎培、朱经农、江恒源、杨卫玉、邹韬奋、刘湛恩、王志莘等人。会议广泛讨论了职业教育的目的、出发点、对象、方法及学生的出路等内容，并制订了三年工作计划。此次会议认同和主张"职业教育，以职业为目的，教育为手段，皆与社会环境有连带关系，故本社以后应加入政治活动，以增实力，并与职业社会作实际联络，以期合作"的观念。此后，中华职业教育社的事业逐渐在更大范围展开，其活动逐渐扩及社会的各个方面。

中华职业教育社在1917—1927年的十年间，从初创逐渐走向成熟。针对当时社会、经济和教育中的相关问题，中华职业教育社以发展职业教育，实现"职教救国"为宗旨，开展了大量卓有成效的工作。《中华职业教育社十年小史》一文将其这一时期的工作概括为："本社工作，最初数年，最重宣传。其后渐进于实施。由简趋繁，与时俱进。大致以试验统于研究，研究结果付诸推行，而复假出版为发表。一般事务即分隶于此三大端之下。"[①] 因此，在这十年间，中华职业教育社的工作集中在职业教育调查研究、开设职业教育学校及职业指导机构、出版宣传等方面。虽然中华职业教育社在宣传、研究、推行职业教育方面坚持不懈地努力，但苦于当时中国社会各方面的实际情况，中华职业教育社的许多关于推进职业教育发展的措施和计划没有能够得到很好的实施。

第三节　职业教育思潮的发展与职业教育制度调整

　　20世纪20年代末30年代初中国陷入经济困难中，职业教育实践也产生了脱离社会生产和人民生活的弊病，因此，要求重新提倡重视职业教育，调整职业教育制度的呼声又汇成超过20年代的强大思想潮流。由于对职业教育认识的深化，职业教育思潮内部分化为大职业教育、职业指导教育、职业补习教育、女子职业教育等不同方向的潮流。1932年，职业教育思潮把中等教育问题作为讨论重点，扩大职业教育、限制普通中学被更多人认可。在思潮的推动下，国民政府根据蒋梦麟、胡适的《修正中小学教育制度》，调整了职业教育制度，使这一时期的职业教育思潮的目标得以达成。

[①] 璩鑫圭、童富勇、张守智，《实业教育　师范教育》，上海教育出版社1994年版，第423页。

一、职业教育思潮关注重点的分化

由于职业教育思潮的推动,职业教育理论有了进一步发展。人们普遍认识到,职业教育同社会生产紧密联系,同国计民生紧密联系,应建立起与社会需要相适应的职业教育体系,而最适合中国国情的职业教育模式是职业学校教育、职业补习教育、职业指导三者的组合,职业学校办学方法必须密切联系工厂、农场等而不能闭门造车。

黄炎培、江恒源、邹韬奋、钟道赞等人都分别从不同角度提出了关于职业教育发展的新思想新理论。此次职业教育新思潮达到了修正职业教育制度的目的,推动了职业教育实践发展。

(一)黄炎培的"大职业教育"思想

1922年新学制颁布后,中国的职业教育进入了一个新的发展阶段,普通中学职业科和职业学校的数量持续增加。然而职业教育中的问题也逐步显露。随着当时职业教育的经济基础的萎缩,职业教育本身也产生了脱离生产生活实际的趋势,刚刚确立的职业教育制度举步维艰,出现黄炎培所称的"职业教育之礁"的现象,一些职业学校的学生"非以职业为贱,即以职业为苦","此无形之礁石,伏于青年脑海中,欲职业教育推行无阻,得乎"。此外,中华职业学校毕业生无法找到用人单位的现象也使黄炎培不得不对以往的职业教育主张进行深刻的反思。

黄炎培认为,自己推行职业教育,所提出的目标80%没有达到。表面原因在于当时发展职业教育的社会环境不理想,根本原因在于发展职业教育的方针与方法存在问题,主要表现在三个方面:"只从职业学校做工夫,不能发达职业教育;只从教育界做工夫,不能发达职业教育;只从农、工、商职业界做工夫,不能发达职业教育。"[1]

1926年初,黄炎培在《职业与教育》上发表了《提出大职业教育

---

[1] 黄炎培,《提出大职业教育主义征求同志意见》,《黄炎培教育文选》,上海教育出版社1985年版,第154页。

主义征求同志意见》，指出社会是一个有机的整体，各部分之间彼此联系，相互依存，"不和别部分联络，这部分休想办得好；别部分没有办好，这部分很难办的"。因此，黄炎培提出"大职业教育主义"方针，"办职业教育的，须同时和一切教育界、职业界努力的沟通和联络；提倡职业教育的，同时须分一部分精神，参加全社会的运动。……须有最高的热情，参与一切；有最大的度量，容纳一切"[①]。可见大职业教育是走向社会的职业教育，它具有巨大的包容性，不能局限于教育界，还要和职业界挂钩，最终变成一个全社会的运动。

"大职业教育主义"思想的提出，是黄炎培职业教育思想的一个重大发展。他不仅认识到就职业教育论职业教育行不通，超越了原来职业教育的狭小圈子，而且开始认识到办职业教育不能只从发展资本主义工商业着眼，不能只立足于资本家的需求考虑职业教育，必须顾及劳动人民的利益、需要与可能。这表明他逐渐摆脱了教育救国论并使其倡导的职业教育向人民接近。黄炎培提出，办职业教育要参与到全社会的运动中去，要加入政治运动，要努力与劳动界联合，要致力于改进农村事业，职业教育应为大多数人民的最大幸福而奋斗。这是黄炎培及其职教社同人们从实际经验中得来的，是职业教育社会化的体现。它大大拓宽了职业教育领域，将职业教育活动由学校推向社会，从城市推向乡村，标志着中华职业教育社的工作迈进了一个新的阶段，奠定了该社在以后的抗日战争时期和解放战争时期积极参加抗战活动和民主运动的思想基础。

黄炎培为职业教育赋予抗日救国、救亡图存的新意义，职业教育实践活动的范围也逐渐扩大，由学校而社会，由城市而农村。根据这个思想他提出了"建教合一"的设想，与平民教育合作，实施平民职业教育，把工作的重心从职业学校转向职业补习教育，并特别介绍和提倡办理投资少、学习时间短、需要大、能独立经营、有教育价值的职业学

[①] 黄炎培，《提出大职业教育主义征求同志意见》，《黄炎培教育文选》，上海教育出版社1985年版，第155页。

校，以适应一般劳动人民的需要，使他们能在短期训练之后获得一种谋生技能，解决失业和生计问题等等。

本着"大职业教育"思想，黄炎培提出了兴办职业教育应遵循"社会化""科学化"的办学方针。所谓"社会化"，就是办理职业教育，应顺应时代的发展，注重社会需要。黄炎培一再强调：职业教育唯一的生命，"从其本质说来，就是社会性；从其作用说来，就是社会化"。因此，"离开社会无教育"，学校培养的人才，必须适应社会的需要。黄炎培曾不辞辛劳，涉足海内外，进行广泛的社会考察，从中感受到职业教育与社会生活的联系比普通教育更密切，直接地受到社会经济发展条件的制约。据此，他认为，在兴办职业教育过程中，无论专业设立、课程设置、招生人数、人才规格等，都要从社会需要这个角度出发。他提醒人们，办职业教育"绝对不许关了门干"，"绝对不许理想家和书呆子去干"。办职业学校的人，除了热诚、学力、德行、经验以外，还必须有"社会活动力"，"职业学校校长资格所最不相宜的人，怕就是富有孤独性的书呆子"[1]。黄炎培进而概括了教育与社会相互关联、因缘共生的关系，他认为，职业教育只有在民族解放、民权平等、民生幸福的社会里，才能实现他的造福人群的理想。另一方面，"赖有职业教育的努力，吾们民族解放、民权平等、民生幸福的国家才能加速的出现"[2]。

所谓"科学化"，在黄炎培看来，就是"用科学来解决职业教育问题"。推进中国工业文明，需要用科学作指导。而职业教育"直接求百业的进步，间接关系民生国计大问题，并不会在科学以外，别有解决的新方法"[3]。他提出要把职业教育的办学模式纳入科学化的轨道。在物质方面如农业、工业、商业、家事应用、化学、机械学等，皆用科学的方法，确定其课程设置、教材选编、教学原则、实习环节等，力求因时因地制宜，通过试验，摸索经验，渐次推广。在管理方面，如工厂、商

---

[1] 黄炎培，《黄炎培教育文选》，上海教育出版社1985年版，第181页。
[2] 黄炎培，《从困勉中得来》，《国讯旬刊》，1941年第268期。
[3] 黄炎培，《黄炎培教育文选》，上海教育出版社1985年版，第165页。

店、学校及各机关，皆采用科学管理方法，实施有效的管理；注意应用职业心理学，根据不同的职业和人的不同气质、性格、能力、兴趣等特点，分门别类，"谁则宜某种，谁则不宜某种"①，把介绍和推荐职业建立在科学化的基础上。"欲将社会科学与自然科学合一炉而冶之"②，就要提高职业教育的科学化管理程度。

按照"社会化""科学化"的办学方针，必须打破以普通教育为正统，以职业教育为旁系的陈旧观念，确立职业教育在整个学校教育中的地位。黄炎培主张把职业教育作为"灵魂"贯穿于各级学校中，各教育皆含职业的成分；并以职业教育为出发点，改革普通教育，使其适应社会对专职人才的需求。为此，他建议要从制度上给予职业教育以应有的地位，小学阶段就注意职业陶冶，为职业教育打基础作准备；初中阶段应进行职业指导，作为谋生之预备；高中阶段设职业分科或专门职校，进行职业训练；就业后继续接受职业指导和补习教育。这样就形成了"职业陶冶—职业指导—职业训练—职业补习到再补习"的一套完整的职业教育系统。

"大职业教育主义"的提出，是黄炎培职业教育思想的重大转变。然而旧中国不可能成就黄炎培的职业教育梦想，大职业教育思想和实践也不可能从根本上改变中国落后的旧面貌。同时"大职业教育主义"的提出也表明，职业教育思潮已经走向泛化，其特定内涵也开始逐渐淡化。

（二）江恒源的职业补习教育思想

江恒源（1885—1961），字问渔，又号蕴愚，生于江苏省灌云县板浦镇，少时家贫但读书刻苦，16岁即考中秀才，19岁考进省立师范学堂，毕业留校任教。后考入北京大学，毕业后在北京几所大学及中学任教，兼做《申报》记者，著《伦理学概论》及《中国先哲人性论》，出版后震

---

① 黄炎培，《黄炎培教育文选》，上海教育出版社1985年版，第165页。
② 黄炎培，《黄炎培教育论著选》，人民教育出版社1993年版，第319页。

动学术界。1926年由黄伯雨、黄炎培两人推荐，任江苏教育厅长；后应冯玉祥邀请，任河南省政府委员兼教育厅长。1928年，受黄炎培电约辞去厅长职务，到上海担任中华职业教育社办事部主任，并在中央大学兼课，主讲职业教育课题。从此数十年如一日，为中国的职业教育发展付出了大量心血，是我国近代著名的职业教育家。

江恒源的职业教育思想主要包括他较为完整系统的职业教育观、对职业补习教育的重视及其关于职业补习教育的论述。

1. 职业教育的三大骨干和两大台柱

针对当时社会普遍认为职业教育就是职业学校教育，存在把职业教育狭隘化的现象，江恒源指出，职业教育不仅指学校开展的一种职业技术培训，而是"以职业学校教育、职业补习教育、职业指导三件来构成的，可以说这三件是职业教育的三大骨干，如鼎有三足，缺一不可"，"以往一般人，多以为职业学校就是职业教育，职业学校以外，即无职业教育可言。对于职业教育是绝对看不起，对于职业指导更是漠不关心。这不能不说是一种误解，一种偏见吧"[1]。除了职业教育的三大骨干之外，他还提出办职业教育的目的观，"有一技以谋生，可以解决个人生计问题，这一句话固然是不错，但本社所主张的职业教育，绝不是这样狭义的谋生主义"，"要青年训练好生产知能，同时也要青年训练好公民品格，服务道德，民族精神"，"可以说中华职业教育社对于全部职业教育，皆是以生产技能的训练和品行道德的修养为两大台柱，认为这两大台柱，恰如鸟之两翼，车之两轮，缺一不可。无论职业学校、职业补习学校、职业指导，任何种类；无论学校教育、社会教育、任何方式；无论都市、乡村，任何方面；无论青年男女老幼，任何对象，皆是一致如此"[2]。综上所述，江恒源所理解的职业教育就是三大骨干和两大台柱，这些构成了他的完整系统的职业教育观。

---

[1] 江问渔，《报告大会筹备经过及职业教育意义》，《教育与职业》，1936年第8期。
[2] 江问渔，《报告大会筹备经过及职业教育意义》，《教育与职业》，1936年第8期。

2. 对职业补习教育的论述

江恒源对职业补习教育非常重视，认为职业补习教育对于当时的社会意义重大。他说："在此进退两难的教育局面之下，只有补习教育可以解除一部分或一大部分的困难。在此公私交困，人人视教育为畏途的时候，只有补习教育，可以免除这个苦痛。在此人人诟病教育不能助长生产反而摧残生产的呼声当中，只有补习教育，可以弥补这个缺憾。在此多数青年，升学无力，烦闷抑郁，怨气冲天之际，只有补习教育，可以疏解这种戾气。"① 在他看来，职业补习教育可以称得上是治疗旧中国教育的一剂良药。以当时中国社会的情形来看，职业补习教育比正式的职业学校教育更重要，需要把学校教育与职业补习教育及职业指导三者结合起来。

江恒源对职业补习教育的推崇，还缘于他充分认识到了职业补习教育的显著优势。当时职业学校教育培养出来的学生是脱离社会实际生活的，在就业方面出现了"学职业不能就业"的问题。而所谓职业补习，即对已步入农工商业界的在职青年、成人等进行职业知识技能的传授以及思想道德的培养。江恒源认为，职业补习教育的学生是已经有职业的，他们或是工厂的工人，或是农场的劳动者，或是商店的学徒，无一不是已入职业界的人士。与正规的职业学校教育相比，职业补习教育的最大特点与优势就是不用担心学生的就业出路。

此外他还指出，职业补习教育的另一大优势在于其办学条件的便利、办学成本的低廉以及办学形式的灵活。和普通学校教育不同，职业补习学校不需要兴建校舍、购买设备，商店、农场、工厂皆可以办学授课。职业补习的学生白天在自己岗位上做工，进行社会生产，清晨或者晚上在职业补习学校学习相关的职业知识技能，同时也学习文化科学以及思想道德知识。职业补习教育的教师也不一定要由经过正式师范教育的教师来担任，在生产劳动中有丰富经验又愿意参与职业补习教育的匠人，也可以聘为补习教育的教师。所以，江恒源认为以

---

① 江问渔，《补习教育的效用在哪里》，《教育与职业》，1932年增刊，第195—201页。

当时的社会情形来看，职业补习教育是契合社会现实需要且必须大力提倡的教育形式。

关于职业补习教育的对象，江恒源认为应当放宽标准，因为社会经济不发达，生产力发展滞后，各行业都有大量人才需求，所以教育对象要兼顾各方，除了已在职业界有工作的青年要接受职业补习教育，乡村中没有进过学校的适龄青年、高级小学毕业或者初级中学毕业还没有工作的青年，因家贫等因素没有升学的青年人也要接受职业补习教育。在他看来，职业补习教育可以解决学校教育昂贵、农民子弟无钱上学以及学后无业可就的问题。

（三）邹韬奋的职业教育思想

邹韬奋（1895—1944），原名恩润，江西余江人，中国近代杰出的新闻出版家和爱国民主人士，是中华职业教育社初创时期的重要成员，我国早期职业指导理论的提倡者和实践者。黄炎培等人创办中华职业教育社后，1922年邹韬奋任编辑部主任主编《教育与职业》月刊，1926年接任《生活》周刊主编，1932年任生活书店总经理。1933年1月加入中国民权保障大同盟。1935年8月创办了《大众生活》周刊。1936年11月因积极宣传抗日被国民党当局逮捕，1937年获释后创办《抗战》《全民抗战》等刊，后辗转到苏北抗日民主根据地，因病逝世。

自1923年起，邹韬奋便积极参与了中华职业教育社发起的职业指导运动，对职业教育与职业指导的理论研究倾注了大量心血。在短短数年间，他编译、撰著了大量关于职业教育与职业指导的著作，为当时职业教育及职业指导的理论建设作出了重要贡献。1922年撰写《美国职业指导运动》，较详细地介绍了美国职业指导运动的兴起和发展，对于帮助国人了解和接受职业指导具有重要作用。1923年撰写《英国学徒制度之现况》，介绍英国学徒制的相关问题。1924年撰写《哥伦比亚大学职业教育科之内容》。1925年撰写《德国职业指导最近概况》。1926年撰写《美国补习教育法令之研究》《一九二五年之美国职业教育》《美国青年职业介绍所之组织与办法》等。1928年撰写《介绍研究职业教育行政之名著》等。译作主要有：1923年翻译美国范德贝克撰写的《职业测验》一文，介绍测验职业能力的方法。1923年翻译由美国查普曼所著《职业智能测验法》一书，将"职业智能测验法"引入中国职业教育界。1926年翻译《职业心理学》一书，将职业心理学的基本理论与框架介绍到我国。其他著作还有：1923年编著《职业教育研究》《职业指导》，较为详细地介绍了各发达国家职业指导的发展与现状，对职业指导的方法加以系统论述。

1. 以服务社会为真乐的职业观

邹韬奋在其《职业的真乐》一文中指出，"职业是一方面利己，一方面利人的行为。一个人生在世界，受了人群的许多利益，人人都应该各尽所长，对于社会有尽量的贡献。这是人人所以必须有一业以服务社会的原理。一个人果能尽其所长服务社会，社会对他自然有相当的酬报，所以于利人里面，利己的结果自然而然的同时顾到"①。在他看来，职业的真谛，在为社会服务的过程中。眼光与思想不局限于私利的一面，更要以实现个人真正的价值、为社会作贡献为快乐。尽力完成好自己的工作，便会获得职业的真乐。职业的真乐不在于职位的高低，而在于是否能够充分发挥个人的特长，在最适合自己特长的职业中为社会作尽量多的贡献，只有这样才可获得此种快乐。职业指导能够帮助个体认识自己的特长所在，使人获得职业的"真乐"。

2. 兼顾个人生计和服务社会的职业教育观

邹韬奋尖锐地批判社会上普遍认为职业教育就是技术教育，仅在于传授一技之长的观点，提出"职业教育之精义，在使受教育者各得一艺之长，藉以从事有益于社会之生产事业，俾获适当之生活。同时更注意于共同之大目标，即养成青年自求知识之能力，巩固之意志，优美之感情，不特以之应用于职业，且能进而协助社会国家，使成健全优良之分

---

① 邹韬奋，《职业的真乐》，《韬奋全集》(1)，上海人民出版社1995年版，第304—305页。

子"①。他强调职业教育在传授一技之长，以适应生产生活需要的同时，还要注重求知能力和情感、意志等方面的教育，培养有益于国家和社会的心智健全的人。

邹韬奋指出了普通教育与职业教育的区别，认为"普通中学之明确目的，常为预备子弟升入高等学校。此种性质之教育训练，不甚注意毕业后即恃所学自求生计之预备。若职业教育，则其最大注意点乃在预备青年毕业后须恃所抉择之职业以自谋生计"，"普通中学对于职业尚无一定之抉择。若职业教育则专备供给已经择定一定之职业，志在恃此职业以为自立之计者"②。邹韬奋认为，普通教育从幼稚园到小学，由小学而中学，由中学而大学，或更由大学而大学院，这是一种直线式的教育系统，特别适合在经济及天资种种方面有升学力量的青年。但是，对于那些因经济压力而不能升学、因天资有限不能深造者，必须通过职业教育来为他们提供受教育机会。邹韬奋认为"即受经济困迫之青年，其中未尝无天资卓越，大有可造之材，则宜设法辅助，依其能力而导之升学深造，使成高深之专门人材，以益人群"③。理想的职业教育，不但要为那些确无天资升学的学生提供学习机会，使他们能够习得一技之长，而且应为那些贫困家庭的聪颖孩子提供学习的机会，成为对社会有用的人才。

3. 关于职业指导理论的基本观点

邹韬奋认为"职业指导是指用种种方法，藉以助人怎样选择职业，怎样预备职业，怎样加入职业，并且怎样能在所做的职业上求进步"④。

---

① 邹韬奋，《职业的真乐》，《韬奋全集》(1)，上海人民出版社1995年版，第304—305页。
② 邹韬奋，《中国之职业教育》，《韬奋全集》(1)，上海人民出版社1995年版，第274—275页。
③ 邹韬奋，《职业教育之鹄的》，《韬奋全集》(1)，上海人民出版社1995年版，第274页。
④ 邹韬奋，《美国的职业指导运动》，《韬奋全集》(1)，上海人民出版社1995年版，第258页。

他非常重视职业指导,认为要解决当时教育中存在所学非所用的现象,最紧要的措施便是职业指导,提出"我的信仰是:不办教育则已,要办教育即不能不注意职业指导"①。邹韬奋在职业指导方面提出了较为系统的理论。他将职业指导的本质总结为:一是职业指导包括职业介绍和非职业介绍。那种毫无根据的一时的职业介绍,并不属于职业指导。二是职业指导是长时期继续进行之事业,存在于职业陶冶、职业准备、专业训练、就业后补习、自力经营各个时期。三是职业指导是有实在根据的事业,必须根据对职业、教育、学生个性的实际调查,综合各方面详密研究后实施。四是职业指导乃处于辅导地位,而不是处于代决地位。五是职业指导非孤立的事业,而是指导员与校内教职员、校外职业界、家长共同合作的基础上实施的。六是职业指导要有专门的研究与训练,绝非任何人都可以担任②。邹韬奋极力倡导职业指导活动一定要有职业心理学作为支撑,1925年撰写了《职业的心理学与职业指导》一文,把职业指导的实施建立在职业心理学的基础上。为此他翻译了大量职业心理学方面的书籍,为当时的职业指导理论与实践提供了依据。

4.关于实施职业教育的指导意见

1922年颁行的壬戌学制规定,在小学高年级设置职业科,为学生作一定的职业准备。针对此项规定的实施,邹韬奋指出,在办理小学的职业准备科,向儿童提供职业教育时,"特重某种职业上的知识技能则可,如专重机械技能而抹煞人类一员应享之其他基本教育则不可"③。他认为必须给小学职业科的儿童提供关于"非职业科"方面的教育,如公民科、体育科、艺术科方面的课程,使他们受到公民的训练,具有健康的精神与身体,具有维持健康的知识与习惯,有机会享用人生

---

① 邹韬奋,《关于职业指导的讨论》,《韬奋全集》(1),上海人民出版社1995年版,第381页。
② 邹韬奋,《职业指导之真谛》,《韬奋全集》(1),上海人民出版社1995年版,第289—291页。
③ 邹韬奋,《小学中的职业教育》,《韬奋全集》(1),上海人民出版社1995年版,第309页。

最高尚的娱乐，获得生活上的慰藉。"一方面替不能升学的小学学生在职业教育方面想法，一方面不要忘记他们也是人类的一员，也有向前发展的权利，不可一味偏于谋生方面，这是关于小学的职业教育最重要的一点。"[①]

邹韬奋认为，小学的职业教育除要为无法升学的学生作准备外，还要对所有小学生进行职业陶冶。职业陶冶是使学生纯熟运用各种职业上应有的基本训练，使儿童将来可以应付实际的生活环境，为将来要学的职业知能打下良好的基础。所以"职业陶冶固然是职业教育的初基，也是普通教育的基础"[②]。小学生的职业陶冶，要与学生的生活实际相联系，培养书本知识之外的勤劳精神与生活能力。一方面要注重课外作业，指导儿童在合作中做事和经营，这不仅可以练习办事能力，而且可以通过这种方式养成合作的精神，明了个人与团体的关系，以树立为社会作贡献的理念；另一方面要重视小学课程中与实际生活相关的材料，以此作为职业陶冶的资料。小学生的职业陶冶没有必要单独设立一科，而要在各科教授的过程中渗透职业陶冶，将所学内容与小学生的生活建立联系。

邹韬奋认为，初中阶段应当特别注重职业指导。他指出，职业指导需要解决当时的初中生在择定终生职业时的三大难点："第一难点彼对于职业情形及着手方法茫无所知，第二难点彼不自觉其能为何事，或不能自定所欲为者何事，第三仅就科目上观察，不能决定其所有之兴趣能否持久。"[③] 解决第一个难点可以设立职业指导科目，视为正式课程之一，该科目的教师需要对学生、职业非常熟悉，通过组织学生参观职业机构、名人讲演职业生涯问题等形式进行职业指导。解决第

[①] 邹韬奋，《小学中的职业教育》，《韬奋全集》(1)，上海人民出版社1995年版，第309—310页。

[②] 邹韬奋，《小学中的职业教育》，《韬奋全集》(1)，上海人民出版社1995年版，第310页。

[③] 邹韬奋，《初级中学之职业指导问题》，《韬奋全集》(1)，上海人民出版社1995年版，第165页。

二个难点可以办理若干实习工厂,将学生进入学校设立的工厂实习纳入普通教育的一部分,使学生把工作经验作为选择未来所从事职业的依据。解决第三个难点要设置"学生职业顾问",帮助学生自己进行职业选择。

邹韬奋对职业教育与职业指导的理论研究弥补了此时期中国职业教育理论的缺陷,使中国教育界和广大民众了解和认识职业指导,为日后中国职业教育的发展奠定了基础。他奔赴全国十余省份致力于职业指导运动,逐渐认识到职业指导与现实社会的职业状况是分不开的,也认识到在社会动荡、经济凋敝、失业频繁的社会背景下,职业指导能够起到的作用非常有限。这种思想上的转变使他日后转而从事新闻出版工作。

二、职业教育制度的完善调整

在职业教育思潮的影响和推动下,民国时期对壬戌学制颁行后的职业教育制度先后有过几次明确的调整。

第一次调整是在1928年5月,国民政府颁布《整理中华民国学校系统案》,并下发了《中华民国学校系统原则、系统表及说明》的文件,提出修改学制的六条原则,即"依据本国国情""适应民生需要""增进教育效率""谋个性之发展""使教育易于普及""留地方伸缩可能"。此次修订的学制系统规定,小学分为初、高两级,在后两年的高小课程中,可以斟酌地方情形,增设职业准备学科;初中和高中各3年,在实施普通教育的同时,可以根据地方需要,在初中兼设各种职业科。另外,与高级中学对应,可以单独设立农、工、商等高级职业中学,修业年限为3年。而且,为了推广职业教育计划,可以在一些学校内附设职业师资科。与1922年学制相比,职业教育开始逐渐成立为单独的一个系统。

第二次调整是在1930年召开的第二次全国教育会议上,与会者一致主张各级教育应注重科学实验,培养生产能力和职业技能,并且建议各省普通高中校数超过3所以上者,应分别改办农科或工科;现未设立高中的省份,每省各设10所,其中普通高中4所,农业高中5所,工科1所;全国已有初中百余所,以后每年添15所,初中及职业学校各半。第二年,教育部即通令全国,限制普通中学的数量,并要求在普通中学内设立职业科或职业科目,县立初中应附设或改设乡村师范或职业学校。为了尽快落实学制中单独设立中等职业学校的原则,1931年4月,教育部向各省市教育厅局下发了推进职业教育的训令。

第三次调整是1932年公布的《中学法》明确指出中学必须"从事各种职业之预备",并且规定"中学应视地方需要,分别设置职业科目"[1],将中学设置职业教育科实施职业教育的思想合法化。后来又进一步规定,中学设置职业科目时,须将设置科目及设备状况呈报教育部核准,然后,中学可以根据职业科的种类及学校环境选择设置工厂、农场、合作社或家事实习室等[2]。

第四次调整是1935年5月,教育部下发了《修正职业学校规程》,确定职业学校为"实施生产教育之场所",仍然分为初级和高级两类,以就某业中之一科单独设置为原则(如工业中的陶瓷、制革、染织、丝织、棉织、毛织等,农业中的牧畜、森林、蚕桑等),但经主管教育行政机关之特别核准,得兼设同一业之数科或得合设数业(如农、工、商、家事等)。经过对1922年学制的修正,国民政府时期的职业教育重新走上独立设置的道路。

第五次调整是1938年12月,为了加强对中学的管理,使之更适合战时需要,教育部下发《国立中学增设职业科办法》,要求凡国立中学未设职业科或虽设科而学生不多者,应当按此办法加以改进和充实。

---

[1] 《中华民国史档案资料汇编》(第五辑),江苏古籍出版社1994年版,第414页。
[2] 《中华民国史档案资料汇编》(第五辑),江苏古籍出版社1994年版,第426、428页。

三、职业指导理论指导下的实践活动

（一）中华职业教育社的职业指导活动

1. 职业指导理论的引进与推介

1923年，中华职教社设立职业指导部，由刘湛恩和邹韬奋主持开展职业指导工作，编辑出版了十余种职业指导的著作。如邹韬奋编译《职业智能测验法》和《职业指导》，《职业指导》分三编，由商务印书馆出版。该书分别概论了职业指导的范围与效用，历述欧美各国职业指导的过去与现在，讨论职业指导的机关与方法；另外还有杨卫玉夫妇合译的《职业陶冶》一书，刘湛恩编制的《职业自审表》等等。这些著作对于引入国外职业指导理论具有重要作用。为了推动职业指导的发展，1923年7月，中华职教社成立了职业指导委员会，由刘湛恩任主任，朱经农、廖茂如、杨卫玉、黄伯樵、陆规亮任委员。职业指导委员会的研究成果刊登在《教育与人生》的1924年4月"职业指导"专号上。

2. 职业指导调查

为了获得各种重要职业和各种学校的相关情况，职业指导委员会开展了一系列调查活动。此项调查首先在江苏省展开。关于各种重要职业内容的调查，由中华职教社与江苏教育实业联合会协同进行；关于各种学校内容的调查结果，则编辑成为《江苏中学以上投考须知》，并于1924年6月由商务印书馆出版，作为职业指导的一个参考资料。

3. 职业指导活动

1924年4月，为了推动职业指导实践活动，职业指导委员会在上海澄衷中学与青年会中学、南京的省立第一中学、济南的正谊中学以及武昌中华大学附属中学等校开展了"一星期职业指导运动"。在职业指导的过程中，先由实施职业指导的学校组织一个职业指导委员会，中华职教社的专家就职业指导的原理、方法与各校的职业指导委员会共同进行研究，根据研究结果实施职业指导。同时，各校聘请当地职业专家到学校演讲，沟通教育界与职业界的联系。"一星期职业指导运动"轰动一时，影响较大，取得了实际的成效。

20世纪20年代中期，职业教育的规模与数量不断扩大，但职业学校学生的就业不尽如人意，甚至连中华职业学校的学生都出现了就业危机。在这种情况下，黄炎培提出"大职业教育主义"思想，以推动加强职业教育与社会各部门的联系。黄炎培和职教社希望通过加强职业指导来促进学生的就业，于是在1926年8月，职教社联合江苏省教育界知名人士成立了毕业生就业指导委员会，开展相关的研究活动。1927年9月，中华职业教育社在多年的理论研究和实践经验的基础上，正式创办了我国第一个对社会服务的职业指导机构——上海职业指导所，开展职业询问、职业调查、升学指导、职业介绍等13项业务。职业指导所还通过调查，根据上海的实际情况，编印了"职业概况丛书"。

上海职业指导所成为当时开展职业指导的一个典范，在当时颇有影响，起到了引导与推动职业指导的作用。1927年11月，上海职业指导所联络上海青年会、上海女青年会等团体，开展上海职业指导运动，有27所学校参加，听讲者达1万多人。上海职业指导所成立"不仅三年，继起响应者，则有南京、苏州、无锡、嘉定、吴江、镇江、常州各地……安徽、江西、山西、吉林、广东、福建、热河等省，行政当局以迄教育界工商界来函开办职业指导者，接踵而来"[①]。1928年，上海职业指导所又联合南京青年会，成立南京职业指导所。该所的主要工作有：对南京各类学校和平民家庭的工作种类进行调查，作为进行升学或就业指导的基本资料；通过多种渠道宣传职业指导；介绍职业人才，即给当地的机关团体介绍在该所登记的求职人员；接待来访人员，给予职业指导等，在当时的南京也形成了一定的社会影响。

---

① 黄嘉树，《中华职业教育社史稿》，陕西人民教育出版社1983年版，第93页。

（二）职业指导政策的颁布和实施

在职业教育思潮的推动下，国民政府教育部于1933年7月颁布了《各省市县教育行政机关暨中小学施行升学及职业指导办法大纲》（以下简称《办法大纲》），规定"小学自五年级起，初中、高中自二年级起，均应实施升学及职业指导"，并要求各省市县教育行政机关成立"中小学升学及职业指导委员会"，承担指导和研究的责任。该委员会聘请富有职业指导学识经验者3人，中小学校长3人，当地各行业领袖3人，各地主管行政机关职员2人。要求各中小学成立由校长和教师组成的"学生指导委员会"指导与研究职业指导。

根据这个《办法大纲》，小学的职业指导需采取如下措施：调查学生家庭职业及经济状况；调查当地社会状况；调查学生的普通智力与特殊能力；检查学生体格；在常识学科中传授普通职业常识；利用劳作及实际活动学科，培养其勤劳习惯；考查学生读书兴趣及其行动嗜好；考查学生习惯及其特殊变迁；随时聘请当地各行业领袖及中等学校校长或主任教员到校讲演，以使在校学生对社会职业发展状况有尽可能多的了解。

初中的职业指导除上述各项措施外，还要调查学生对学科与职业的兴趣；调查学生课外运动的嗜好；考查学生之行为、思想及其变迁；利用旅行和职业演讲，传授学生职业知识；指导学生对当地普通职业发展状况进行调查；充实劳作设备，并增加其学科内容；利用手工、图画、音乐及其他有关职业的学科，启发学生的职业兴趣与智能；由各级主任教员随时举行团体及个别谈话，观察学生之抱负及思想；联络职业界及各学校，以求学生服务及升学之便利。

高中的职业指导除需实施小学和初中的各项措施之外，还要实施如下措施：尽量参观学校及银行、商店、公司、工厂、农场等职业机关；努力提倡课内自修、课外活动，以培养学生各种生活能力；指定职业问题，令学生调查研究，并制作报告；教员和学生组织职业调查团，调查当地各科职业,编制图表,以备参考;令学生拟写自己求学与服务的方针,提交指导委员会讨论研究。

实施上述决定之后,为进一步推动各地的职业指导工作,国民政府教育部于 1935 年 11 月又颁布了《各省市教育行政机关设置职业指导组暂行办法》,要求各省市教育行政机关根据实际需要"设置职业指导组",指定专任人员主持,设专职指导人员。

通过上述一系列的推动举措,中小学职业指导工作取得了较大发展。

四、职业补习教育的开展

(一)中华职业教育社的职业补习教育活动

中华职业教育社成立之初便提出开设职业补习学校以推行职业补习教育的设想,正如中华职业教育社骨干成员江恒源在《职业教育的意义》一文中指出:"我们认定职业教育的全部,是以职业学校教育、职业补习教育、职业指导三件来构成的,可以说这三件是职业教育的三大主干,如鼎有三足,缺一不可。"[①] 因此,职业补习教育是中华职业教育社职业教育活动的重要组成部分。

1919 年,中华职业学校设艺徒班,实施职业补习教育。1921 年在艺徒班的基础上设工商补习夜校。面向工厂职工、徒工和商店学徒招生。1926 年之前,中华职业学校每年秋季都要开设此类补习教育。从 1927 年秋起,中华职业教育社陆续开设了晨校、夜校和"通问学塾"等多种类型的职业补习学校。1932 年起,中华职业教育社将工作重点转移到发展职业补习教育上来,于同年 5 月通过了大规模举办职业补习教育的决议,并制订了开展职业补习教育的全盘规划,很快掀起了职业补习教育的高潮。在此期间,中华职业教育社先后创办了 7 所职业补习

---

① 江问渔,《报告大会筹备经过及职业教育意义》,《教育与职业》,1936 年第 8 期,第 614—619 页。

学校。

1933年3月，中华职业教育社将原来的晨校、夜校、"通问学塾"以及业余图书馆合并为第一中华职业补习学校，设3系16科。技能系有中英文打字、中文速记等8科，学制有3个月至2年等4种；指导系有工商管理、人事指导等4科，学制有3个月至1学期两种；语文系有国语、英语等4科，学制有1学期至3年等4种。上课时间分晨班、日班、夜班、星期班等。抗战爆发后，该校除传授文化知识与专业技能外，着重抗日教育，设无线电工程专科，介绍毕业生到后方工作。抗战胜利后，设语文、数理、职业等科。其中职业科有簿记、会计、珠算、无线电等10余种职业补习科目。

随后，中华职业教育社又创立第二中华职业补习学校，以与工商业单位保持密切联系为原则，主要承担这些单位员工的培训工作。1933年下半年，中华职业教育社创办第三中华职业补习学校，分设机械电机、土木建筑制图、无线电和英语等专业，以夜班形式授课。1937年创办的第四中华职业补习学校规模最大时设20多个专业，130多个班级，授课时间分布在全天，学生可以自由选择，这是中华职业教育社开办的最大的补习学校。第五中华职业补习学校成立于1938年，第六中华职业补习学校和第七中华职业补习学校于1939年相继成立。

抗日战争期间，上海沦陷后第一、二、四职业补习学校奋力维持办学，其余四所职业补习学校因无法维系而相继停办。这一时期，中华职业教育社又在抗战后方的重庆、昆明、桂林和贵阳等地相继创办了职业补习学校，继续开展职业补习教育活动。

（二）职业补习学校政策的颁布实施

中华职业教育社发起并办理职业补习学校之后，在社会上形成了一定的声势和影响。国民政府随即调整职业教育政策，强调要尽可能地发展职业补习学校，加强职业补习教育。1933年9月，国民政府颁布《职业补习学校规程》，规定各省、市和县应当根据地方需要，设立职业补习学校或职业补习班,并且奖励农、工、商团体及私人开办此类学校。

职业补习学校面向未就业者和已从业者,"对于已从事职业者,补充其现有职业应具之知识技能或增进其他职业之知识技能,并予以公民之训练;对于志愿从事职业者,授以职业之知识技能,并予以公民之训练"[1]。职业补习学校招收12周岁以上,且曾受相当识字教育的受教育者,其修业年限依照地方情形及职业性质确定。职业补习学校可分为学期制和学科制两种,前者以学期为单位,修完若干学期即可结业;后者以学科为单位,修完若干学科后即可毕业。职业补习学校可以在日间、夜间、任何季节、寒暑假期、业余时间或其他特定时间开办。其设科及每周的授课时数与时间,由学校依照地方情形及职业性质确定。

---

[1]《中华民国史档案资料汇编》(第五辑),江苏古籍出版社1994年版,第417页。

第五章 泛衍：平民教育、生利教育与工读教育思潮

20世纪20年代是中国教育思想较为活跃的时期。辛亥革命胜利后，旧的封建教育枷锁被打破，在救亡图存的历史背景下，"教育救国"的呼声不断高涨，一些有识之士如晏阳初、陶行知、梁漱溟、蔡元培等人从当时社会现实出发，对中国的社会教育问题进行了深刻的思考，提出了平民教育、生利教育、乡村教育、女子教育等不同教育思想和主张，这些思想和黄炎培等人的职业教育思想既共同存在、各成流派，同时又交叉包容、互为表里。这些不同的思想主张在当时社会得到较为广泛的传播和实验，形成了不同的教育运动，产生了积极的社会效果。

随着职业教育实践探索的深入，人们对于职业教育的认识也在不断深化，职业教育的内涵开始日益宽泛。民国时期的职业教育思潮在各方面因素的共同作用下，从高潮趋于平缓，并且分化、融合出了一系列有重要影响的职业教育思想流派。如：平民主义教育思潮渗透在职业教育思想中，使这个时期的职业教育思想带有明显的平民主义的色彩；20年代中期以后的平民教育重点由城市移到乡村教育和乡村社会改造，形成了乡村职业教育思潮。实用主义思想影响职业教育思潮的走向，生利主义教育思潮、工读主义教育思潮、劳工教育思潮等纷纷登场。尽管这些流派的具体主张各有侧重，但它们构成了职业教育思潮的多个侧面，丰富和拓展了民国时期职业教育思潮的内涵和外延，对当时职业教育的发

展产生了诸多实际影响。

第一节　平民教育思潮与平民教育运动

在五四运动的民主思想影响下产生的平民主义，是民国早期的知识分子尝试改造中国社会的一种新的思想主张。其所倡导的平民教育思潮成为民国早期职业教育思潮的另一重要支流，推动产生了平民教育运动。平民教育运动最初是从城市平民教育开始的，主要内容是教给城市平民识字，以获得知识技能，进而启发他们具有一定的政治觉悟，成为健全的国民。一批秉持教育救国论观点的知识分子是平民教育运动的主要力量。

毛泽东于 1917 年 11 月在湖南长沙第一师范学校举办工人夜校，在进行文化教育的同时开展进步思想教育。1919 年 3 月邓中夏等发起组织的平民教育讲演团，在北京的市民中开设读书班，向市民传授知识，得到李大钊和蔡元培的支持。后来平民教育演讲团在长辛店铁路工人中开展教育活动，逐渐演变为半工半读的长辛店劳动补习学校，这是早期平民教育运动中的左翼代表。

1923 年 6 月，朱其慧、陶行知、晏阳初在上海筹备组织中华平民教育促进会。作为中华教育改进社总干事的陶行知和朱经农一起编写了新的《平民千字课》，并且在南京进行了第一次试验教学。同年 9 月，借中华教育改进社在北京召开年会之机，中华平民教育促进会总会（简称平教总会）召开了成立大会，各省均选派两名代表出席了大会。会上推选朱其慧担任董事长，陶行知为董事部书记，晏阳初为总干事主持实际工作。总会下设省、县、市、乡平民教育促进会分会，管理各个地区的平民教育事宜。

一、晏阳初的平民主义职业教育思想

晏阳初（1890—1990），别名晏遇春，四川巴中人。1913 年就读于香港圣保罗书院，后转入美国耶鲁大学，主修政治经济，获学士学位。1919 年入普林斯顿大学研究院攻读历史学，获硕士学位。在毕业归国前立志不做官，不发财，将终身献给劳苦大众，献身平民教育。1920 年，晏阳初回国后首先在中华基督教青年会全国协会平民教育科主持平民教育工作，其间编发了《平民千字课》等教材。1922 年，晏阳初发起全国识字运动，号召"除文盲、作新民"，1923 年至 1949 年，他担任中华平民教育促进会总会总干事，并于 1926 年在河北定县开始乡村平民教育实验。1940 年至 1949 年在重庆歇马镇创办中国乡村建设育才院（后更名乡村建设学院），组织开展华西乡村建设实验。晏阳初是我国近代著名的平民教育家和乡村建设家，著有《平民教育的真义》《农村运动的使命》等著作。

晏阳初的平民教育思想主要有：

（一）以"除文盲、作新民"为根本宗旨

1918 年从美国耶鲁大学毕业后的第二天，晏阳初就前往法国为在第一次世界大战欧洲战场上做苦力的华工编写识字教材，开办识字班，开展华工教育，创办《华工周报》，这是他从事平民教育的开始。在第一次世界大战欧洲战场上，和从事筑路、运粮、挖掘战壕等艰苦工作的华工共同生活，举办教育活动，使晏阳初深切体会到华工出卖苦力的根源在于没有受过教育，"他们的体力固在吾人之上，而智力亦不在吾人之下，所不同者，只在教育机会"。他从华工进而联想到国内"三万万以上目不识丁的同胞"，决心回国以后，投身平民教育，为"三万万以上目不识丁的同胞谋教育之普及"。

1920 年回国后，他先后在长沙、烟台、杭州、嘉兴等地设立平民学校，从事城市平民识字教育。3 月到长沙组织平民教育讨论会，推

行《全城平民教育运动计划》，发动400名小学教师以游行、散发传单等方式宣传平民教育，不久后筹资组建了200所平民学校，先后招生2500余人，在长沙试验识字运动，践行平民教育理论，取得了很大的社会影响。

在长沙试验平民教育成功后，晏阳初1923年来到北京，在张伯苓、蒋梦麟、陶行知以及时任北洋政府总理熊希龄的夫人朱其慧等社会名流的支持下，于3月26日成立中华平民教育促进会，任总干事。随着平民教育运动的开展，他又进一步认识到"中国的基本，不在城市而在农村"，"中国大部分的文盲，不在都市而在农村"，中国的平民教育重点在农民的教育。"仅仅教农民读而写不可能为他们提供实际的帮助"，因为乡村不像城市，不可能为识字的人提供许多机会去使用学过的字，几个月以后，他们可能将所学的东西忘得一干二净。所以，他提出："在农村办教育，固然是重要的，可是破产的农村，非同时谋整个的建设不可。不谋建设的教育，是会落空的，是无补于目前中国农村社会的。"① 于是，他又把乡村平民识字教育发展为"谋建设助教育"，即乡村教育。

（二）以"四大教育"为主要内容

1924年，平民教育促进会设立了乡村教育部，经历了两年的实地调查，选择河北定县作为平民教育的试点。1926年晏阳初与一批志同道合的知识分子来到定县翟城村，推行他的乡村教育计划，1929年平民教育促进会总会迁往定县，全力以赴地在这里开展乡村教育的实践。晏阳初认为中国农民问题的核心是"愚、贫、弱、私"②四大病，提出以"学校式、社会式、家庭式"三大方式结合，"四大教育"连环并进的农村改造方案，那就是"第一，用文艺教育攻愚，培养知识力。第二，用生计教育攻穷，培养生产力。第三，用卫生教育攻弱，培养强健

---

① 宋恩荣，《晏阳初全集》（第一卷），湖南教育出版社1989年版，第246页。
② 宋恩荣，《晏阳初全集》（第一卷），湖南教育出版社1989年版，第175页。

力。第四,用公民教育攻私,培养团结力。这就是我们的四大教育"[1]。难能可贵的是,晏阳初的平民主义教育没有只停留在理论上,而是竭尽全力地使之付诸实践。四大教育之中的"生计教育"即农村职业教育,其目的在于培养农民的生产技能和谋生能力,解决"穷"的问题。"生计教育"包括农业生产、农村经济、农村工业三个方面。在农业生产方面,教授选种、园艺、畜牧等知识和技能,注意应用农业科学知识,提高农业生产效率,使农民能够受到最低限度的农业科技知识的教育;在农村经济方面,利用合作方式教育农民,组织合作社、自助社等,使农民在破产的农村经济状况下,能得到相当的补救办法;在农村工业方面,除改良农民手工业外,还提倡其他副业,以充裕其经济生产能力。农村职业技能的培训都是由教师亲自示范,学员当场试验,真正做到了"在做中学"。

(三)欲"化农民"先"农民化"

晏阳初不仅积极提倡知识分子"到农村去",而且自己身先士卒,"在乡村安营扎寨"。在他的感召下,许多知识分子放弃了城市舒适的环境以及优裕的待遇,心甘情愿地到条件艰苦的农村,"与村民们一起劳动和生活","给乡下佬办教育"。晏阳初进一步指出,知识分子到农村去,为农民办教育,还要解决"农民化"的问题,欲"化农民",自己须先"农民化"。所谓"农民化",其实就是知识分子要转变思想立场,"换上一副农夫眼镜",站在农民的思想立场上去认识事物,解决问题。要做到"农民化",一要虚心向农民学习,给农民做学徒,给"乡下佬"办教育,须先跟"乡下佬"学。虽然农民未曾受过书本教育,不知道科学的名词,然而有丰富的实际生活知识与技术,值得虚心学习。二要与农民同生活同劳动,只有在与他们广泛深入的接触中,才能了解他们的需要,更好地为他们服务。他认为平民教育运动的成员只有到乡村去,

---

[1] 宋恩荣,《晏阳初全集》(第一卷),湖南教育出版社1989年版,第175页。

和农民在一起生活和工作,才能给他们办点实事,使其受益。

晏阳初提出"四大教育""三大方式"的理论,主观愿望是为了救国,对于实验区农民文化水平的提高,农业人才的培养,农业科学技术知识的传授和推广,农村合作事业以及其他公益事业的发展等方面都有裨益,当时也取得了一定的效果。他打破了狭隘的教育观念,把乡村教育同乡村经济、文化、卫生、道德等方面建设相结合进行,这在中国教育史上是一种创新。但是晏阳初所提出的中国农村四大基本问题,只是看到了社会现象的表面病态,而没有看到帝国主义的侵略和封建残余的剥削才是造成农民"愚、贫、弱、私"的原因。因此,建立在这个基点上的"四大教育""三大方式"的理论,不可能根本解决旧中国农村的问题。

晏阳初针对旧中国教育严重脱离实际的弊病,提倡知识分子到农村去,担负起教育农民、振兴农村的历史责任,并身体力行"给农民做学徒",顺应了五四运动以来知识分子与工农大众相结合的历史潮流,具有历史进步意义。晏阳初的这种平民主义职业教育思想,真正地把自己放到了和教育对象平等的位置之上,是平民主义的真正体现。

二、陶行知的平民主义职业教育思想

陶行知(1891—1946),安徽歙县人,原名文濬,又名知行,后改行知。1914年毕业于南京金陵大学后赴美留学,1915年获伊利诺伊大学政治硕士学位,之后进入美国哥伦比亚大学研究教育,师从实用主义教育家杜威。1917年秋回国,先后在南京高等师范学校、东南大学任教,任教务主任、教育科主任,兼任中华教育改进社主任干事。1923年辞去东南大学教授职务,专任中华教育改进社主任干事,从事平民教育工作。1927年创办南京晓庄试验乡村师范学校,1930年因被通缉而到日本避难,1932年创办山海工学团,后来参加中国民主同盟任教育委员会主任委员,从事民主斗争,1946年7月病逝。著有《中国教育改造》《古庙敲钟录》《斋夫自由谈》《行知书信》等，提出了"生活即教育""社会即学校""教学做合一"三大主张，生活教育理论是陶行知教育思想的理论核心，职业教育思想是陶行知教育思想的重要组成部分。

（一）生活教育中的"教学做合一"思想

陶行知提出的生活教育，即教人怎样生活的教育，是解决人们日常生活需要的教育。因为生活的主体就是平民，所以生活教育把平民教育和生活紧密联系，实质上就是实施平民教育。陶行知指出，"从定义上说：生活教育是给生活以教育，用生活来教育，为生活向前向上的需要而教育。从生活与教育的关系上说：是生活决定教育。从效力上说：教育要通过生活才能发出力量而成为真正的教育"[1]。他对"生活"的理解，从内容上看有"康健的生活""劳动的生活""科学的生活""艺术的生活""改造社会的生活"[2]。同时，陶行知认为"人们在社会上生活不同，因而所受的教育也不同，过什么生活便是受什么教育"，"过好的生活，便是受好的教育；过坏的生活，便是受坏的教育，过有目的的生活，便是受有目的的教育"[3]。陶行知认为，"教育应当培植生活力，使学生向上长"[4]。生活教育是现实生活所本来就有的，而不是强加上去的；教育的本质意义是使生活发生改变，生活每时每刻都在发生变化，也就说明生活每时每刻都含有教育的意义；教育如果影响和改造了生活，那么它便改造了社会。

陶行知反对当时部分人享有的那种不平等教育，提出"社会即学校"的教育理念，核心在于要求扩大教育对象、学习内容，让更多的人受教育，以此来推动大众的普及教育。他认为学校里的东西太少，不如

---

[1] 陶行知，《陶行知全集》（第4卷），四川教育出版社2005年版，第358页。
[2] 陶行知，《陶行知全集》（第4卷），四川教育出版社2005年版，第397—398页。
[3] 陶行知，《陶行知全集》（第4卷），湖南教育出版社1984年版，第58页。
[4] 陶行知，《陶行知全集》（第4卷），四川教育出版社2005年版，第74页。

反过来主张"社会即学校",这样教育材料、教育方法、教育工具、教育环境的选择空间都可以大大增加,学生、先生可以多起来。他倡导公立的学校必须改革,建成工厂、学校、社会合而为一的新学校。

陶行知认为中国教育的常见通病,是只教人用大脑而忽略了教他们用手,把手脑割裂开来,不可能培养出具备实际才能的人才。他提出"教学做合一",认为在生活里做事,对于使自己长进的地方来说就是学,对于影响他人的地方来说就是教。教、学、做只是生活的三个方面,是一体的,不是三个各不相关的事情。所以他提倡要在做上教,在做上学。例如种田这件事,要在田里做的,便须在田里学,在田里教。陶行知认为"教学做合一"既是生活法,也是生活教育的方法,它的含义是教的方法要根据学的方法,学的方法要根据做的方法,在做的活动中获得知识。可见,这种动手和动脑结合起来的平民生活教育,也正是体现了职业教育的本质。

(二)"第二期平民教育——职业教育"思想

关于平民教育和职业教育的关系,陶行知认为,平民教育和职业教育关系十分密切,职业教育是平民教育的继续。他认为对平民进行职业教育非常重要,但平民必须具有最基本的文化基础。因此制定了一个非常宏大的全国平民教育计划,希望使12岁以上25岁以下的不识字的1亿人在10年或5年之内接受扫盲教育,通过接受扫盲教育,平民能够看书读报。"他们读了书,对于自己生计最有关系的职业,也可以从书籍报纸上多得改进的知识和最新的方法。"[1] 在平民扫盲学习完成后,再开始接受一定的职业教育。陶行知把它称为"第二期平民教育——职业教育"[2],实施平民职业教育的主体是中华教育改进社,在《中华教育改进社十二年度计划》中,决定在中华教育改进社内设职业教育委员会,以研究平民职业教育为宗旨,与中华职业教育社共同推进职业教育。这

---

[1] 陶行知,《陶行知全集》(第1卷),四川教育出版社2005年版,第438页。
[2] 陶行知,《陶行知全集》(第1卷),四川教育出版社2005年版,第495页。

一计划得到了中华职业教育社的积极响应。在1922年至1925年期间，陶行知先生把有关职业教育的内容以浅显易懂的文字编写成平民职业教育丛书，用以普及职业教育思想。

平民主义职业教育反映的是每一个平民都可以接受教育的观念，强调教育内容和方法与社会生活实际相结合，提倡"教学做合一"的教育方法，这些是职业教育的进步，所以对当时的社会发展产生了一定的推动作用。但是它的理论体系相对空洞和肤浅，把救国的所有希望都寄托于社会的改良，所以后来迅速走向了衰落。

第二节　乡村教育思潮和乡村教育试验

乡村教育思潮是中国20世纪20年代中期兴起的教育思潮，主张把平民教育的中心由城市转向农村，致力于农民教育和农村社会改造，加强教育与社会生活的联系，改善农村的经济与生活，提倡教学做的统一。主要代表人物有黄炎培、陶行知、晏阳初和梁漱溟等。1924年10月，平民教育促进会总会设立乡村教育部，11月在河北的清苑、定县、博野等12个县做乡村平民教育的研究试验。1924年10月，全国教育会联合会在河南开封召开第十次会议，着重商讨了乡村教育问题。1925年8月，在山西太原举行的中华教育改进社第四次年会上，中华职业教育社办事部主任黄炎培提出"划区试办乡村职业教育计划"，认为"乡村职业教育之设施，不宜以职业教育为限"[①]。陶行知在《中国教育政策之商榷》讲演中提出"提倡以乡村学校为改造乡村生活之中心，乡村教员为改造乡村生活之灵魂。其具体办法，应设试验乡村师范学校以试验之"[②]。1926年3月《农民报》刊行。到1927年初，全国已建有乡村平民教育促进会150余处，乡村教育运动逐渐取代了平民

---

① 黄炎培，《黄炎培教育文选》，上海教育出版社1985年版，第152页。
② 陶行知，《陶行知全集》（第1卷），湖南教育出版社1983年版，第556—557页。

教育运动的主流地位。

20年代中期以后,在全国许多地方陆续办起了乡村教育试验区,推行不同的乡村教育思想主张,形成了颇具声势的乡村教育运动。其中包括以晏阳初任总干事的平教总会设立的河北定县试验区、中华职业教育社设立的江苏昆山徐公桥试验区、以陶行知任主任干事的中华教育改进社设立的山海工学团、梁漱溟创办的山东邹平试验区等。晏阳初的定县实验区前文已经介绍过,这里不再赘述。

一、中华职业教育社的农村改进理论

以黄炎培为代表的中华职业教育社是中国近代农村职业教育问题的研究者和改进者。早在1921年,黄炎培在《农村教育弁言》一文中指出:"今吾国学校,十之八九其所施皆城市教育也。虽然,全国国民之生活,属于城市为多乎?抑属于乡村为多乎?吾敢断言十之八九属于乡村也。久居乡村者姑勿论,即论城市往来负贩之夫、佣役食力之辈,试一览通衢,此蹀躞其间者,吾敢断言其皆来自田间也。然则教育而不必根据社会生活状况也则已,苟其不然,教育者,宜审所趋矣;教育而无取乎为大多数人谋幸福也则已,苟其不然,教育者,宜知所重矣。吾尝思之,吾国方盛倡普及教育,苟诚欲普及也,学校十之八九当属于乡村;即其所设施十之八九,当为适于乡村生活之教育。"[①]基于此种认识,黄炎培在提出"大职业教育主义"的同时,便开始与中华职业教育社的同人一起酝酿将职业教育推广到农村去。

(一)"划区施教"的农村职业教育

1925年秋,黄炎培首先提出"划区施教"的农村职业教育主张,倡导农村应当以区域为中心,而不是以学校为中心,施教者应当兼顾该

---

① 黄炎培,《农村教育弁言》,《黄炎培教育文选》,上海教育出版社1985年版,第93页。

区的经济、卫生、交通、治安等问题，把它们和教育放在一起统筹解决，要将农村发展的问题与农村教育的问题密切地联系在一起。黄炎培深切地意识到，"方今教育上最大问题，无过于学校与社会隔绝。教育自教育，生活自生活……从此更进行扩大教育的范围，沟通生活界线种种方法，而理想的教育，或者因之而实现"①。因此，他设计了农村"富教治"的格局，以此提倡划区施教，"以富以教以治，使村民稍知省生之可乐，而从事教育者亦不至于以空谈迂阔为社会罪人，此实吾创议农村改进最初之动机"②。

（二）"富教合一"的农村职业教育

1929年，中华职业教育社提出"富教合一"的农村职业教育思想。江恒源阐述了"富教合一"的思想，认为"'富教合一'主义，略释其义便是一面教他致富的方法，同时使他得着了许多人生实用知识和道德行为的最好训练，这种教育是跟着致富方法走的，是以物质基础为基本的，不是谈空话，强迫人家不吃饭去做好人的"③。中华职业教育社的"富教合一"思想主张来源于职业教育家对当时中国农村状况的深切体察，当时中国农村存在四种现象，即"一穷、二愚、三弱、四散"，而穷是最根本的因素，并且导致愚、弱、散。因此，农村职业教育的首要任务在于使农民致富，"今日农民的一切病象，既皆是从一个'穷'字发出，则治病之要，当然要使他富，而于教他致富之际，施以适当教育，便是最良好的知识教育和道德教育，把农村经济和农村教育，联合起来，打成一片，随富随教，即富即教"④。至于具体的实施办法，江恒源在其《农村教育与农村改进》一文中指出："就一个农村或数个农村划成一个适当的区域，依照理想的，能实现的预定计划，用最完善的最

---

① 黄炎培，《地方收入锐减后如何解决教育经费问题》，《黄炎培教育文选》，上海教育出版社1985年版，第218页。
② 黄炎培，《断肠集》，生活书店1936年版，第292页。
③ 江恒源，《富教合一主义》，《教育与职业》，1929年第108期。
④ 江恒源，《富教合一主义》，《教育与职业》，1929年第108期，第1363—1367页。

经济的方法、技术，以化导训练本区以内的一切农民，使全区农民整个生活逐渐改进，由自给自立以达于自治，俾完成乡村的整个建设。"①

（三）农村改进试验

基于上述农村改进的理论，抱着使农村无旷土、无游民，使农民生活状况日趋改善、知识日进、地方生产日增的目的，中华职业教育社开展了一系列的农村改进试验。从1926年至1937年抗日战争全面爆发，中华职业教育社先后试办了徐公桥农村改进试验区、黄墟农村改进试验区、漕河泾农学团、中华新农具推行所等近30处试验区和农村改进机构。由于职教社持"富教合一"主义的观点，因此所开展的农村改进运动是一项系统工程，包括农事、工艺、义务教育、平民教育、职业训练、卫生、自卫、消防、自治、改良社会风气、村改建设等多项事业。农村职业教育在上述各项事业中处于中心地位，一切改进事业都以教育为中心。

徐公桥农村改进试验区于1926年5月设立，位于上海市近郊昆山，该试验区的改革内容涉及生产、教育、村政建设和村民组织等。在试验区，中华职业教育社推行普及义务教育运动，增设小学，并扩大原有小学的招生规模，使全区学龄儿童入学率达到80%。与此同时，推进民众教育，制定民众教育大纲，规定凡16—30岁的村民一律入校学习，还在小学内设置民众学校。此外，试验区还设有民众问字处、公共阅报处、壁报、民众演讲厅、农民教育馆等公共教育场所。

为了发展农业和普及农民教育，中华职业教育社于1929年8月在镇江东乡黄墟设立农村改进试验区，先后设立了小学、民众夜校、家庭识字教学点、成年妇女职业补习班以及民众教育馆等教育场所和设施。

1930年，中华新农具推行所创立，目的是将各厂商经试验确认有成效的新农具推广到农村，并且通过各种支持活动，帮助农民仿制、使

---

① 江恒源，《富教合一主义》，《教育与职业》，1932年第140期，第524—527页。

用和修理各种农具。职教社组织农民进行合作生产，教农民学会使用和管理农业机械，印制宣传册，并且举办新农具使用训练班，培训农民，是一次以实现农业机械化为目的的乡村教育实验。

在抗日战争前，中华职业教育社将农村的经济发展与教育活动结合起来，通过广泛建立试验区，开展农村改进运动，为农民群众带来了一定的实际利益。

二、陶行知的乡村职业教育思想

在对当时中国乡村实际状况的理解与认识的基础上，陶行知的乡村教育理论认为"我们要想中国活起来，就得要在农业上安根，在工商业上出头"[1]。农业发展水平关乎中国的兴旺，而要使农业发展进步，则必须将教育与农业相结合。在当时的中国，如果这两者之间没有关联，即"教育没有农业，便成为空洞的教育，分利的教育，消耗的教育。农业没有教育，就失了促进的媒介"[2]，造成一种非常严重的后果。然而，陶行知深为忧虑当时中国的农村职业教育中普遍存在"农不农"的现象。他大声疾呼："中国乡村教育走错了路！他教人离开乡下向城里跑；他教人吃饭不种稻，穿衣不种棉，做房子不造林；他教人羡慕奢华，看不起务农；他教人分利不生利；他教农夫子弟变成书呆子；他教富的变穷，穷的变得格外穷；他教强的变弱，弱的变得格外弱。"[3]因此，陶行知提出要重建中国乡村教育，建设适合乡村实际生活的"活教育"。

---

[1] 陶行知，《如何教农民出头》，《陶行知教育论著选》，人民教育出版社1991年版，第210页。
[2] 陶行知，《中国乡村教育之根本改造》，《陶行知教育论著选》，人民教育出版社1991年版，第204页。
[3] 陶行知，《中国乡村教育之根本改造》，《陶行知教育论著选》，人民教育出版社1991年版，第203页。

（一）乡村的"活教育"思想

所谓乡村的"活教育"，在陶行知看来是一个综合的系统。即要从乡村实际生活中产生活的中心学校，从活的中心学校产生活的乡村师范，从活的乡村师范产生活的教师，从活的教师产生活的学生、活的国民。

活的乡村学校，是陶行知认为唯一可能改造中国乡村生活的中心。这种学校基于乡村的实际生活，为促进中国乡村的发展提供活的生产力。在陶行知看来，活的乡村教师必须具备农夫的身手、科学的头脑和改造社会的精神。教师在乡村学校中的教学方法，必须贯彻"教学做合一"的原则，教的方法要根据学的方法，学的方法根据做的方法。事怎样做就怎样学，怎样学就怎样做。学习内容就是乡村生活的环境和事例，而不是死的书本。学生通过这样的学习形成征服自然和改造社会的活本领。

陶行知试图通过实施这样的乡村教育来推动中国乡村的发展。他曾经自信地说："活的乡村教育，要教人生利。他要叫荒山成林，叫瘠地长五谷。他要教农民自立、自治、自卫。他要叫乡村变为西天乐园，村民都变为快乐的活神仙。"[1] 为了使乡村教育得以实施，陶行知以及中华教育改进社提出"要筹募一百万元基金，征集一百万位同志，提倡一百万所学校，改造一百万个乡村"[2] 的宏大计划，并且面向社会招募各界人士参与，希望通过志同道合的人共同努力，来开创中国乡村的崭新面貌。

（二）工学团的乡村教育

陶行知提出的工学团，就是将工场、学校和社会打成一片的教育组织。工学团的教育以"工以养生、学以明生、团以保生"为基本原则，将教育、劳动与合作融合在一起，使教育不再是纯学术性的活动，而是

---

[1] 陶行知，《中国乡村教育之根本改造》，《陶行知教育论著选》，人民教育出版社1991年版，第204页。
[2] 陶行知，《中华教育改进社改造全国乡村教育宣言书》，《陶行知教育论著选》，人民教育出版社1991年版，第194页。

与学生未来的职业和生产活动结合在一起。他认为职业学校"宜改称工学团；工为生产，学是学习，团是集体生活；先生宜称工师，意教人做工之师也，观念既改，职业教育乃有希望"[1]。这是陶行知生活教育与职业教育结合的表现。

1932年，陶行知在上海和宝山之间的乡村实施山海工学团实验。他在为山海工学团拟定的《乡村工学团试验初步计划说明书》中指出："乡村工学团是一个小工场，一个小学校，一个小社会。在这里包含着生产的意义，长进的意义，平等互助自卫卫人的意义。它是将工场、学校、社会打成一片，产生了一个改造乡村的富有生活力的新细胞。"[2]山海工学团对农民实施"普遍的军事训练，普遍的生产训练，普遍的科学训练，普遍的识字训练，普遍的民权训练，普遍的生育训练"六方面的训练，主张会的教人，不会的跟人学。师生跟农民学种田，农民跟师生学科学，七十二行都有资格做先生。主张"行是知之始"，在行动中追求真知识，有行的勇敢，才有知的收获；与大众共甘苦，为中华民族谋出路。

山海工学团的创办试图以农民为主体，实现"一村读书者，尽是种田人"的理想。1932年至1937年，上海宝山地区的农村几乎都成立了工学团，分成儿童工学团、青年工学团、妇女工学团、棉花工学团和养鱼工学团等。陶行知带领学生与农友同吃同住同劳动，教农民科学种田，发动农民发展生产、修桥铺路、抗旱救灾、医治疾病，并提倡婚丧事简办、移风易俗，受到农民的欢迎和支持。

三、梁漱溟的乡村建设思想和实践

梁漱溟（1892—1988），原名梁焕鼎，原籍广西桂林，少年和青年时

---

[1] 陶行知研究会，《行知研究》，1987年第2期，第43页。
[2] 陶行知，《乡村工学团试验初步计划说明书》，《陶行知教育论著选》，人民教育出版社1991年版，第368页。

期受父亲影响，学习中国传统儒学，留学国外后接受了西方思想学说的影响。1917年受聘在北京大学讲授印度哲学与儒家哲学，1924年辞去北大教职，到山东主办曹州中学高中部，1928年在广州筹办乡治讲习所，1929年到河南辉县任河南村治学院教务长，1931年和河南村治学院同仁前往山东邹平创办山东乡村建设研究院，先后担任研究部主任、副院长、院长等职，并曾兼任邹平实验县县长，进行乡村建设理论试验，直至1937年底日军侵入山东时终止。著作有《乡村建设理论》等。新中国成立后曾任第二至六届全国政协委员和第五、六届全国政协常委。

（一）乡村教育即乡村建设思想

20世纪二三十年代，梁漱溟基于对中西文化的认识以及对中国传统社会的分析从而构建起乡村建设和乡村教育思想，他认为中国问题的实质不是经济与政治问题，而是文化和教育。照搬外国的教育制度不适合我国的农村社会需要。中国社会是乡村社会，乡村一点一滴的建设，无非是一点一滴的教育，乡村教育即乡村建设。他从文化比较的理论进行分析，提出要保存和建设中国古代的以理性为核心的文化，同时借用西方的科学技术和团体组织来补中国的不足，而这些只能从乡村建设做起。因为80%的居民生活在乡间，更重要的是在乡村尚保存有较多的理性，即中国文化的根在乡村。梁漱溟进一步指出，从事乡村建设，使乡村社会组织起来并引进科学技术，仅靠乡村居民自身是完成不了的，需要知识分子和乡村居民打成一片，其中乡村居民是主体，需充分发挥他们的主动性。知识分子不是替代他们搞乡村教育，而是激起他们的自信心，然后在和他们时常地接触中发现问题，适时提出问题并商量解决办法，从而逐步解决问题并提高他们的觉悟，输入一些适合他们的思想观念和科学技术。

（二）乡农学校教育思想和实践

为了培养投身乡村建设运动的知识分子，使他们具有乡村建设的觉悟和技能，梁漱溟先后举办了乡治讲习所、河南村治学院、山东乡村建设研究院。其中的山东乡村建设研究院历时 7 年，设置了乡村建设研究部和乡村服务人员训练部。研究部招收大专毕业生予以专业训练，培养乡村建设的指导人才；人力训练部招收中学毕业生进行普通训练，培养乡学、村学或乡农学校的教师或指导人才。其课程切合乡村需要，生活作风上也适合乡村，出版《乡村建设》旬刊或半月刊配合教学，并办有农场进行良种饲养、品种改良等，作为学生实习场地，实习后把实用技术、良种等带到乡村普及。此外还举办了教师训练班、自卫训练班及各种职业培训班，培养相应的乡村建设人才，取得了一定的成效。梁漱溟的乡农学校模式以学校为外貌，由乡村领袖（地主绅士）、学众（农民）和有志于乡村运动的知识分子"教员"组成，实际上是"政教合一"的组织，甚至带有一定的封建性，想以此达到强国的目的显然是不可能的。但是，他充分重视乡村教育和对乡村的改造、重视发挥乡村居民的主动性和知识分子的指导参与作用的思想和实践是值得肯定的。

四、乡村平民职业教育思潮评析

平民教育与乡村教育作为民国时期的重要教育思潮和教育实践，有明确的目标和方向，曾产生很大影响，几乎遍及全国城乡各地，积极意义是显而易见的。

首先是具有爱国救国的初衷。当时一些进步的知识分子希望通过平民教育来拯救国家，正如陶行知在 1923 年给安徽第四女子师范学校校长程仲沂的信中写的："中国现在危亡之祸逼在眼前，万万等不及国民小学的学生长大之后再出来为国家担当责任。我们必定要努力把年富力强的人赶紧的培植起来，使他们个个读书明理，并愿为国家鞠躬尽瘁。"他想通过培养从事乡村教育的教师，再通过他们去改造全国一个个的乡村。乡村教育的出发点，也同样是为了救国。晏阳初认为，"要中国有希望，须乡下佬有希望，要乡下佬有希望，须乡下佬识字，受教育"。

其次是促进了职业教育的推广。平民职业教育和乡村职业教育的对象都是平民,是为普通人民大众办的普及教育。陶行知说,从事平民教育和乡村教育,是为了"如何使教育普及,如何使没有机会受教育的人可以得到他们所需要的教育"。乡村平民职业教育对于当时各实验区农民初步文化知识的普及、农业人才的培养、农业科学技术知识的传授和推广、农村合作和其他公益事业的发展等方面起了积极的促进作用。

再次是探索了农村职业教育路径。乡村平民职业教育是平民教育和乡村教育的倡导者对尝试解决旧中国乡村建设和乡村平民教育问题的大胆探索,通过积极实践寻求有效途径,创造了许多有益经验,如创立以一个县为基本单位从事乡村教育实验研究的模式,注重教材的通俗实用,提倡小先生制,施行"四大教育""三大方式",提倡知识分子要深入农村与农民相结合,等等,不仅在当时产生了实际效果,而且具有长远的现实意义和借鉴价值。

但是,在不能根本改变社会制度的条件下,仅仅依靠平民教育和乡村教育达到改造农村和教育救国的目的是不可能的。乡村教育运动的失败也证明教育救国的改良主义是行不通的。总之,尽管平民教育和乡村教育存在着严重局限,乡村职业教育思潮和实践还是在中国近代教育史上发挥了一定进步作用,也产生了很大的社会影响。

第三节　生利主义职业教育思潮

陶行知的生利主义教育思想是民国时期职业教育思潮的重要组成部分。1918年,他在中华职业教育社创办的《教育与职业》上发表了《生利主义之职业教育》一文,系统阐述了职业教育应以"生利为主义"为目的的观点。

一、大力提倡职业教育

陶行知批判了轻视职业教育的封建思想意识,而将职业教育视为教育不可或缺的部分。他指出:"有关于职业之生活,即有关于职业之教育;有关于消闲之生活,即有关于消闲之教育;有关于社交之生活,即有关于社交之教育;有关于天然界之生活,即有关于天然界之教育。人之生活四,职业其一;人之教育四,职业教育其一。故生活为全体,职业为部分;教育为全体,职业教育为部分。"[①]他的这种思想观点,从生活即教育角度,提高了教育的地位,把职业和职业教育看作人生必不可少的一部分。

陶行知批评当时实业学校的学生学非所用的弊端,大力提倡借鉴和引进欧美的职业教育。他指出:"欧美之职业教育,吾国曩未之行,此则急宜酌采者也。……实业学校办法弗良,学生应用其所学者,十仅一二;改营他业者,十且八九,致演成农不农、工不工、商不商之险状,此则急宜改革者也。"[②]针对我国实业教育脱离社会实际,学生所学不切实用,知识分子脱离生产劳动实际的现状,陶行知希望通过借鉴欧美国家的职业教育制度对中国社会进行改造。

二、对生活主义、衣食主义职业教育观的批判

陶行知认为,改进中国的职业教育,首先必须确定正确的职业教育指导思想。他批判了当时流行的两种职业教育观,即生活主义职业教育观与衣食主义职业教育观。

---

① 陶行知,《生利主义之职业教育》,《陶行知教育论著选》,人民教育出版社1991年版,第25页。
② 陶行知,《教育研究法》,《陶行知教育论著选》,人民教育出版社1991年版,第21—22页。

（一）批判生活主义职业教育观

陶行知认为，将生活主义作为发展职业教育的指导观念会失之宽泛，因为生活的范围广阔，职业只居其一，而一切教育都有为生活服务的目的，职业教育也只是其中的一类教育。此外，职业教育有特殊的目的，它针对人生活的特殊部分，因此，将生活主义作为发展职业教育的指导思想，无法体现职业教育的本质和特殊性。

（二）批判衣食主义职业教育观

陶行知指出："衣食主义为众弊之渊薮，欲职业教育之有利无弊，非革除衣食主义不为功。"[①] 他认为衣食主义职业教育观存在六大弊端，必须彻底革除。一是人之解决衣食的渠道有多种，甚至如盗窃者、乞丐和无赖均可获得衣食，那么养成赖子、乞丐、盗窃者，亦得自命为职业教育家了。因此，仅获得衣食之满足绝非职业教育的目的。二是如若职业教育以解决衣食为目的，那么衣食无忧者则不必接受职业教育，这与现代职业教育的本意相去甚远。三是以衣食为目的的职业教育，其一切计划均趋于解决温饱，这如同施舍，"学校以施舍为主旨，则束身自好者行将见而却步矣"。四是衣食主义的原则对于职业学校选聘师资、布置职业教具、收录学生、设置课程和改进教学方法等方面没有丝毫指导意义，以此作为行动标准，则无法开展上述工作。五是衣食丰足只是人类从事职业活动的外在目的，感受人生价值的存在，并由此生发无穷乐趣，则是人类从事职业活动的内在目的。衣食主义职业教育观彻底忽视了"乐业之道"。六是衣食主义职业教育观会导致教师为衣食教，学生为衣食学，不知不觉中形成一种自私的特点。

---

① 陶行知，《生利主义之职业教育》，《陶行知教育论著选》，人民教育出版社1991年版，第26页。

三、生利主义职业教育思想

在《生利主义之职业教育》一文中,陶行知提出了"职业作用之所在,即职业教育主义之所在"[①]。职业教育的理论研究要从职业教育的功能作用出发。

(一)职业教育是一种生利的教育

陶行知认为职业就是要生利,所以职业教育应是一种生利的教育,所谓生利就是创造物质财富或增加社会价值,"生利有二种:一曰生有利之物,如农产谷,工制器是;二曰生有利之事,如商通有无,医生治病是。前者以物利群,后者以事利群。……故凡生利之人,皆谓之职业界中人;不能生利之人,皆不得谓之职业界中人。凡养成生利人物之教育,皆得谓之职业教育;凡不能养成生利人物之教育,皆不得谓之职业教育"[②]。陶行知提出职业教育具有生利的功能,科学地反映了职业教育的经济功能,反映了职业教育区别于其他类型教育的特质,这是他对职业教育理论的重要贡献。

既然职业教育是一种生利的教育,那么职业教育的目的就是培养各行各业的生利之人。虽然农、工、商等各类教育的具体培养目标不尽相同,但是同属于职业教育,培养目标都是教人如何生利。陶行知认为好教育应该使学生获得一种可以令其独立生活的技能,例如"社会上的农夫、裁缝、商人、工人、教员……都可以凭个人的技能为社会作贡献。有一个人没有技能,则此人必分大家的利"[③],因此,技能的获得是一个人能否在社会上生存,对社会作出贡献的必要条件。

[①] 陶行知,《陶行知全集》(卷1),四川教育出版社2005年版,第80页。
[②] 陶行知,《生利主义之职业教育》,《陶行知教育论著选》,人民教育出版社1991年版,第27页。
[③] 陶行知,《陶行知全集》(卷1),四川教育出版社2005年版,第260页。

（二）生利主义职业教育的师资、设备、课程观

从生利主义职业教育思想出发，陶行知对职业学校的师资、设备和课程都提出了明确的要求。他认为一名称职的职业教育的教师必须具备三个条件，即生利的经验、生利的学识和懂得生利的教法。所谓生利的经验是指专业的经验，生利的学识是指来源于经验的科学知识，生利的教法就是指教学技能。职业教育的教师应懂得学生的心理，了解教材的性质和结构，能结合不同职业特点向不同的学生传授生利之法。其中生利的经验最为根本。职业教育师资来源有三个：一是收集普通学子教以经验、学术与教法；二是聘用职业界之杰出人物，教以学术与教法；三是延聘专门学问家与职业中之有经验者，同室试教，使其互相砥砺补益，进而成为职业教师。

在教学设备方面，陶行知认为职业教育是一种特殊类型的教育，相比普通教育具有更高的要求，必要的教学设备是进行职业教育的不可缺少的条件。"无农器则不可以教农，无工器则不可以教工。"职业学校的设备可以分为"自有之设备"和"利用职业界的设备"。由于职业学校办学经费短缺，设备不足，可以利用职业界生利设备来进行职业教育，建立一种校场（厂）合作的方式，学生在学校学习相关的职业理论，然后到农场、工厂进行教学实践，将理论运用于实际工作之中。

对于职业教育的课程，陶行知认为不能只是传授职业的知识，也不能只是进行某种专门技能的训练，两者应兼顾。职业学校的课程设置"应以一事之始终为一课"。例如种豆，就应当将"种豆始终一切应行之手续为一课"，学完一事再学一事叫作升课，学完既定全部课程叫作毕课。课程既要有理论，也要有实习，相辅相成。学生修完一课，即成一事。课程设置应当以充分生利为基本原则，每一课为一生利单位，按事而教。所谓充分生利课程是指在职业教育课程配置上，应以一二事为主，同时兼授其他事。学生除掌握一二种生利的技能外，还应兼会其他生利的技能。这样，每年每月甚至每日都可凭所学之业以谋利，这就是

充分生利。比如，学生若只会种植蚕桑，就会因季节限制一年只能做几个月，若在蚕桑之外还掌握了他种生利的本领，则可在此几个月之外靠其他事以生利。

（三）生利主义职业教育的学生择业观

陶行知认为，职业学校的学生"要有独立的职业，为的是要生利"①，职业学校学生最重要的问题是"择事"，即专业选择。学生根据自己的个性、喜好和个人条件进行选择，选择时兼顾个人及社会的利益，只有这样才能产生最大的利益。因此，陶行知提出对学生进行职业指导，提倡"职业试习科"，即开设关于农工商及其他职业和关键知识的课程，学生可以先尝试性地学习，然后再决定自己最有才能、最有兴趣的一科进行专习，这样才能乐于学习，乐于从事某一专业。陶行知认为这是职业教育得以成功的重要因素。学生如能选择到最适合自己从事的职业，就一定会"生大利"。

陶行知的平民生活教育思想、乡村教育思想、生利主义教育思想等构成了他的职业教育思想体系，职业教育是其平民教育、乡村教育的一部分。尽管他从事职业教育实践活动并不多，但他对生利主义理论的阐述充分揭示了职业教育与经济的关系，是近代职业教育理论发展的一个重要内容。

第四节 工读主义教育思潮

第一次世界大战期间，蔡元培、吴玉章、李石曾等人对旅法华工的教育活动，萌发了工读主义思想。后来，因为受到第一次世界大战后的国际工人运动和"劳工神圣"思想的影响，再经过五四运动的激

---

① 陶行知，《陶行知全集》（卷1），四川教育出版社2005年版，第144页。

荡，工读主义教育思潮和教育实践活动逐步形成，具有了一定声势。工读主义教育思潮与当时流行的实利主义和实用主义教育思潮、职业教育思潮、平民教育思潮等都有广泛的联系，其基本内涵包括以工兼学、勤工俭学、工人求学、学生做工、工学结合、工学并进，培养朴素工作和艰苦求学的精神，以求消除体脑差别①。由于提倡和参加者思想立场的差异，在"工读"旗号下形成了关于工读目的和意义的不同主张。

一、工学会的"工学主义"主张

1919年2月，由匡互生、周予同等北京高等师范学校学生发起组织的工学会，倡导"工学主义"，主张把工学作为实现民主自由、发展实业、救济中国社会的武器。他们提出工学会是要把工和学并立，做工的人一定要读书，读书的人一定要做工。绝对反对做工的人可以目不识丁、蠢如鹿豕，读书的人可以高其身价、坐享福禄；一心想把我国数千年来传承的"贵学贱工"谬见一扫而空。他们认为，时下的工读主义可以分为三种：一是做工的人求学，二是求学的人为了实验学理而劳作，三是贫苦学生为补助学费而半工半读。工学主义的不同在于不仅仅以劳动为实现求学目的之手段，而将工学视为理想社会的通则和社会各分子的天职；所谓"工"包括体力劳动和脑力劳动，"学"是求得做工的知识，工学不可分割，"工便是学，学便是工"，"活到老，学到老，做到老"，由此打破"劳心者治人，劳力者治于人"这种不公平、不人道的封建旧观念，并改变生利者少、分利者多，以致民穷财尽的社会现状。因此，工学主义"是救济我国社会的一种切实可行的主义"。1919年11月，为了宣传、研究和实验工学主义，工学会主办的《工学》杂志在北京创刊。他们还办起了石印、照相、打字、

---

① 田正平，《中国教育思想通史》（第6卷），湖南教育出版社1994年版，第215页。

雕刻等小组，曾设想每周授课、做工、自修的课时数，并提出"各尽所能，各取所需"的口号，但因牵涉学校教学全局且工作效率低下，工学会的实验困难重重。

二、工读互助团的思想主张

由少年中国学会成员王光圻发起组织的北京工读互助团代表着更为激进、影响也更大的工读主义派别。受无政府主义和空想社会主义的影响，他们将工读视为实现新组织、新生活、新社会的有效手段。1919年8月，王光圻就提出空想社会主义的新村生活，在城郊乡村建菜园，同道者十数人互助合作，亦工（农）亦读，自给自足。之后提议建立一种互助组织，帮助青年脱离家庭压迫，培养独立生活能力和劳动互助习惯，创造读书学习机会，为苦学生广开生活之路，为新社会构筑良好基础。在蔡元培、陈独秀、李大钊、胡适等社会名流支持下，成立了工读互助团。其理想是建立一个无阶级、无剥削、无贫穷的"少年中国"，方法是通过社会活动和社会事业，将工读互助团办成"人人做工、人人读书，各尽所能、各取所需"，所得归公、费用公出，大事公决、事务共管的组织，并在此基础上推而广之，实现"小团体大联合"，通过这种"平和的经济革命"去避免武力的流血革命，最终实现日出而作、日落而息，凿井而饮、耕田而食，不要皇帝、无需政府的"大同"生活。北京工读互助团一度在全国引起反响，各地纷纷组织了类似团体，但因缺乏劳动能力和习惯、不善经营管理、经济难以为继、个人与集体关系难以协调而昙花一现。

三、早期马克思主义者的工读思想

以李大钊为代表的初步具有共产主义思想的知识分子，也倡导并实行工读，一方面提出了工人和农民的工读问题，同时也支持青年学生的工读互助实验，尤其是号召知识青年到工农中去，初步提出了知识分子与工农结合的思想。受十月革命影响，李大钊指出今后世界是"劳工的世界"。民主的精神不仅要求政治、经济上的平等，也意味着教育权利的均等。所以，一方面通过工人运动去争取缩短工时，同时考虑到工人因为谋生而难以专门学习，必须多设置辅助教育机关，"使工不误读，读不误工，工读打成一片，才是真正人的生活"[1]。在农村，农民同样需要教育的机会，结互助的团体，"耕读作人"[2]。由于农民是劳工阶级的大多数，农村教育又最落后，李大钊要求青年怀着"尊劳主义"到处在寂寞、黑暗、痛苦中的农民大众中去学习、劳动，去与劳苦大众"打成一气"，"作现代文明的导线"。知识青年一方面用"文化的空气"将"静沉沉的村落"改变成"活泼泼的新村落"，同时自身也从中建立起新道德、新观念，"须知'劳工神圣'的话，断断不配那一点不作手足劳动的人讲的"[3]。所以，尽管观点不尽一致，李大钊也支持工读互助团的活动，还指导北大平民教育讲演团深入民众，帮助他们组织工读互助的团体"曦园"，北大马克思主义研究会的成员大多参与其中。

四、纯粹的工读主义思想

以胡适、张东荪为代表的观点可称为纯粹的工读主义。胡适认为，工读主义"不过是靠自己的工作去换点教育经费而已"，算不了什么"了不得"的新生活，只要老老实实去"研究怎样才可以做到靠自己的工作去换一点教育经费的方法，不必去理会别人的问题和别的主义"[4]。张东荪也把工读单纯看作是解决青年失学问题的好方法，提出各省"省立学校与省立工厂合一化"或者"学校的工场化"。学校工场合一的好

---

[1] 李大钊，《李大钊文集》（下），人民出版社1984年版，第171页。
[2] 李大钊，《李大钊文集》（下），人民出版社1984年版，第172页。
[3] 李大钊，《李大钊文集》（下），人民出版社1984年版，第44页。
[4] 胡适，《工读互助团问题》，《新青年》第7卷第5号。

处在于学校可以不收费，工场又有了学徒；实业得到开发，国力得到增强，不受经济制约，便于集合资本。这派观点将工读看成纯粹的经济问题，不承认其改造社会的功能。

各种工读主义思想虽各有侧重，却也互相渗透，都对教育与社会改革进行了有益的探索，蔚为社会思潮。当时天津、上海、武汉、广州、扬州等地都成立了工读互助组织。工读主义教育思潮在20世纪20年代中期渐趋沉寂。

第五节 劳工教育思潮

劳工教育思潮，是指民国时期热心于劳工教育事业的社会各界人士，倡导实行劳工教育的思想潮流。他们对劳工教育的性质、内容、目的、价值以及实践中的问题和解决办法等方面进行了探讨，在社会上形成了广泛的影响。民国时期的学者通过诸多的著作、文章等对劳工教育问题进行了论述。在全国工商会议上，工商界人士提出诸多涉及劳工教育的议案。在这些议案推动下，国民政府相继颁布了多项劳工教育法律制度和劳工教育统计资料。

一、劳工教育思潮的产生

民国时期，资本主义工业得到一定发展，铁路、工厂、矿山等工业生产需要大量劳动力，出现了大量依靠出卖体力和技术的劳动产业工人，简称为劳工。劳工受到国内外资本家的残酷剥削，为争取生产和生活条件发起劳工运动。同时，生产方式的变革对劳工的生产技能水平提出了更高的要求，由于企业对利润的追求和调动劳工生产积极性的需要，政府、企业纷纷组建劳工教育机构，对劳工实施教育。劳工教育逐渐得到社会广泛重视，成为解决当时各种劳工问题的重要方法。在社会思想层面，对于劳工教育的研究受到学界的较多关注，逐渐形成劳工教育思潮，形成了比较系统的劳工教育理论，为劳工教育的实施创造社会舆论氛围并提供了一定的理论指导。劳工教育思潮就是在这样的社会环境下，形成了波及全国的教育思潮，带有明显的职业教育色彩。

二、劳工教育思潮的主要内容

劳工教育思潮是一种具有进步意义的教育思潮，强烈呼吁对劳工进行教育的重要性和必要性，对劳工教育的内涵、目的、内容、实施、师资、实验、制度等问题进行了深入讨论。

（一）关于劳工教育的目的

有人认为劳工多出身贫苦家庭，自幼未受基础教育，甚至连字都不识，他们和其他国民一样，均应受到最起码的国民教育和道德训练。劳工教育是对劳工进行基础知识教育和道德训练，使之成为合格的公民。这种观点将劳工教育等同于一般失学民众的补习教育。有的认为劳工教育是为提高劳工的生产技能、服务水平和道德水平，进而提高生产效率。这是一种合乎经济发展要求的看法。还有的认为劳工教育在于发展劳工阶级的独立意识和阶级解放的能力。他们认为劳工教育的核心意义应该从劳工本身出发，寻求如何减除劳工的痛苦，增加劳工的福利。

（二）关于劳工教育的实施

劳工教育从内容来看，可分为识字教育、技术教育、政治教育、生活教育等主要方面。实施劳工教育的主体有雇主、工会、社会团体和国家机关等。劳工教育所涉及的教育经费主要采取了由政府、雇主和劳工分担的方式。实施劳工教育得到社会各主体的广泛关注。1928年，中华民国大学院召开的全国教育会议上审查通过了《实施劳工教育案》，决议由大学院会同工商部，规定凡40人以上的工厂与商店，应设立补习教育学校，其经费由工厂厂主或公司股东负担。由各市县社会教育主管机关聘请专员，前往各工厂巡回演讲。要注重职工的体育卫生及正常娱乐。由此可见，劳工教育得到教育界的广泛关注和实际支持，是劳工教育发展的巨大成果。1931年5月23日实业、教育两部颁行《劳工教育设计委员会章程》[①]，设立劳工教育设计委员会，作为全国劳工教育的统筹规划与管理机构，以促进劳工教育，增进工人知识为宗旨，对劳工教育设计委员会的成员组织、委员会事务等都作了规定。1935年11月1日颁布《各市县劳工教育委员会组织规程》[②]，规定由各省工业发达之市县设立劳工教育委员会，以研究及促进当地劳工教育之实施为宗旨，并对委员会的成员组成和所需办理事务作出规定。至此，在全国范围内建立起自上而下、由中央到地方的较为完善的劳工教育管理机构，为实施劳工教育提供了行政保障。

为了进一步规范实施劳工教育，国民政府还颁布了一些有关实施劳工教育的法令，主要有工商部颁布的《工人教育计划纲要》，实业教育两部公布实施的《劳工教育实施办法大纲》及《劳工教育实验区组织章程草案》等。

（三）关于劳工教育的宣传和推广

通过《国际劳工通讯》《劳工月刊》等刊物刊发文章介绍国际劳工教育思想，是劳工教育思想理论引入中国的主要途径，社会上掀起了讨论劳工教育的热潮。如1932年4月由实业部劳工司创刊发行的《劳工月刊》，设有国内及国际劳工消息专栏，刊发很多对国外实施劳工教育的概况及趋势的文章，对英、美、德及苏俄等国的劳工教育理念及实施，都有详细的介绍。在劳工教育思潮兴盛阶段，一些专门论述劳工教育问题的著作出版发行，如马超俊所著《中国劳工问题》对工人教育问

---

① 中华民国大学院编，《全国教育会议报告》，商务印书馆1928年版，第413—422页。

② 刘烺元，《民国法规集刊》（第二十四集），民智书局1931年版，第456—458页。

题作了相对系统的理论探究，从工人教育的重要性、教育宗旨及工人教育内容三方面进行详细阐述。陈振鹭的《劳工教育》是民国时期以劳工教育为专题对象加以考察研究的著作，全书分 12 章，较为系统地论述了劳工教育的发展概貌，从劳工教育的重要性、劳工教育的发展演进、劳工教育的内容、劳工教育的举办形式及取得的成绩等方面进行分析，并就劳工教育的改进提出建议。

从南京国民政府建立到抗战前夕，是民国劳工教育发展的黄金时期。伴随劳工教育轰轰烈烈地进行，劳工教育思潮一度高涨。劳工阶级因普遍没有受过教育，在成人补习教育方面的需求非常大。这一时期，中国共产党开展的工人运动宣传和指导工作，促使劳工阶层的思想觉悟得到提高，成立众多工会团体，组织起来反抗资本家的压迫，争取工人阶级利益，给国民政府造成巨大的压力。国民政府为了缓解劳资矛盾，维持社会生产，不得不对劳工教育从政策和法制上予以保证，组建劳工教育管理部门，出台一系列劳工教育法律法规，以保障劳工教育的实施和推广。虽然当时国民政府倡导实施劳工教育，以消解劳资矛盾，维护社会秩序，但是劳工教育不可能脱离社会政治经济条件而独立。当时政治动荡，社会不安，经济衰落，影响了劳工教育的开展，劳工教育在实践中面临诸多困难，办理者和受教育者都没有很高的积极性，只是视劳工教育为一项任务而敷衍了事，曾经遍及全国的劳工教育以失败告终，劳工教育思潮随着劳工教育实践的没落而逐渐衰退。

第六章　新潮：新民主主义职业教育思潮

新民主主义教育是在新民主主义革命时期，以马克思主义为指导，由中国共产党领导的，反对帝国主义、封建主义和官僚资本主义的人民大众教育，是民族的、科学的、大众的教育①。新民主主义教育伴随着新民主主义革命的发展而发展，职业教育是其重要组成部分。新民主主义职业教育思潮先后经历了新文化运动到大革命时期的形成阶段、苏区革命根据地时期的发展阶段、抗日根据地和解放区时期的发展阶段等三个主要阶段。

伴随着马克思主义传入中国，李大钊、陈独秀、恽代英等人，把马克思主义教育思想与中国实践相结合，阐发了自己的新民主主义教育观点，并开展了相应的教育活动。中国共产党成立后，党在领导革命斗争的同时，广泛开展工农教育，在实践中贯彻了党的教育纲领。苏维埃政权建立之后，在革命的教育思想指导下，苏区职业教育蓬勃发展，一些专门的职业学校相继建立。抗日革命根据地和解放区，如延安等地的干部教育、工农教育、专门的技术教育等得到进一步发展，为革命斗争培养了大批优秀干部和职业技术人才。

---

① 孙培青，《中国教育史》，华东师范大学出版社2000年版，第399—340页。

第一节　新民主主义职业教育思潮的产生

十月革命一声炮响，为中国送来了马克思列宁主义。中国近代早期马克思主义者开始用马克思主义的立场、观点和方法来思考和解决教育问题，其中也包括对工人、农民、青年的教育以及争取妇女受教育权利等方面带有职业教育性质的思想提出。

一、马克思主义教育思想的早期传播

在新文化运动之前，中国已有对马克思主义的介绍，但是都是零星片段的介绍，而且缺乏正确而深入的理解，只是将其作为西学中诸多学说的一种，实际影响也很有限。马克思主义作为社会变革的理论在中国真正得到传播，是在十月革命以后。当时，趁着西方列强忙于第一次世界大战而无暇东顾的间隙，中国民族资本主义工业得以发展，工人阶级力量随之壮大，逐渐形成传播马克思主义的阶级基础。新文化运动的启蒙带来近代中国的一次思想大解放，为各种新思想的引进创造了宽松的思想氛围。十月革命胜利后，建立了苏联社会主义政权，成功实践了马克思主义，为一批苦苦求索中国出路的知识分子提供了深刻的启示。

李大钊是中国最早接受和传播马克思主义的革命先驱之一。1919年5月和11月出版的《新青年》第六卷第五、六号刊登了李大钊的《我的马克思主义观》，系统介绍马克思主义的唯物史观、经济学说和科学社会主义，推动了马克思主义的深入传播。《新青年》等刊物还陆续介绍了苏俄时期的教育。以陈独秀、李大钊、邓中夏为代表的初步具有共产主义思想的知识分子，站在"庶民"的立场，为广大"劳工阶级"争取教育权力，使"引车卖浆之徒，瓮牖绳枢之子"能够读书受教育[①]。他们要求平民教育必须符合劳动人民谋求自身解放的根本利益。要真正

---

① 陈独秀，《今日之教育方针》，《新青年》，第二卷第六号，1917年2月。

解决平民教育问题，必须先解决经济和政治制度问题，因为"在现在的贪狠的资本家生产制度之下，工银如此之少，工作时间如此之多，有何神通可以使一般工人得到平等的教育？"① 所以，他们主张首先要致力于民主的社会制度的实现，使这些劳苦工作的人也能得到均等机会去分配物质生产的成果。1917年11月毛泽东在湖南第一师范学校办的工人夜校，1919年3月邓中夏发起组织的"平民教育讲演团"及其负责筹办的长辛店劳动补习学校等，都是持这种平民教育观的实践。具有初步共产主义思想的知识分子的早期平民教育活动，一开始就将教育与政治斗争结合起来，启发了民众思想觉悟。进入20世纪20年代后，平民教育运动出现分化。平民教育虽然创造了民众受教育的机会，却过于理想主义，如不改变社会制度，平民教育既不能救国，也不能救民。"平民教育是要紧的，但起码的生活，不更要紧么？"②

中国共产党成立后，以马克思主义教育思想为指导，运用上层建筑与经济基础关系的理论说明教育本质，争取工农群众的教育权利，强调教育与社会的紧密联系，提出了许多思想。同时，根据革命需要，我们党创办了一些教育机构，进行工农教育和干部教育，这是运用马克思主义教育思想的最初实践。

二、新民主主义教育纲领的提出

自中国共产党成立之初，就将教育作为革命斗争的重要组成部分。1921年7月党的一大通过的《中国共产党第一个决议》中，明确提出党应向工人灌输阶级斗争精神，唤醒劳工觉悟，并通过在工矿成立劳工补习学校、劳动组织讲习所等进行教育和宣传。1922年7月党的二大提出了"改良教育制度，实行普及教育"的教育纲领。此后在党的历次代表大会上，教育都成为重要议题，由此逐步形成了新民主主义教育纲领，

---

① 陈独秀，《答知耻——劳动教育问题》，《新青年》，第七卷第六号，1920年5月。
② 萧楚女，《陶朱公底平民教育》，《中国青年》1924年第18期。

制定了一系列教育方针政策，为新民主主义教育的发展奠定了基础。

三、陈独秀的职业教育思想

陈独秀（1879—1942），原名庆同，字仲甫，安徽怀宁人。早年留学日本，1915年在上海创办《新青年》杂志，举起民主与科学的旗帜。1916年任北京大学教授，1918年和李大钊创办《每周评论》，宣传马克思主义。1920年在上海建立中国共产党发起组，进行建党活动，是中国共产党创始人和早期领导人之一。1921年7月，在中国共产党第一次全国代表大会上被选为中央局书记。在新文化运动时期，陈独秀大力提倡新教育，在对封建旧教育的揭露批判中，阐发了一些新教育主张。

1901年11月陈独秀赴日本东京专门学校留学，之后几次往返日本，曾就读东京高等师范学校速成科、早稻田大学，因亲身参与日本教育而感触颇深。1915年回国，创办《青年杂志》（第二卷更名为《新青年》）。陈独秀的教育思想的提出，主要是在他创办《新青年》时期，其中带有职业教育性质的思想贡献，主要是较早地提出了"以职业教育为方针"的思想。

1913年黄炎培在《教育杂志》上发表《学校教育采用实用主义之商榷》引发实用主义教育思潮之后，1915年，陈独秀在《新青年》发表《今日之教育方针》，提出以职业教育作为"四大教育方针"之一，认为20世纪现实世界是经济世界，社会变化以经济为转移，每个人作为生产力，都是社会经济的一部分，职业教育可帮助生产力独立自营。因此，中国教育应以"普通职业为方针"[①]。

陈独秀主张"一切教育都建设在社会的需要上面"，讲究"实际应用"，强调理论要联系实际，学以致用，教育是平民的而非贵族的教育。在发表的文章中，他猛烈抨击当时实业学校脱离实际，学生缺乏动手能

---

① 陈独秀，《今日之教育方针》，《陈独秀文章选编》（上），三联书店1989年版，第234—240页。

力，不能适应社会的实际需要。学农的"其所学得之学问，反不如老农"，学工的"其成绩反不如一小匠"，至于那些只知道外国，而不知道本国、本地状况的学生，在实际中"亦有何大用之处"？①他抨击旧教育严重脱离实际，农学生只知道读讲义，未曾种一亩地给农民看；工学生只知道在讲堂上画图，未曾在机械上、应用化学上供给实业界的需要；学矿物的，记了许多外国名词，见了本地的动植物茫然不解；学经济学的懂得一些理论，抄下一些外国经济的统计，对于本地的经济状况毫无所知。陈独秀认为教育必须联系实际，学术必须与社会结合。如果教育只停留在书本上，局限在讲堂里，不与实际相联系，那么教育就无关实用，学术便是"死学术"。

陈独秀指出，教育是社会的必需品，而不是奢侈品，然而由于旧教育把教育与社会分离了，社会自社会，教育自教育，结果造成学校在社会中成了一种特殊事业，学生在社会中成了一种特殊的阶级，社会上一般人眼中的学校、学生都是一种奢侈品、装饰品，不是他们生活所必需的东西。因此，社会上不感到教育的需要，不相信教育的作用。陈独秀认为："救济这个弊病，惟有把教育与社会打成一片，一切教育都建设在社会底需要上面，不建设在造成个人的伟大底上面，无论设立农工何项学校以及农工学校何种科目，都必须适应学校所在地社会底需要以及产业、交通、原料各种状况。"②以广东为例，广州附近的丝业颇为发达，即应设立蚕桑学校；潮州等地富于海物及渔业，即应设置水产学校；北江多森林，即应设置林业学校。如果把林业学校设在潮州、惠州沿海地区，水产学校设在北江，那就违反了社会需要的原则。

1920年12月，陈独秀受邀到广东推进教育变革，他将新文化和社会主义观念带到广东，并筹备组织共产主义组织。1921年2月14日，广东省政府公布由陈独秀主持起草的《全省教育委员会组织法》，3月8日成立了由陈独秀主持的广东教育委员会，拟定了一份义务教育计

---

① 陈独秀，《陈独秀文章选编》（中），三联书店1989年版，第101页。
② 陈独秀，《陈独秀文章选编》（中），三联书店1984年版，第78页。

划，实行公立学校免费读书，同时还决定筹办西南大学、编译局、贫民教养院、劳动补习学校等，但后来因为陈独秀返回上海加上政局动荡而半途而废。

陈独秀主张办教育应以社会需要为原则，要适应当地的实际情况，这一思想无疑是正确的，至今仍有现实意义。

四、李大钊的职业教育思想

李大钊（1889—1927），字守常，河北乐亭人。1913年赴日就读于东京早稻田大学政治本科，开始接触社会主义学说。1916年回国，随即投身新文化运动，批判封建专制，倡导民主与科学。1918年担任北京大学图书馆主任，后兼经济学教授，在北京大学讲授马克思主义，并参与《新青年》编辑，撰写大量文章，对青年进行马克思主义启蒙教育。1920年组建北大马克思学说研究会和北京中国共产党早期组织。中国共产党成立后，他领导了党的北方工作以及多次工人运动、农民运动、学生运动，是中国共产主义运动的先驱，中国共产党的创始人和领导者之一。他关于教育本质、工农教育、青年教育的思想，对新民主主义教育产生了重要影响。

（一）倡导劳工教育

李大钊基于"今后的世界必将成为劳工的世界"的立场，大力提倡真正的工农劳苦大众的教育。他指出，在资产阶级那儿不可能有真正的平民主义，平民主义不过是一个被卑鄙地使用和玷污了的名词。因为在资本主义社会，资本家占有生产资料，不仅贪婪地占有劳工的劳动成果，而且残酷地剥夺了劳工获取知识、发展个性的权利，导致劳工"人性完全消失，同物品没有甚么区别"[①]。因此，真正的平民主义，应是破

[①] 李大钊，《李大钊文集》（上），人民出版社1984年版，第632页。

除一切特权阶级，使全体人民都成为为国家社会做有益工作的人。"劳工因此不仅获得政治上的选举权，经济上的分配权，教育上也要求一个人人均等的机会。"①只有通过阶级斗争，建立工人阶级的政权后才能最终获得真正的平民教育。

他根据当时劳工的生产和生活实际状况，提倡首先争取劳工的受教育机会。他指出，"现代的教育，不许专立几个专门学校，拿印版的程序去造就一班知识阶级就算了事。必须多设补助教育机关，使一般劳作的人，有了休息的工夫，也能就近得个适当的机会，去满足他们知识的要求。……劳工聚集的地方，必须有适当的图书馆、书报社，专供工人在休息时间的阅览。……像我们这教育不昌、知识贫弱的国民，劳工补助教育机关，尤是必要之必要"②。通过工人运动争取缩短工时，工人有更多工余时间用以读书，"使工不误读，读不误工，工读打成一片，才是真正人的生活"③。

（二）倡导农民教育

李大钊敏锐地认识到劳工教育中农民教育的重要性，指出劳工阶级中的大多数劳工是农民，农民如不解放，国民全体就不解放，农民的苦痛、愚暗，就是国民全体的苦痛与愚暗。他针对农村教育落后、学校稀缺、农民终日劳作无暇读书的实际状况，号召有志青年到农村去，根据农民的生产、生活实际，联合乡村教师，"利用乡间学校，开办农民补习班"④。中国共产党成立后，农民运动进入高潮时，他又提出，农民教育同样有着提高文化知识和阶级觉悟两方面任务，应重视对农民进行反帝反封建教育，启发农民的阶级觉悟，进行工农联盟的政治教育。

李大钊的不少工农教育主张在新文化运动时期就已提出，为中国共

---

① 李大钊，《李大钊文集》（上），人民出版社1984年版，第633页。
② 李大钊，《李大钊文集》（上），人民出版社1984年版，第633页。
③ 李大钊，《李大钊文集》（下），人民出版社1984年版，第172页。
④ 李大钊，《李大钊文集》（下），人民出版社1984年版，第834页。

产党领导下的工农教育的开展作了理论上的准备。

五、恽代英的职业教育思想

恽代英（1895—1931），生于湖北武昌，1915年考入武昌中华大学攻读中国哲学，积极投身新文化运动，在《东方杂志》《新青年》上撰文提倡科学与民主，批判封建文化。1920年春前往北京与李大钊、邓中夏等人建立联系，开始接受马克思主义理论，1921年中国共产党成立后入党。1923年8月当选中国社会主义青年团中央执委会候补委员、宣传部主任。1927年1月主持中央军事政治学校武汉分校的工作，7月参与组织和发动南昌起义，12月参与领导广州起义。党的六大后担任党中央组织部秘书长、宣传部秘书长等职，在党的六届二中全会上被增补为中央委员。恽代英是我们党的著名理论家，在短暂的革命生涯中著述很多，为推进马克思主义的中国化作出了重要贡献。

（一）论职业教育的实施

恽代英在关于教育的著述中阐述了他的职业教育思想，他主张加强职业教育，并详细阐明了在普通学校中如何进行职业教育的方法措施。他认为职业教育应"于普通学科外，加多职业学科"，科目要多，"易顺个性"，每科人数要少，"易求业"。普通学科乃至德育、体育与职业能力有关，注意与职业科的联络，"合职业教育、常识教育为一"，使学生同时具有必备常识和必备职业能力。"注意毕业生之联络，扶助之，亦受其扶助，但扶助须在正当方面。"设补习学校，以深造毕业生职业能力，并补授职业之常识。设职业研究会、职业顾问会，加强教师与职业界的联络，促进相互了解，以便职业界能承认学生之能力，使学生容易找到求业地方；在了解社会需要的基础上，指导学生择校、择课、择业。改革中学学制和课程，中学前两年注重基础知识教育，养成自治自学能力，第三年须减少课外法定的作业，以便让学生有时间自由发展，

第四年的功课应"按照职业的需要,单刀直入地为学生预备"。他的这些建议具有很强的指导性。

(二)论职业与学问一贯

恽代英指出,当时"百业疲弊""学术荒废","此两事之根本原因,则学问与职业不能一贯"[①]。许多职业学校徒有其名而无其实,其所教授的科目不是社会上所急需的,所学的知识也不是社会上所适用的,因而学生在职业学校没有获得实用的学问和技能,不能"以为他日求业或执业之凭借"。恽代英指出,"吾国人重文轻实之弊,垂数千年,其所读之书,所受之教育,每与职业一无关系。自科举废而学校兴,为吾国一大进步;近日职业学校逐渐推广,又为吾国一大进步。所惜者,徒有职业学校之名,其所教授或为不急要之学科,或为不适用之智识"[②]。加之西方各种思潮理论传入,教育者多侃侃而谈西方理论,对于移植而来之理论是否适合中国现实,是否为推动社会发展发挥作用,多不研究考虑,长期重文轻实的弊病,及"拿来主义",导致学问无法应用于社会现实需要的现象存在。

恽代英提出了"学问与职业一贯论",主张学问职业需贯通,学问指导职业,职业实践促升学问;树立职业神圣之精神,塑造优秀职业品格[③]。他指出"使学问与职业一贯,则学问上当注重适合社会之实用"[④],"欲学问之切实之进步,当认清教育以实用为最大目的,故学问必求其有利于职业,而凡关于职业之知识,尤以常时令其实地应用为妙"[⑤]。恽代英将"学问"分为知识(智识)、道德、体质三方面,"在智识方面,须有充分之职业教育;在道德方面,须有谦恭服从之涵养;在体质方

---

① 恽代英,《恽代英文集》(上卷),人民出版社1984年版,第56页。
② 恽代英,《恽代英文集》(上卷),人民出版社1984年版,第59页。
③ 恽代英,《恽代英文集》(上卷),人民出版社1984年版,第65页。
④ 恽代英,《恽代英文集》(上卷),人民出版社1984年版,第59页。
⑤ 恽代英,《恽代英文集》(上卷),人民出版社1984年版,第63页。

面，须有能耐劳苦之能力"[①]，注重知识（智识）、道德、体质三者"学问"的培养。具备适合社会之实用，职业之要求的知识、道德、体质方面的"实在之学问"，"则必以求其与学问适合之职业，为最有利最有成功之希望"[②]。同时，"以学问治职业，则自己愈知其职业所需要之学问，而学问之缺陷，亦以显现"[③]。将学问在职业中运用，通过职业实践检验真伪，以便促进学问发展。"彼既以学问治职业，则其于所执之业，必发生甚大之兴趣，于非彼所胜任之事务，彼必不妄生希冀，而于彼所任之业务，亦无虑他人攘夺，如此，彼乃专心致志于其所业，而所业日进矣"，"于是执业之余，尚有补习于职业有关之学问之余暇，而所学亦日进矣"[④]。以学问寻求相当之职业，以学问从事相当之职业，必然激发从业者的职业兴趣，对自己不能胜任的事务不会好高骛远了，对胜任的业务也不必担心别人来抢饭碗，这样就能专心从业，使自身的学问和职业相辅相成。

（三）论职业品格修养

恽代英认为，优秀的职业品格修养能够促进学问职业之贯通。他提出，"就品格说，自然无论他择何生活的学生，都一样要注意刚健（这种品格，许多奴隶教育不敢提起）、和平、周密、勤劳、刻苦、恒久等美德"[⑤]。"人皆有向上之意志者也"，"苟有相当之学问，而又得与学问相当之职业以生活者，彼向上之意志，必自然发展，即彼必尽力以其学问治其职业"[⑥]。在他看来，职业品格和意志也是职业教育应有之义。

---

① 恽代英，《恽代英文集》（上卷），人民出版社1984年版，第59页。
② 恽代英，《恽代英文集》（上卷），人民出版社1984年版，第63页。
③ 恽代英，《恽代英文集》（上卷），人民出版社1984年版，第64页。
④ 恽代英，《恽代英文集》（上卷），人民出版社1984年版，第64页。
⑤ 恽代英，《恽代英文集》（上卷），人民出版社1984年版，第289页。
⑥ 恽代英，《恽代英文集》（上卷），人民出版社1984年版，第63—64页。

六、杨贤江的职业教育思想

杨贤江（1895—1931），字英父，浙江余姚人，1917年夏以优异的成绩毕业于浙江第一师范学校，应聘到南京高等师范学校（南京大学前身）任职，工作之余参加了商务印书馆函授学校英文科的学习，并开始翻译国外教育论文，发表在《教育杂志》等刊物上。1923年加入中国共产党，参与了五卅运动和上海三次工人武装起义的组织工作。大革命失败后，他转移到日本，1929年他秘密回国，继续从事革命斗争。因积劳成疾，于1931年去世。他是我国早期优秀的马克思主义教育理论家、杰出的青年运动领导人。他对教育问题倾注了大量心血，《教育史ABC》是最早用马克思主义观点研究教育史的著作，《新教育大纲》是第一本用马克思主义观点系统阐述教育理论的专著。他还翻译了大量国外教育著作和文章，针对中国教育的实际问题撰写了很多论文，用于指导中国教育实践。

虽然职业教育并不是杨贤江的教育理论研究重点，但也是他教育思想的组成部分。他大力提倡发展职业教育以适应民族经济发展的需要，强调教育的实用性，提倡教育与生产劳动相结合，倡导对青年学生进行职业指导等，为丰富和发展我国近代的职业教育思想作出了贡献。

（一）批判教育与社会需求严重脱节

杨贤江揭露当时教育脱离生产活动，在1924年7月上海夏令营讲学会演讲《教育问题》时指出，从前中国读书人是不做生产事业的，以为是一件卑下的事；到革命（指1911年的辛亥革命）之后，为时代潮流所趋，西洋工业制度的输入，知道生产事业的重要，于是教育上就发生了一种职业教育。职业教育的产生与发展是一种顺应时代潮流的新生教育。他在《中学毕业后的谋生问题》中深刻批判当时普通中学专以升学为目标，不注重必要的职业训练，理论脱离实际的弊端。他指出，中学毕业生有许多是不能升学的，他们为维持个人乃至家人的生活，是非找一件职业做不可的。可是，这里就发生两个问题：第一，他们是否有谋生的能力；第二，他们是否有得业的机会。普通中学的毕业生在校时并未受过任何职业的训练，甚或并未受过有关职业的陶冶，只是学了一些空空洞洞的功课，以升学为目标。所以他们实在没有谋生的能力可言。要他们谋生是南辕北辙的矛盾行为。因此他们的就业机会当然是等于零的。杨贤江提倡大力发展职业教育，使不能继续升学的中学毕业生能进入职业学校学习，获得一技之长，以适应社会生存和发展的需要。

（二）教育与生产劳动相结合

杨贤江批驳了当时教育学界存在的诸如"教育神圣""教育清高""教育中正""教育独立"等资本主义教育本质观，指出把教育事业看作是清苦或者是高贵，"第一是隔绝了政治，第二是隔绝了劳动"[①]。他提出，教育是与社会的生活过程、物质的生产关系有密切联系的。教育以现实的社会经济生活为基础，起源于受教者生存的需要。受教者通过教育过程获取知识、掌握技能等，最终能获得社会生活资料。教育"是社会所需要的劳动领域，是给予劳动力以一种特殊资格的；换句通俗的话，教育便是帮助人营造社会生活的一种手段"[②]。

（三）手脑并重，人文与实科共修

杨贤江强调手脑并重，人文与实科共修，认为"一个人的生活，应得把头脑的活动和手足的活动平等注重，理论的知识和实际的技能彼此联络。倘使偏于人文主义的修养，那么，只会玄谈，怎能维持生活？倘使偏于实科主义的劳动，那么，只会瞎做，怎能促进文化？所以必得于

---

① 杨贤江，《教育迷信论》，《杨贤江全集》（第三卷），河南教育出版社 1995 年版，第 211—214 页。
② 杨贤江，《新教育大纲》，《杨贤江全集》（第三卷），河南教育出版社 1995 年版，第 272 页。

人文主义的修养中，加上劳动的要素；于实科主义的劳动中，加上修养的意义。这样才能有个健全人格，才能有个文明社会"①。他指出"以为视琐事末职为不足为者，是不知职业无贵贱之理者也"，"人之一生，尽职二字足以赅之；种种修养，无非为尽职之预备或补助"②。为此，他提出学校教育尤其是实科教育"在学科上，要注重实科的；在训练上，要注重人生的。拿'修身'来讲，要使学生有现代生活趋重平民的、实业的理解；此外，像数学须注重观察、判断的能力，像理科须注重生产原则的理解"。学校的教育应注重修养和劳动的并进③。

（四）提倡职业指导

杨贤江基于当时民生凋敝、学生失业现象，较早对职业指导理论进行了研究，认为对青少年进行职业指导非常重要。他说，职业活动是人类许多活动中的最重要者，但是社会中大多数人的职业生活是乏味和苦闷的，对于社会和个人都是不利的。青年期是最初的职业选择时期，但是青年经验浅、学识寡，把职业选择的责任让给他们自管是极不应该的，必须加强对青少年学生的职业指导教育，从而使他们尽早获得选择职业的知识与能力，找到适合自己的理想职业。

杨贤江提出，国家或公共团体应办理专门的职业指导机构，学校也应附设职业指导机关，指导学生选择职业。他认为政府或公共团体应该设立职业指导机关，对于提高产业效率、解决失业问题、维护社会安宁等方面都有积极的促进作用。学校不应当只限于"教学生修毕业课而已"，还要附设职业指导机关，指导学生选择职业，解决学校只传授给学生知识技能、不顾学生所学是否能付诸应用的弊病，这有助于学校与

---

① 杨贤江，《新教育大纲》，《杨贤江全集》（第一卷），河南教育出版社1995年版，第295页。
② 杨贤江，《任职之第一年》，《杨贤江全集》（第一卷），河南教育出版社1995年版，第137—138页。
③ 杨贤江，《教育与劳动》，《杨贤江全集》（第一卷），河南教育出版社1995年版，第295—296页。

社会联络沟通。他认为，学校是替社会造就人才的机关，人才要能适应社会的需要，学校里所教的应是社会所需的。有了职业指导，可在一定程度上打破学校与社会的隔阂状态。杨贤江积极倡导职业指导，扩大了职业指导在社会中的影响，为当时的职业教育注入了新的生机。

第二节　苏维埃政权的职业教育思想与实践

1927 年，四一二反革命政变断送了轰轰烈烈的第一次大革命。基于革命失败的惨痛教训，中国共产党意识到武装斗争的重要性，从 1927 年八一南昌起义开始，独立领导革命战争和建立人民革命军队，创建了一批农村革命根据地，建立了苏维埃政权。这些革命根据地简称为"苏区"。

苏区的红军和工农干部大多没有受过正规的学校教育，连识字都困难，革命所需要的各种专门技术人才更是凤毛麟角。当时苏区接管的旧教育资源也是非常有限的。为了培养出革命所需要的各类人才，必须重新建立新的工农教育、干部教育和专门技术教育体系。这在客观上促进了苏区职业教育的蓬勃开展，也促进了新民主主义职业教育理论的探索。

一、毛泽东的职业教育思想

1931 年，毛泽东当选为中华苏维埃共和国中共执行委员会主席。他不仅是一位伟大的政治家、军事家和革命家，也是无产阶级教育家，是我们党的教育事业的奠基者和开拓者。苏区时期是毛泽东思想形成的重要阶段，也是毛泽东教育思想的形成和实践的重要阶段。

（一）教育同生产劳动和革命斗争相结合

马克思主义教育理论是毛泽东职业教育思想的理论源泉。马克思在《共产党宣言》中明确提出"要把教育同物质生产结合起来"①，教育和生产劳动相结合既是改造现代社会的重要手段，也是无产阶级教育原则。中央苏区时期是我们党独立领导教育事业的开端，但是由于缺乏经验和极为艰险的战争环境，导致一些人存在教育"无用论"或"取消论"，认为革命战争时期一切服从战争，苏区的各类学校应该停办，文化教育经费都应该用于战争。在毛泽东看来，这完全是一种纯军事化观点，割裂了教育与革命战争的关系，实质上就是否定教育的地位。他认为，文化教育"是革命总战线中的一条必要和重要的战线"②。如果不发展文化教育，我们的经济、政治、军事都要受到阻碍。

毛泽东认为，任何教育本来产生于人类劳动，只是在进入阶级社会之后，教育才成了统治阶级的特权，教育才与广大劳动者相分离。毛泽东主持的苏区教育摒弃了旧有的教育理念，提出教育要走结合工农实际，结合斗争，结合劳动的新道路，从而使得苏区的教育受到了劳苦大众的欢迎和拥护。在毛泽东看来，通过教育与劳动相联系，有利于冲破数千年以来劳动者不受教育、受教育者不劳动的成见；有利于消除脑力劳动与体力劳动对立的观念；有利于培养体魄强健，有思想、能动手的革命新人。这一原则在苏区的教育实践中得到了较好的贯彻执行。当时苏区的工农教育、红军教育、干部教育、师范教育等都十分重视劳动教育，都具有职业教育的性质。1934年2月颁布的《中华苏维埃共和国小学校制度暂行条例》中规定："要消灭离开生产劳动的寄生虫阶级的教育，同时要用教育来提高生产劳动的知识和技术，使教育和劳动统一起来。"③教育与劳动相结合的原则，不仅使得毛泽东教育思想与以往教育与劳动相分离的剥削阶级的教育思想区别开来，同时，在理论上丰富了毛泽东教育思想的内涵。

---

① 中共中央马克思恩格斯列宁斯大林著作编译局，《马克思恩格斯选集》（第1卷），人民出版社1995年版，第294页。
② 毛泽东，《毛泽东选集》（第2卷），人民出版社1991年版，第708页。
③ 江西省教育学会，《苏区教育资料选编》，江西人民出版社1981年版，第97页。

（二）批判反动的奴化教育

毛泽东深刻批判了当时正处于半殖民地半封建社会的中国存在的殖民教育、封建教育、党化教育。指出在这些教育体系里，职业教育属于低级的教育形式，作为单纯的技术教育和谋生手段，专属于下层劳动者。职业教育沦为阶级统治的工具，发展职业教育的宗旨就是培养被剥削和奴役的体力劳动者。毛泽东揭露这种职业教育本质上是束缚人和毒害人的奴化教育。苏维埃政府的任务之一就是要发动广大群众抵制和废除这些奴化教育，创建属于人民自己的职业教育。

（三）教育促进人的全面发展

苏区时期，毛泽东认为教育不仅是培养革命人才的重要手段，也是人民群众自我解放的武器。职业教育不仅仅是一种技术教育或生存技能教育，让受教育者获得某种生存技能只是职业教育的目标之一，而不是全部，也不是最终目标。进行任何教育活动其最终目标只能是人自身的发展和完善，成为自由全面发展的人。1934年1月，毛泽东在第二次全国苏维埃代表大会的报告中，正式提出了苏维埃文化教育的总方针，"在于以共产主义的精神来教育广大的劳苦民众，在于使文化教育为革命战争与阶级斗争服务，在于使教育与劳动联系起来，在于使广大中国民众都成为享受文明幸福的人"[1]。人民的职业教育必然在本质上有别于奴化教育，最大的特点在于它的价值倾向始终以人的自我发展和完善为宗旨。虽然也肩负革命斗争的任务，但革命斗争作为人民解放的一种手段，最终也是为了人的自由全面发展，二者在本质上是一致的。

（四）主张理论联系实际

苏区时期，毛泽东主张职业教育的学生必须走出课堂，走出书本，走向实践。强调职业教育的实践，体现了理论联系实际的马克思主义教

---

[1] 李国强，《中央苏区教育史》，江西教育出版社2001年版，第19页。

育原则。当时职业教育的种类有限，学生所从事的劳动基本上是农业劳动、手工业劳动，这其中蕴含了职业教育与社会生产、社会现实相结合的思想，有助于打破理论教学主导职业教育的旧思想。

毛泽东科学地阐明了职业教育如何服务于革命战争，如何服务于政治方向。他明确指出，苏维埃的文化教育的宗旨是"为着革命战争的胜利，为着苏维埃政权的巩固和发展、为着动员民众一切力量，加入于伟大的革命斗争"[①]。中央苏区建立了各级各类职业教育学校，主要有赤色女子职业学校、女子看护学校、短期的棉业中学、纺织中学、农业中学、中央农业学校、银行专修学校、高尔基戏剧学校、红军通讯学校、红军卫生学校等，培养了大批苏区革命和建设急需的各种人才，助力粉碎国民党多次军事"围剿"和中央苏区的政治经济文化建设。

二、苏区的职业教育方针、制度和实践

1927年11月颁布《江西省苏维埃临时政纲》，提出苏区在教育方面要遵循"实行普及义务教育及职业教育""注意工农成年补习教育及职业教育"[②]等原则，提出苏区教育的任务"是厉行全部的义务教育，是发展广泛的社会教育，是努力扫除文盲，是创造大批领导斗争的高级干部"[③]。在艰苦的革命斗争过程中，苏区政权始终坚持教育为革命战争服务，为人民解放服务，与生产劳动相联系，以共产主义精神教育广大群众，争取和培养知识分子为革命教育事业服务，依靠群众办学等方针。在上述教育方针的指导下，尽管未能形成系统化和制度化的职业教育体制，但根据革命斗争和苏区经济发展的需要，各种类型的职业教育不断发展，培养了一大批生产和战争需要的专门技术人才。

---

① 《苏维埃中国》，中国现代史资料编辑委员会翻印本，1951年版，第282页。
② 中共江西省委党校党史教研室，《中央革命根据地史料选编》，江西人民出版社1982年版，第14页。
③ 中央教育科学研究所，《老解放区教育资料》（一），教育科学出版社1991年版，第20页。

（一）工农教育制度的颁行

1931年，中华苏维埃共和国临时中央政府颁布的《劳动法》第43条规定，"设立工厂或商埠学校，以提高青年工人的熟练程度，并给他们以补充教育。经费由厂方供给"。苏区面向劳苦大众的职业教育与培训，主要是针对农民、工人，以提高他们从事种田、做工和作战的知识和能力，主要形式包括识字运动、农村夜校、工人补习教育等。为了提高工人、农民的生产生活能力，树立崭新的苏维埃文化观念，苏区开展了全民性的识字教育运动，如设立识字牌、开办问字所、组织识字组、成立识字班等，提高了苏区工人、农民的文化水平。

夜校是较为正规的学习形式，内容也较为丰富，涉及文化知识、政治常识和实用的农村科学知识。1933年8月，中央教育人民委员部颁布《夜校办法大纲》。在这个大纲的推动下，许多乡村都组织开办了农村夜校。教材有统一编制的，但主要是各地自编教材，以通俗易懂的语言传播革命思想和生产技能。如湖南有《革命三字经》《生产三字经》《红军三字经》等课本。

（二）短期职业中学制度的颁行

1934年3月至4月，中央教育人民委员部颁布《短期职业中学试办章程》，提出为了适应革命的需要，试办一年至两年期的短期职业中学，目的在于"完成青年的义务教育，使能了解马克思列宁主义的最低限度常识，及实际的生产劳动之一种"[1]。职业中学招收13—18岁的适龄学生。职业中学的课程分为社会科学、自然科学、某种技术及文字课目四项。职业中学的设置以便于生产技术实习为宗旨，如农业中学要邻近农村或红军公田，棉业中学要邻近棉田，纺织中学要邻近机织工厂等。《短期职业中学试办章程》是中国共产党历史上第一个发展职业技

---

[1] 中央教育科学研究所，《老解放区教育资料》（一），教育科学出版社1991年版，第236页。

术教育的纲领性文献①。在此章程的指导下，苏区已经开办的14—18岁的高级小学改组为职业中学，有条件的地区开始试办职业中学，其他地区也尽可能筹措经费和人员创办这类中学。

（三）面向红军及干部的职业教育和培训

苏区积极开展了面向红军和干部的专业技术方面的教育，涉及农业、医疗卫生、通信、财经和艺术等方面，以适应长期革命战争的需要。

1. 农业学校

1933年，为了培养农业建设与管理方面的干部与技术人员，苏区政府在瑞金东山寺创办了中央农业学校，直属于中央教育人民委员部，校长由徐特立兼任。中央农业学校的任务是培养农业建设的中、下级干部；搜集苏区农民群众的生产经验和农事试验场的先进技术，并加以科学的整理和广泛传播；与土地人民委员部建设局建立密切联系，计划苏区的农业建设。学校设置本科、预科和教员研究班，招收对象为农民和志愿学习农业技术的公民，年龄在16—32岁，性别不限。本科1年毕业（必要时可以缩短或延长），预科修业2个月，教员研究班无定期。学生毕业后，交土地人民委员部分配工作。中央农业学校本科设置政治常识、科学常识、农业知识的课程，其中农业知识课程包括作物栽培法、育种法、肥料的制造、保存和施用法，主要农作物的虫害病害的防治法，农业经营法，土壤改良法等。预科则是在实习中学习简单的农业常识和农业中必要的文字和算术。教员研究班是教员自己开展针对苏区农业的研究工作。中央农业学校贯彻教育与生产劳动相结合的教学原则，一方面师生动手开荒种地，在实践中运用所学知识和技术，另一方面组织学生参加当地的政府工作和生产劳动，传播先进的农业生产知识和技术，对当地的农业生产起到了推动与示范的作用。

在中央苏区以外的其他苏区，也曾开办过一些初级农业学校。如河

---

① 于述胜，《中国教育制度通史》（第七卷），山东教育出版社2000年版，第351页。

南的新集农业学校是鄂豫皖苏区1931年创办的一所初级农业技术学校。

2. 医疗卫生学校

为改善医疗卫生条件，培养一批能够救死扶伤的专业技术人员，苏区开办了一批医疗卫生学校。红军军医学校由中央军委军医处于1932年2月在江西于都县创办，首期招收学员26名，采用随军的方式学习。1933年，红军军医学校与中央红色医务学校合并，在瑞金开办红军卫生学校，招收两批学员分别为266名、80名，设有军医、护士、药剂、卫生保健等专业，学员最多时达到千余人。红军军医学院的学习条件相当艰苦，但经过刻苦努力，大多数学员的学习成绩良好，毕业后能够承担医疗工作。

1935年，湘鄂红军军医学校在湘鄂边境的药姑山开办，招收学员12人。由于教学条件相当艰苦，没有课本和教学用具，只能以口耳相传的方式进行教学，将医学知识编成歌谣来教授。而且只开办了两个月。

另外，红四方面军后方总医院于1931年在新县箭河乡创办医务学校，招收卫生队和看护队的战士，根据学员的文化程度和医务程度编班，开设的课程包括图文、史地、英语、医学、药学、战地护理等。学校开办了两年，培养了一批红军医务干部。1933年扩建为红色卫生学校，招收要求思想进步、粗识文字、有学习精神的雇工、贫农，以培养红军及苏区地方医院的医务干部。学校设置三种学习班，即西医班、中医班和看护班，每班定员40人，学习期限3个月，一直开办至红四方面军开始长征，培养了大批医务人员。

3. 通讯学校

1931年4月，第一次反"围剿"胜利后，红军利用缴获的无线电台创办了最早的无线电培训班，首批学员13人。随后各军区及各军选派14—23岁的男女青年学习机务和报务，学习期限为4个月。1931年11月成立红军通信学校，设司号、电话、旗语、无线电等8个大队，学员最多时达到千余人，课程包括政治理论课和业务课两大类，为革命队伍培养了大批通信方面的技术人才。

4.财经学校

1931年，鄂豫皖苏区财政经济委员会在新集创办了财经学校，先后开设了财政、银行、税收和粮食4个培训班，学习期限为6个月，课程设置分为专业课和公共课。公共课有政治经济知识、国语与数学。粮食班的专业课有农业经营法、粮食生产与政策、粮食贮备和供应。财政班设苏区财经政策、财政收入和支出、财政管理与监督。银行班设金融机构与管理、财政金融政策、簿记方式、货币流通和货币斗争。税收班设工商业政策、新型税制和税收方法。教学方式既有正常授课，也有报告、讨论会等。

（四）女子职业教育培训

苏区重视对妇女进行生活和生产技能教育，开办了大量的女子职业学校。1928年，浏阳女子半日职业学校创办，先后开办了8所，以半工半读的方式学习，除学习文化课外，还学习缝纫、刺绣、编织、印染、造纸等专业技能。1930年，中国工农红军第十一军二十二师在皖西金寨县南澳乡创办女子职业改进社（又称"红军纺织学校"），为红军培养纺织、生产部门的技术骨干和干部。1930年，茶陵县女子职业学校创办，招收学员30多人，最多时达到40多人，编成三个班上课，1932年冬停办。1933年4月，永新县赤色女子职业学校创办，招收16—26岁的贫农、雇农、苦力工人及中农家庭的女子，以半工半读的形式学习缝衣、织布、织袜、织毛巾等技术。1933年，莲花县赤色女子职业学校创办，招收16—30岁贫苦群众的女子，学习2年。1934年3月，湘赣省苏维埃文化部颁布的《女子职业学校暂行简章》，指出"造就女子职业专门人才，发展苏维埃经济，使每个女子都有一种职业，达到女子经济与职业独立"①。

---

① 中央教育科学研究所，《老解放区教育资料》（一），教育科学出版社1991年版，第237页。

第三节 抗日根据地和解放区的职业教育思想与实践

抗日战争爆发后，民族矛盾成为主要矛盾，第二次国共合作逐渐形成。1937年9月，中共中央在陕甘宁边区建立了抗日民主政权，并领导建立起一批抗日民主根据地。抗日战争胜利以后，国民党发动全面内战，中国共产党领导解放区军民进行全面抵抗和反攻，逐渐形成解放全中国之势，直至1949年10月建立了新中国。中国共产党领导下的革命根据地、解放区的职业教育在各个时期都得到相应的发展。为了适应根据地和解放区的政治、经济、文化和军事斗争需要，职业教育适时调整政策、内容和措施，培养了一大批革命斗争和政权建设所需要的专门人才。

一、抗日根据地时期的职业教育思想与实践

抗日革命根据地教育的根本任务在于为争取抗日战争的胜利服务。因此，根据地职业教育要与当时的政治需要、战争需要和生产劳动的需要密切结合，加强专门人才的培养。

（一）徐特立的职业教育思想

徐特立（1877—1968），湖南省善化县人，原名徐懋恂，又名徐立华，出生于贫苦农家，少时刻苦自学，博览群书，1906年开始从事教育工作，先后创办了梨江女校、长沙师范学校、湖南省立第一女子师范学校。1919年赴法勤工俭学，1924年回国继续办学。1926年冬至1927年春投身湖南农民运动，任省农民协会教育科长兼湖南农村师范农运讲习所主任。1927年加入中国共产党并参加了南昌起义，1928年到苏联学习，1930年回国负责苏区的教育工作，任苏维埃政权教育部部长。

抗战时期任八路军驻湘办事处主任。解放战争时期负责革命队伍中的宣传工作。新中国成立后任中央人民政府委员、中共中央宣传部副部长，在中共八大上当选为中央委员。徐特立一生致力于革命和建设，是新中国教育事业的奠基人。

1935年红军长征到达陕北。1937年建立了陕甘宁边区政府。徐特立是陕甘宁边区的首任教育厅厅长，他将马克思主义教育理论与边区的教育实践相结合，形成了独特的教育思想。

1. 教育要与生产和职业相结合

徐特立在法国留学时，特别考察了职业教育情况，注意到法国的高小"非预备升学的，而为职业教育的，学校内有农科、工科、商科。他们主张实际的作职业，毕业后，可以当工人……另设职业学校，职业学校是极重职业。高小有一年毕业的，叫做补习学校，专为补习去做工人的。补习的科目是几何学、工作图、簿记等科，女子则补习打字簿记"[1]。这使徐特立认识到职业教育不仅是学习与就业之间的桥梁，也是工业化时代教育发展的重要特征。到延安后，徐特立发现陕甘宁边区的学校也存在教育脱离生产劳动、学生的学习没有职业目标的问题。他在《生活教育社十五周年》一文中鲜明地指出：中国目前不单单是国民党的教育方式离开生活太远，我们党内的一些教育工作者由于受教条主义和党八股的影响，他们的教育理论和原则也将学习与工作、学习与生活分离开来，为教育而教育、为学习而学习，与我们生活无关，工作无关，没有着眼于工作能力的提高，生活技能的提高，结果学非所用，用非所学。这种无目的，无计划学习的情况，过去存在，现在还是存在。他认为"学与用的分离，是工作和学习双方的失败"[2]。因此，徐特立提倡必须把学习与职业联系起来，学习为职业服务。

---

[1] 徐特立，《徐特立文集》，湖南人民出版社1980年版，第38页。
[2] 徐特立，《徐特立教育文集》，人民教育出版社1978年版，第54页。

2. 发展职业教育与建成工业国家相结合

徐特立在革命战争时期就明确提出发展职业教育要与建成工业国家联系起来的观点，是受到留法、留苏的经历见闻的深刻影响。他在法国半工半读三年半，一边在钢铁厂做工，一边在巴黎大学学习自然科学，又用了10个月的时间去比利时和德国学习考察。当时的法国、德国和比利时都是西方经济发达国家。在西方现代工业社会的这段生活经历，使他对现代工业有了深刻了解。1928至1930年，徐特立在莫斯科中山大学学习，当时苏联正在加快工业化步伐，通过大力发展职业教育为工业化培养技术人才，给徐特立留下了深刻印象。他认识到科学技术对国家实现工业化的重要性，由此确立了将职业教育贯穿于普通教育中的指导思想，认为中国共产党必须加强对职业教育的领导，即从教育方针、课程标准、学校系统、领导机关、学术机关等方面加强领导。

3. 教育要促进科学技术与生产相结合

徐特立认为，科学与产业结合是使科学研究成果迅速运用于发展生产的最好途径，科学技术与经济生产是双向作用的互动关系，一方面科学为生产服务，另一方面生产又帮助科学发展。科学技术只有直接联系生产，才会成为生产方式的一部分，引领生产发展。针对延安当时存在的科学技术与社会生产分离的问题，徐特立认为在延安要有系统地进行科学教育，要推医科大学，因为他们的科学教育直接关系他们的职业，病人就是他们科学训练的校正者。为此，他建议延安自然科学院要与军工局、建设厅、延安各地的工厂、农场密切联系起来，联系的具体方法是成立一个学校管理委员会，邀请这些机构的负责同志参加，彼此协商面谈，延安各地的工厂、农场需要哪一种人才，自然科学院就培养哪一种人才。

（二）抗日革命根据地的职业教育方针

1938年1月，晋察冀边区通过了《文化教育决议案》，其中边区文化教育基本原则中就有"造就专门技术人才,建立抗战时期各项事业"的要求①。1940年8月,中央宣传部在《关于提高陕甘宁边区国民教育给边区党委及边区政府的信》中也特别强调:"为了提高边区的生产,改善人民卫生及培养职业教育的师资,提议设立农业学校、畜牧学校、手艺学校、中医学校。"②1940年,山东革命根据地在《山东省战时国民教育实施方案》中也规定,要对已受基础教育的儿童和成年人实施继续教育,实施继续教育的学校包括中学、职业学校和公学,并要求公学内也要设置职业科。1941年山东革命根据地进一步强调,中等教育是普通教育的最后阶段,中等学校学生是未来社会的中坚力量,要求当地加强中学教育和提倡职业教育。

随着形势发展,抗日根据地的职业教育措施得到深入调整。太行地区的中等教育"向职业教育与干部教育化的方向前进"③,培养基层行政、经济建设及教育工作的干部。在课程设置方面,要求除开设普通文化课程、政治理论课程之外,还要开设三种业务课,即民政常识、财经常识(以农业的生产建设为主)和教育常识。这是关于中等教育阶段普通教育与职业教育相整合的一种思路,目的是促进教育适应社会的需要,其他根据地也采纳了这种思路。1944年8月召开的苏中根据地教育会议上通过了《办理国民经济建设学校的决议》,提出"目前办理国民经济建设学校,不应偏重于技术上提高纯自然科学原理的教育,应把握住新民主主义经济的特质及目前对敌经济斗争的政策路线,同时注意关于新民主主义经济建设的立场观点政策方针方法等方面的基础教育,特别要加强关于私有财产基础上组织劳动互助生产合作这一根本路线的

---

① 河北省社会科学院历史研究所、河北省档案馆,《晋察冀抗日根据地资料选编》(上册),河北人民出版社1983年版,第21页。
② 中央教育科学研究所,《老解放区教育资料(二)》(下册),教育科学出版社1986年版,第321页。
③ 中央教育科学研究所,《老解放区教育资料(二)》(上册),教育科学出版社1986年版,第177页。

理论教育与实际训练"①。该决议指出,只强调新民主主义经济建设理论而不传授技术是不行的;但只传授技术,而不掌握根据地经济建设的理论与实际也是不行的。这已经在一定程度上对职业教育的根本目的和原则有了较为深入的认识与把握。在这些方针指导下,陕甘宁、晋察冀、晋冀鲁豫、晋绥、鄂豫、山东、江苏、安徽等边区或根据地先后开办了一批职业学校,培养了各方面的专门人才,满足了当时根据地生存、斗争和发展建设的需要。

(三)抗日根据地的职业教育实践

1. 中小学包含的职业教育

抗日革命根据地中小学教育中包含大量的劳动或技术教育特征。1940年,中共中央宣传部致信边区党委和政府,强调初小的教育内容"应把政治、社会、自然的常识同生产与生活联系起来",高小教育"以提高一般文化水平为主要内容,同时应当辅以生产教育(农业的、畜牧业的或手艺的)及卫生教育,同时进行社会服务教育"。1941年,陕甘宁边区教育厅在总结抗战以来的小学教育工作时特别指出:"完小也应把生产劳动和学习配合着进行(学习仍然是第一)。把生产劳动与教导和身体的修养相结合,这是我们新教育的努力方向,也是与资产阶级教育最基本差别之一。因此,进行生产劳动(如种菜、纺毛线等)不仅可以改善生活,同时含有很大的教育意义。"②在陕甘宁边区,小学师生参加社会实际活动,如征粮、募寒衣、放哨、查路条等,也参加生产劳动,如打柴、背炭、种地、拾粪等。小学师生也积极参与领导夜校、半日校、识字组、群众娱乐等方面工作③。1944年,延安的完小改变教育

---

① 中央教育科学研究所,《老解放区教育资料(二)》(上册),教育科学出版社1986年版,第462页。

② 中央教育科学研究所,《老解放区教育资料(二)》(下册),教育科学出版社1986年版,第330页。

③ 中央教育科学研究所,《老解放区教育资料(二)》(下册),教育科学出版社1986年版,第326页。

方针，在正课之外，四年级以上学生增加教授记账法、写信、写路条、写契约、珠算等教学内容，并且在教材中增加了为生产和生活服务的内容。与此同时，学校还根据学生体力和年龄，将学生分为三个劳动小组：木工组、纺纱组和农业畜牧组，并聘请劳动能手进学校指导和教授学生上述生产技能[1]。1945年，在晋察冀边区政府所编写的小学国语课本中，关于劳动观点和生产知识的内容就占全部课本的三分之一以上。在教学中，不少学校在课堂上讲授生产知识后，还要组织学生参加针对性的生产实践。

各根据地的中学特别重视实施各种技术教育，将普通教育与技术教育结合在一起，以培养抗战所需要的各种专门技术人才。陕甘宁边区中学的课程主要包括三方面内容：政治课程、文化课程和技术课程。其中技术课程包括生产知识和医药卫生知识，前者讲授边区农业与手工业方面实用的生产技术知识、组织劳动力的知识、机关与部队生产经验等；后者讲授边区实用的卫生营养与防疫知识、常见疫病的预防法、急救与护理知识、保育知识等。由此可见，劳动技术教育在中学备受重视。陕甘宁边区的中学广泛开展生产劳动。开展生产劳动一方面可以解决学校办学经费不足的问题，另一方面可以使学生养成重视劳动的观念，掌握生产劳动的实际知识和技能，锻炼学生的身体。

2. 职业中学

一些抗日根据地如苏北、苏中根据地开办了专门的职业中学。1942年秋，苏北盐阜区创办了盐阜职业中学，设化工、纺织两个班，生产纸张和土布。为了进一步加强中等职业教育的发展，盐阜一联中、二联中分别改为苏北工业专门学校和苏北盐垦专门学校。为了推动职业教育的发展，苏中地区于1944年召开教育会议，规定普通中学要逐步转变为师范或专门学校，培养各种专门人才；私立中学也可以办初级或中级职业学校。遵照这次会议精神，各中学均开设专业课、专业班。苏北、苏

---

[1] 中央教育科学研究所，《老解放区教育资料（二）》（下册），教育科学出版社1986年版，第355页。

中等地中学职业教育及职业专门学校教育的发展，为其他邻近边区发展职业教育提供了范例。

3. 社会职业教育

冬学是各抗日根据地开展面向广大劳动人民进行社会教育的最普遍、最主要形式。根据地政府在冬季农闲时开办乡村临时学校，除了政治教育和文化教育之外，还有农业生产需要的科学技术知识（如育苗、施肥、耕作等的知识）、军事斗争方面的知识（如民兵如何埋地雷，如何利用地形地物投掷手榴弹）、卫生方面的一般保健和疾病知识等。1944年，陕甘宁边区政府提出，冬学的中心目的是"扫除文盲，主要是识字，但在适当情形下，亦可用以传授为群众所迫切需要的珠算或农业手工业技术，或简单的医药卫生知识"①。1943年10月，中共山东分局提出，冬学内容应以生产为中心，与时事教育结合。根据地在冬学中组织农民回顾和总结一年中的农业生产情况，研究改进耕作方法，使冬学能够切实吸引农民群众，并且起到推动根据地生产的实际作用。1942—1943年间，晋察冀边区开办了地雷训练班，冀中区在开展地道战的过程中开办了地下建设训练班，还有一些训练班主要面向妇女，传播卫生保健方面的基本知识或纺花、织布的技术。

4. 根据地干部教育

根据地干部教育面向在职干部，开展以业务教育、政治教育、文化教育和理论教育为中心的教育活动，使处于军事、政治、党务、文化、教育、宣传、组织、民运、锄奸、财政、经济、金融、医药、卫生及其他任何工作部门的干部，都能够精通自己的业务②。因此，根据地的干部教育基本上都带有职业教育的性质。当时，面向干部的职业技术学校主要有：陕甘宁边区农业学校、陕甘宁边区的八路军卫生学校、陕甘宁

---

① 中央教育科学研究所，《老解放区教育资料（二）》（下册），教育科学出版社1986年版，第48页。

② 中央教育科学研究所，《老解放区教育资料（二）》（上册），教育科学出版社1986年版，第198—199页。

边区医药学校、延安药科学校、白求恩护士学校；晋察冀抗日根据地的军区卫生学校、白求恩卫生学校、晋绥卫生学校；山东根据地的军区卫生学校、八路军抗日军人家属学校、山东财政经济学校；东北抗日根据地的电信学校等。

二、解放区的职业教育方针与制度

抗日战争胜利至内战爆发前，解放区的职业教育侧重于恢复和重建。解放战争爆发后，解放区的职业教育一方面为土地改革服务，另一方面为培养大量的技术干部服务。随着战争形势的明朗，各解放区致力于推进职业教育的制度化，形成了初步的职业教育系统。

（一）解放区的职业教育方针

抗战胜利后，在长期革命斗争与经济建设经验的基础上，各解放区一方面针对当时必须取得解放战争胜利的需要，另一方面则针对当时解放区乃至全国解放后经济建设的需要，明确提出了发展职业教育的方针，主要表现在以下三个方面：

(1) 从教育民主化与大众化的角度阐明职业教育的大众性。强调职业教育必须与其他教育类型融为一体，为人民大众的普通需要服务。1947年，晋冀鲁豫边区政府教育厅在《关于本边区实施新教育方针的初步意见》中指出，新社会的教育内容"要更适合人民大众的要求，广泛地包括人民生活的各方面，但也要抓紧最现实的愿望给以满足，绝不能像封建教育把劳心劳力分开，文化被封建阶级独占。也不需要像旧制的使'文雅教育'与'职业教育'严格对立，而又双轨并存"[①]。由此可见，解放区的教育方针将职业教育置于与其他类型教育同等重要的地位，从理论上清楚地认识到职业教育是满足社会和人民需要的重要教育

---

① 中央教育科学研究所，《老解放区教育资料（三）》，教育科学出版社1991年版，第49页。

形式。

（2）强调通过发展职业教育培养大批专门技术人才。1946年5月，晋察冀边区政府提出边区教育的总方针，指出"培养大批领导农业生产的干部、水利人才、部分的工业干部及合作贸易、会计干部、行政干部，并加强在职干部的教育，提高其政治文化水平及工作能力，是教育工作最中心的任务"，并且在实施步骤中明确指出，要办理职业学校来实现上述目标，具体"由省或行署创办职业学校，逐渐向专区、县普及。负责训练培养领导农业生产干部、合作干部及会计等人才。教育内容以总结与推广大生产及几年来合作工作的经验，初合当地需要为主。工业人才及农业、商业等技术人才由边区政府负责培养"[1]。1949年2月，华北人民政府通过了"华北区文化教育建设计划"，强调当时的首要任务是培养和提高为人民服务的各种干部及技术人才。为此，华北人民政府创办各种职业学校，辅以速成班，培养工矿、农林、财经、水利、电信、交通、医药、卫生、文艺、新闻、司法等领域的中下级干部及普通技术人员。

（3）加强职业教育的制度化。各解放区政府相继颁布教育工作方案，有的解放区甚至颁布了暂行的学制。这些举措大大推动了职业教育的制度化，为新中国职业教育制度的建立奠定了基础。1946年2月，苏皖边区政府教育厅颁布暂行教育工作方案，公布了新学制。在初中阶段设置初级职业学校以及在职干部短期学校；在高中阶段设置各种专科学校，包括农业学校、工业学校、行政学校、医科学校以及其他各种较高级的职业学校。1946年9月，东北政委会下发《关于改造学校教育与开展冬学运动的指示》，根据当时东北区的实际情况，提出"在东北目前的状况下，中等教育应重于小学教育。而在中等教育中的比重，应该是师范教育占第一位，职业教育占第二位，普通中等教育占末位。"职业教育占第二位的原因在于"今后东北解放区要发展经济，改造下层

---

[1] 中央教育科学研究所，《老解放区教育资料（三）》，教育科学出版社1991年版，第16页。

政权,健全地方工作,也需要大批经济技术人员与下层地方工作干部"。所以,各地可根据当地工作的需要开办职业学校和地方干部训练班①。

(二)解放区的职业教育制度

各解放区由于实际情况存在差异,职业教育制度并不统一,但总体将职业教育分为初级职业学校、在职干部短期训练学校、高级职业学校或专科学校几种形式。初中阶段设置的初级职业学校招收高小毕业生、高级民校毕业生及群众中具有特殊才干的优秀分子,予以各种较单纯的职业训练,使能直接参加地方建设工作。在职干部短期学校则培养区级以下各种干部。除抽调区以下干部予以必要训练,也招收知识青年予以就业的训练,能使具备在一个区或乡的范围内,领导群众开展生产运动、民主建设及自卫斗争的各项知能与品质。在高中阶段设置各种专科学校,培养各种较专门的建设人才,包括农业学校、工业学校、行政学校、医科学校以及其他各种较高级的职业学校②。

各解放区的职业教育制定了因地制宜的制度措施,在总体上已经呈现制度化的趋势。例如:1946年9月,东北政委会下发《关于改造学校教育与开展冬学运动的指示》,根据当时东北区的实际情况,要求各地根据当地工作的需要开办职业学校和地方干部训练班;同时要求最好由各生产部门来办职业学校,如由铁路部门办铁路学校,由矿山办矿业学校,由工业部门办工业学校,由农业机关办农业学校。至于地方干部训练班,各地如果条件具备就单独办,如果没有独办的条件,可交给中学校或师范兼办③。职业学校的学制分为两种类型:一种是较长期的学校;另一种是短期训练班,期限可按具体情况而定。高级中学也可以实行分

---

① 中央教育科学研究所,《老解放区教育资料(三)》,教育科学出版社1991年版,第150页。
② 中央教育科学研究所,《老解放区教育资料(三)》,教育科学出版社1991年版,第95—106页。
③ 中央教育科学研究所,《老解放区教育资料(三)》,教育科学出版社1991年版,第150页。

科，分设工、农、商、行政等科。职业学校的课程由各学校根据实际情况自行设定。

中国共产党领导下的革命根据地的职业教育，始终适应革命战争与社会发展的需要，从无到有，从不系统到渐趋系统化，为根据地的生存、发展以及革命的最终胜利发挥了应有的作用，积累了办学经验，值得我们深入地总结与继承。

第七章 特征：中国近代职业教育的思潮、制度、实践互动

中国近代职业教育思潮的流变，发生在内忧外患、社会转型的特殊历史时期，社会政治、经济、文化等因素对教育的制约作用凸显；中国传统的科举教育空疏无用与近代中国社会转型的迫切人才需求之间的矛盾，激发了教育近代化的内生动力。因此，中国近代职业教育思潮的产生和发展具有鲜明的时代特征和形态特征。

第一节 中国近代职业教育思潮的时代特征

教育思想是对教育实践和社会现实的反映。一种职业教育思潮的产生和发展，来自人们对职业教育本身的认识，更重要的是来自对社会现实需求的认识。教育制度是教育思想与国家制度的结合，中国近代的几次职业教育制度变革是人们对职业教育的社会适应性以及对职业教育自身认识和在国家制度上的反映，是几次职业教育思潮的制度化结果。中国近代的职业教育家们对职业教育的理想化追求，最终要靠推动职业教育制度的变革来实现。

一、中国近代职业教育思潮的基本特征

中国近代职业教育思潮无论短长急缓，都对中国职业教育近代化进程产生了重要影响。归纳来看，其主流特征可以概括为三个关键词：实用、开放、人本。

（一）"教育救国"与"平民生计"的统一

随着民族意识的不断觉醒和民族资本主义的发展壮大，实业救国、教育救国的实用价值追求贯穿于近代职业教育思想发生发展的始终。同时，在欧美民主思想和实用主义思想影响下，面对当时内忧外患的艰难困境，黄炎培等教育家强烈呼吁教育要关注生计，关注民生，将职业教育定位于"平民教育"，反映出近代职业教育家对于"改变当时中国落后愚昧的困境首先要从改变人开始""农民问题是中国的根本问题"等的思想认同和行动自觉。

（二）"被动开放"与"主动借鉴"的统一

鸦片战争以后，帝国主义的坚船利炮迫使中国打开国门，一些近代教育思想的探索者开始反思中国传统教育弊端，引进西方科学技术，产生了"师夷长技以制夷""中体西用"等思想；留学日本的知识分子引进了日本明治维新后的社会变革经验和学校教育制度；陶行知、蒋梦麟等留美人士深受杜威实用主义教育思想的影响，在中国开展了各种教育改革试验。外国教育思想的传入与中国本土化探索的互动，形成了前述诸多职业教育思潮。先有教育思潮而后有教育实践是中国近代职业教育的显著特征，其中难免有机械照搬、脱离国情的曲折和不足。

（三）"社会性"与"人本性"的统一

自洋务教育至清末民初的实业教育，本着自强求富和振兴实业的宗旨，一些政治家和教育家强调的是办学的社会性和实用性，培养社会

发展需要的实用人才是当时职业教育的出发点与归宿。在西方人本理论和实用主义教育思想影响下，民国时期的职业教育在强调实业救国的同时，更加关注平民生计问题，也开始关注人的个性化发展，并且从西方引入了职业道德、职业心理等思想理论。

二、中国近代职业教育思潮、教育实践、教育制度的互动

中国近代是一个社会激烈动荡的时代，社会变革、阶层兴衰、文化重塑必然带来各种思潮的空前活跃和复杂多变。中国近代职业教育思潮深刻影响着中国职业教育近代化的进程，并推动建立了职业教育制度的变革。反过来，教育实践探索和学制变革也带来对职业教育的再认识、再升华。这种互动关系大致经历了以下三个阶段。

首先，封建制度的没落和"西学东渐"的冲击使清末科举教育体系土崩瓦解，在洋务派"中体西用"思潮和改良维新派实业教育思潮的推动下，新式学堂相继建立和推广，张百熙、张之洞等主持制定的壬寅学制（1902年）和癸卯学制（1903年）应运而生，学制引自日本、效仿西方，其中"农、工、商实业学堂章程""实业教员讲习所章程""实业学堂通则"赫然在册，标志着职业教育性质的实业教育体系首次被纳入清末官办学制中。

其次，辛亥革命后，蔡元培等资产阶级教育家受西方教育思想的启发，倡导"五育并举"思想，其中的实利主义教育亦具有职业教育性质。蔡元培任教育总长时颁布的壬子癸丑学制（1912—1913年）参照日本明治维新后新学制拟定，学制中专设实业教育体系，实业学校分甲乙两种，均为3年毕业，分农业、工业、商业、商船各类，分别实施完全或简易普通实业教育。"实业学校令""实业学校规程"使当时的实业教育得以规范和加强[①]。

---

① 祁占勇、齐跃丽，《民国时期职业教育立法的基本特征及当代价值》，《河北师范大学学报（教育科学版）》，2021年第23期，第103—111页。

再次，在新文化运动的激荡之下，平民教育思潮、工读主义教育思潮、职业教育思潮等逐步兴起，中华职业教育社、中华平民教育促进会等职业教育团体相继成立，一些职业教育探索和试验方兴未艾，欧美民主思想和实用主义教育思想影响下的职业教育体制出现在国民政府颁布的壬戌学制（1922年）和《职业学校法》（1932年）、《职业学校规程》（1933年）、《修正职业学校规程》（1941年）等教育制度中[①]。

另外，伴随着马克思主义在中国的传播和中国共产党的成立，新民主主义教育先后在中央苏区、抗日革命根据地和解放区付诸实践，初步形成了一些新民主主义的职业教育制度。

第二节 中国近代职业教育思潮与职业教育制度的建立

教育制度包括学校教育制度和教育行政制度。职业教育思潮以建立职业教育制度为目的。我国近代职业教育制度的建立，从洋务运动时期相继开办的以培养军工技术人才和翻译人才为主的各类洋务学堂开始，零散开办、缺乏统一规划和系统管理，清末新政时期实业教育进入壬寅学制、癸卯学制，建立独立的实业学校系统，成为国家学制的重要组成部分，开启了中国近代职业教育制度化的新阶段。1912—1913年，中国民族资产阶级取得政权后颁布壬子癸丑学制，基本沿用了癸卯学制中的实业教育制度，但教育内容有所调整，女子拥有了受教育权。受新文化运动的影响，1922年国民政府颁布了仿照美国学制的壬戌学制，职业教育取代实业教育，高中阶段分普通科和职业科（分为师范、商业、工业、农业、家事等科），重视学生的职业训练和补习教育，兼顾升学与就业。高等教育阶段设专门学校。1932年国

[①] 孟景舟，《关于职业教育名称的百年之争》，《职教论坛》，2011年第16期，第8—10页。

民政府颁布《职业学校法》，明确规定职业学校单独设置，以培养青年生活的知识和生产之技能为宗旨，强调学生强健体格、劳动习惯、职业道德、创业精神的养成与训练，明确学校的校长和教师的任职要求，实行免费入学制度，强调训练与实习等。1933年又颁布《职业学校规程》。这些法规的颁布实施，对完善职业学校教育制度，发展国民生计起到重要推动作用。正是在各种职业教育思潮的积极推动下，中国近代的职业教育才能够从各阶段教育思潮中的种种蓝图，相继化成职业教育制度和教育现实。

一、从洋务教育思潮到新式学堂设立

洋务派初期在"求强"的口号下创办军事工业和通信系统，之后在"求富"思想的指导下，开始创办各类民用工业、商业和运输业，在这一过程中深感各类专门人才的缺乏，认识到这种专门的人才是传统科举制度不可能培养出来的。尽管在"中体西用"的思想框架下，他们仍然以维护封建统治为目的，但是洋务教育终究把封建教育体系打开了一个缺口。洋务教育思想融合了较多的西学教育思想，已经同传统的封建教育有了很大的不同。特别是洋务实业教育围绕实业人才的培养、实业学堂的建立等问题，形成了一个封建传统教育理论所没有的新思想类型，以满足当时社会进步和生产发展的需要，符合中国近代社会发展的潮流，为清末实业教育制度的诞生准备了思想和物质条件，积累了宝贵的经验[①]。

（一）京师同文馆的创建

洋务派在外交中感到"语言不通，文字难辨，一切隔膜"，于是提出设立学习英、法、美等国语言的学堂，并且从八旗子弟中"挑选天资

---

① 彭干梓、夏金星、邹纪生，《近代中国职业教育的启蒙》，《岳阳职业技术学院学报》，2005年第4期，第4—12页。

聪慧，年在十三四以下者，各四五人，俾资学习"①。1862年，京师同文馆成立，最初设英文馆，1863年增设法文馆和俄文馆。1866年又增设天文算学馆，这使同文馆由专门培养翻译人才的学校转变成为兼而培养科学技术人才的专门学校。1872年增设德文馆。学生最初只招收十三四岁以下的八旗子弟，后来也兼收年岁较长的满汉学生。1900年，八国联军入侵北京，京师同文馆的全体师生解散。1901年，京师同文馆归并入京师大学堂。京师同文馆的创办是中国职业教育史上的一件大事，是中国近代以学校形式开展职业技术教育的开端。

（二）福州船政学堂的创办

第二次鸦片战争的失败使清政府意识到海防对国家安全至关重要，由此提出设局监造轮船以及编练水师的计划。不仅如此，洋务派还意识到，"船政的根本在于学堂"。左宗棠就深刻地指出，"夫习造轮船，非为造轮船也，欲尽其制造、驾驶之术耳；非徒求一二人能制造、驾驶也，欲广其传，使中国才艺日进，制造、驾驶展转授受，传习无穷耳。故必开艺局"②。因此，福州船政局在设立之初，便将培养专门技术人才放在重要位置。船政局首任正监督、法国人日意格在为船政局拟定的基本计划中明确规定，"建立学堂，以训练造船制器的工匠，并训练驾驶人员"，"雇用外国工匠造船制器，并教导中国工匠、匠首及艺童"③。1866年，在福州船政局中附设艺局，福州船政学堂诞生。

维新派也形成了自己的创办职业教育的主张。康有为在1898年8月就曾上折"请开农学堂地质局，以兴农殖民而富国本"④。在维新派的推动下，戊戌变法期间，清廷发布了不少上谕，要求各地设立各类学堂，其中就包括设立职业技术学堂，如在1898年9月9日就曾上谕设

---

① 《筹办夷务始末（咸丰朝）》（卷七一），中华书局1979年版，第24页。
② 中国史学会，《洋务运动》（五），上海人民出版社1961年版，第5—6页。
③ 孙毓棠，《中国近代工业史资料》（第一辑上册），科学出版社1957年版，第395—397页。
④ 陈元晖，《戊戌时期教育》，上海教育出版社2007年版，第115页。

医学堂，还鼓励创办农务学堂并筹设茶务学堂等。在地方官绅的努力下，又设立了一批专门学堂。这些学堂跟洋务派应急创办的早期职业技术学堂不同，它们大多不再附设于洋务企业或某个机构，而是独立的农、工、商等专门学堂，毕业学生更多地面向社会，而不是为少数官办企业服务。与早期洋务学堂相比，这些专门学堂更接近于壬寅、癸卯学制后各地出现的实业学堂。

二、从实业教育思潮到实业教育制度

从19世纪60年代至1903年间，实业教育思潮的目标，就是建立中国的实业教育制度，洋务派、早期改良派、维新派的教育思潮无不如此。废除科举、建立新学制是"中体西用"的重要内容。新学制的建立从学校教育制度上保证了"中体西用"教育思想的落实。清末颁布的近代学制有两次。1902年（农历壬寅年）由管学大臣张百熙奏准颁布的《钦定学堂章程》亦称壬寅学制。另一次是张百熙、荣庆、张之洞等三人根据"中学为体、西学为用"的基本精神，于1904年（农历癸卯年）重订的《奏定学堂章程》，史称"癸卯学制"，成为近代中国第一个颁布施行的现代学制。这个学制除规定学制系统外，还订立了《学务纲要》、《大学堂章程》（附《通儒院章程》）、《优级师范学堂章程》、《初级师范学堂章程》、《实业教育讲习所章程》以及《各学堂管理通则》《任用教员章程》《各学堂奖励章程》等。

癸卯学制分为横向和纵向两个系统，横向包括普通学堂、实业学堂与师范学堂；纵向分为初等教育、中等教育和高等教育等三段。初等教育又分为蒙养院、初等小学（5年）及高等小学（4年）三级；中等教育只有中等学堂一级（3年）；高等教育段分为高等学堂（大学预科、3年）、大学分科（3—4年）及通儒院（5年）三级。与初等小学同级的有艺徒学堂，与高等小学同级的有初等实业学堂、实业补习学堂，与中学堂同级的有中等实业学堂、初级师范学堂，与高等学堂大学预科和分科大学同级的有高等实业学堂、实业教员讲习所、优级师范学堂以及进士馆、译学馆等。该学制是我国在学习西方学制的基础上形成的第一个具有完整体系的现代学制。

1905年，清政府不得不采纳张之洞等6名地方督抚的联名上奏，宣布废止科举制，癸卯学制得以全面取代科举制。随后几年，清政府成立学部，划分学区，在中央、府、州、县设立了相应的教育行政机构。这一时期，实业教育已经拥有独立的行政管理体系。1905年12月设立的学部，作为统辖全国的中央教育行政机构。学部内设实业司，作为全国实业教育的主管机关，具体事务由该司下设实业教务科和实业庶务科分别办理。该司作为全国实业教育的主管机关，其主要职责包括全国实业教育学校的统筹部署和宏观管理，调查各省实业教育概况，筹措分配教育经费等方面。在地方上，各地实业教育的具体事宜则由各省提学使司下设的实业课管理。由此可见，清末实业教育的管理机构已经实现了从中央到地方、上下贯通、自成一体的行政管理体系，这也充分证明了清末实业教育在整个清末新式教育体系中的重要地位。

1911年辛亥革命胜利，推翻了清王朝的封建统治。蔡元培出任中华民国临时政府教育总长，教育部取代学部，设实业教育司，掌管农、工、商、艺徒、实业补习学校事项，并负责筹划实业教育补助费（1913年后实业教育司取消，实业学校的有关事宜归入普通教育司的实业科管理）。蔡元培提出了著名的军国民教育、实利主义教育、公民道德教育、世界观教育和美感教育等"五育并举"的教育方针。当时主持中华书局的陆费逵发表了《民国教育方针当采实利主义》一文，阐述了自己对"实利主义"的理解，对蔡元培所倡导的"实利主义教育"大力推崇，一时间蔚成风潮。

1912年7月10日至8月10日，在蔡元培的主持下，全国临时教育会议在北京召开。会议采纳蔡元培的主张，制定了"注重道德教育，以实利教育、军国民教育辅之，更以美感教育完成其道德"的教育宗旨，通过了《学校系统案》，并于9月3日由教育部公布。至1913年8

月，教育部又陆续公布了临时教育会议决议的《小学校令》《中学校令》《师范学校令》《专门学校令》《大学令》《实业学校令》和新制定的一些学校法令规程，统称"壬子癸丑学制"。

该学制的实业教育系统，包括与高等小学平行的乙种实业学校、实业补习学校及补习科等，与中学对应的甲种实业学校、师范学校（5年）及补习科，与大学相当的专门学校、高等师范学校等。就实业教育而言，不仅将"实利教育"列为教育宗旨的重要方面，强调"以人民生计为普通教育之中坚"，在普通教育中引进有关实业教育的内容，而且对实业教育进行了诸多改革，大大提高了实业教育的地位。

《实业学校令》中规定：清末的实业学堂改称实业学校，以教授农、工、商业必需之知识、技能为目的，并由原来的初、中、高三级改为甲、乙两种，甲种实业学校施完全之普通实业教育；乙种实业学校施简易之普通实业教育；亦得应地方需要授以特殊之技术。甲种招收高小毕业生，修业年限为预科1年、本科3年；乙种招收初小毕业生，学习本科3年。两种实业学校均分为农业学校（含蚕业学校、森林学校、兽医学校、水产学校等）、工业学校（艺徒学校视作乙种工业学校）、商业学校、商船学校和实业补习学校等几类。甲种实业学校主要由省一级设立，县及城镇、乡或农、工、商会可设立乙种实业学校，亦可酌情设立甲种实业学校。以省经费设立的实业学校称为省立实业学校，由县经费或城镇、乡经费设立的称为县立或城镇、乡立实业学校，农、工、商会性质系公法人者，所设立的称为公立实业学校。另外允许私人或私人创设私立实业学校，并专为女子设立女子职业学校，以厉行教育的民主化，改变男女教育不平等的状况。

与《实业学校令》同时公布的《实业学校规程》，对甲、乙种农业、工业、商业、商船、实业补习等各类实业学校教员的资格、学校的编制、设备、招收对象、修业年限、学科的设置和开设的科目等方面作了更为明确的规定。另外，该学制还规定设立农、工、商、商船等专门实业学校，在小学开设农业或商业课（小学女生为缝纫课），女子中学增加家事、园艺和缝纫课,在大学中附办农、工、商等实业科等。

民初有关实业教育的规定与晚清相比虽然取消了高等实业学堂,但由于增设了专门的实业学校,除中学校、师范学校外,各级学校中均可设立有关实业的学科或课程,所以实业教育的范围更加广泛了,有助于资本主义民族工商业的发展。

三、从职业教育思潮到职业教育制度的建立

民国初年之后,黄炎培等人开始就把美国式的实用主义教育作为宣传的重心,要求改革实业教育制度。1917年5月中华职业教育社成立后,在其大力推广宣传之下,职业教育渐渐为越来越多的人所了解,发展职业教育的呼声日益高涨,职业教育取代原来的实业教育,逐渐成为教育界、实业界的共识。1917年10月,全国教育会联合会第三届年会于杭州召开,将职业教育列为与义务教育、体育同等重要的"三大紧要问题"之一,并专设"职业教育"组,专门就职业教育在调查、研究的基础上进行讨论。会议制定了《职业教育进行计划案》并呈请教育部,得到了教育部的充分肯定。1918年10月,全国教育会联合会第四届年会于上海召开。此次大会仍将"职业教育问题"列为讨论的重要内容。在会上,由广东代表金曾澄提出的《提倡职业教育意见书》备受重视。第五、六届年会对职业教育也颇为关注。1921年11月,全国教育会联合会第七届年会通过了《学制系统草案》(下称《草案》),《草案》对壬子癸丑学制进行了多方面的改革,将中学延长至6年,分初、高两级;高中分设普通科和职业科,兼顾了就业和升学双重目标。全国教育会联合会要求各省组织专家进行讨论,并请各报馆、杂志充分发挥舆论及宣传作用,向全国广泛征求意见。

1922年7月3日,中华教育改进社于济南召开第一届年会,有18个省(区)的300余名代表与会,其中包括蔡元培、梁启超、胡适、黄炎培、陶行知等人。在这次会议上,职业教育组由黄炎培任主席。与会

人员认为，在职业学校学程和行政机关中添设职业教育专科、职业指导与介绍、职业补习以及女子职业教育，均是当时职业教育至为重要的问题，通过了多项职业教育议案，如《编造全国职业教育统计案》《各种职业团体筹款设立职业学校案》《组织职业学校学程标准案》《省教育行政机关应设职业教育科并置专科视学员案》《推广女子职业教育案》《推广工人工徒职业教育补习案》等。除职业教育组外，女子教育组也极力号召女子职业教育的推进，通过了《筹办家事补习教育案》等。这些议案对当时职业教育制度的确立有着重要的指导意义。

1922年9月20日，教育部召开学制会议，进一步讨论学制改革问题。会议在《学制系统草案》的基础上，议定通过了《学校系统改革案》。10月全国教育会联合会在济南召开第八届年会。这次会议的一个重要议题，就是讨论学制改革。会议最终广泛吸取教育界对于《学制系统草案》的有关意见和建议，参照学制会议所制定的《学校系统改革案》，择善而从，集思广益，制定了一个新的更完备的《学校系统改革案》。11月1日，北洋政府以"大总统令"公布了该报告案，即为壬戌学制；相较于壬子癸丑学制，也称"新学制"。

壬戌学制第一次确立了职业教育在学制上的法律地位，规定"小学课程得于较高年级，斟酌地方情形，增置职业准备之教育"，"初级中学施行普通教育，但得视地方需要，兼设各种职业科"，"高级中学分普通、农、工、商、师范、家事等科"，酌量地方情形，单设一科或兼设数科；"依旧制设立之甲种实业学校，酌改为职业学校，或高级中学农、工、商等科"，"依旧制设立之乙种实业学校，酌改为职业学校"，"职业学校之期限及程度，得酌量各地方实际需要情形定之"，"为推广职业教育计，得于相当学校内酌设职业教员养成科"[①]。可见，"新学制"在职业教育方面共有六种形式：小学校高年级的职业预备教育，初级中学兼设的职业科，高级中学兼设的职业科，职业学校，大学及专门学校

---

① 璩鑫圭、唐良炎，《学制演变》，上海教育出版社1991年版，第991—993页。

附设的职业专修科以及补习学校的职业科。至此，经过教育界、实业界众多人士的努力，职业教育终于形成了一个完整的制度体系，取得了法律上的地位。

四、从职业教育变革思潮到职业教育制度调整

从20世纪20年代后期到30年代初期，重新崛起的职业教育思潮，也把职业教育制度的调整作为主要问题和目标，并终于在1932年完成了调整。

（一）戊辰学制中的职业教育制度

1922年颁布的"壬戌学制"施行后，通过几年的实践，呈现了一定的利弊得失。1928年5月15日至28日，全国教育会议召开。在这次会议上通过了有关职业教育的议案近10项，如《请规定职业教育在学制上的地位》要求，在学制系统中明确标示职业教育的范围。《请推行职业教育案》指出，举办职业教育乃当务之急，主张各有关机关应次第分别设立各种职业学校，以应时代需要。《设立职业学校案》提出，职业学校得单独设立，并以应地方需要及利用其环境与生产为原则；职业学校以传授直接生产之技能为限，故其教育方针，以实地工作为主、班级授课为辅，使学生毕业后，能具有一定技术工作能力；学校应尽可能收录贫寒子弟，减少求学费用；学生毕业年限，视各校性质和培养学生应达到的程度由各校决定。《请切实整顿全国各级工商学校以致实用案》要求，各级工商学校应提高课程标准，严格毕业考试，并务必注重学生实习，不得空谈学理。《全国农林教育计划案》提出，各省区应多设农林实习学校及农林传习所，使农民可得实用的农林科学知识。《推行平民女子职业教育案》要求，由中央政府通令各县，广设平民女子职业学校，在设立时应注意各地经济情形、社会需要和妇女状况，并限定一门主科，以求技能娴熟。此外，与职业教育

相关的议案还有《设立职业指导所及厉行职业指导案》《请中央筹设西北垦务学校案》等。

大会通过了修正的《中华民国学校系统案》,即"戊辰学制"。该学制阐明"根据本国实情,适应民主需要,增高教育效率,谋个性之发展,使教育易于普及,留地方伸缩可能"的六个原则。在职业教育方面,该学制予以关注和加强,规定"小学校课程于较高年级,斟酌地方情形,增设职业准备学科","初级中学施行普通教育,但得视地方需要,兼设各种职业科","农、工、商、师范等科,得单独设立为高级职业中学校,修业年限以三年为原则","为推广职业教育计划,得于相当学校内附设职业师资科"[①]。这些规定对于当时的职业教育发展起到了一定的推进作用。

(二)职业教育制度的调整和职业学校单设

20世纪30年代初,根据职业教育施行中的实际情况,在顾树森、江恒源、穆藕初等职业教育家的推动下,国民政府对职业教育指导方针进行了新的调整。

时任教育部普通教育司司长的顾树森对普通中学设置教育科的施行状况提出了批评,指出"现在实际情形,高初级中学兼设各种职业科者,绝无仅有;而独立之职业学校,更寥若晨星。即旧有之甲乙种实业学校改为职业学校者,亦甚少。所以大多数小学毕业生,不问将来将升学与否,一律升入中学,致毕业后,不能得有一艺之长以谋生活,结果成为高等游民"[②]。针对这种状况,1931年4月2日,教育部令各省市从该年度起,普通中学过多而职业学校过少者,应暂不添办高中普通科及初中,而酌量情形添办初级农、工科职业学校,各县立中学也应逐渐改组为职

---

① 中国第二历史档案馆,《中华民国史档案资料汇编》(第五辑),江苏古籍出版社1994年版,第9—11页。
② 顾树森,《最近一年之普通教育》,《时事年刊(1930—1931)》,上海大东书局1931年版。

业学校或乡村师范学校;各普通中学应一律添设职业科或附设职业科;各新设职业学校或中学附设的职业科,应宽筹经费,充实设备,切实养成学生的劳动习惯及生产技能,并增加经费扩充旧有的各级职业学校。

1931年5月,国民党第三届中央执行委员会临时全体会议通过了《确定教育实施趋向办法》,要求"尽量增设职业学校及各种职业补习学校,职业教育之制度科目,应使富有弹性,并接近附近之经济情况;私人筹设职业学校者,国家应特别奖励之"[①]。同时,教育部聘江恒源、穆藕初、王志莘等人组成职业教育设计委员会,专题研究职业教育发展问题。9月1日,职业教育设计委员会召开第一次会议,讨论培养各级职业学校师资办法、职业学校设置标准、职业学校设科标准和职业学校实习办法、中小学职业指导办法等问题。

1932年12月,国民党第四届中央执行委员会第三次全体会议审议通过了《确立教育目标与改革教育制度案》,提出鉴于在中学设立职业科不仅职业技能未能得以充分培养,并严重影响了普通中学的教育质量,导致谋生、升学之目的最终都不能达到,教育部乃决定取消在普通中学设置职业科的规定,令职业学校单独设立,自成系统,以专门培养青年生活之技能,使其能自主生产,更好地为社会服务。至此,职业学校得以单独设立,职业教育制度实现了又一次重大调整。

此外,国民政府教育部还公布了实施生产教育的办法,规定"各省市应尽量扩充职业学校,私人捐资兴学亦由省教育厅或市教育局劝其设立职业学校;私人办理有成绩之职业学校,由公家予以补助;公私立中学,成绩不佳或地方无此需要者,一律改办职业学校";"职业学校应注重生产技能、劳动习惯,不必规定同样毕业年限,不必分农工商等科,应就地方之需要,注重专科单设";"职业学校以不收费为原则,俾贫寒子弟,有入学之机会";"高级职业学校,注重专门技能,训练必须与实习场所打成一片,而不仅为书本或理论教育";"高级职业学

---

① 教育部,《职业教育设计委员会规程》,《教育部公报》,1931年第4期。

校，应由教育部视察各省需要，斟酌缓急，逐渐添设"①。

1933年至1937年抗战全面爆发，在有关职业教育的法令规章督促下，绝大多数省市增建了新的职业学校，职业学校的数量有所增加。虽然在职业教育思潮的影响下，国民政府重视职业教育，但是职业教育却未能取得长足进步。其根本原因在于国民政府的政治腐败与经济萧条，政府在出台有关加强职业教育的一系列政策规定时不能根据实际情况，有限的职业教育经费也未能用于紧要之处。职业学校在数量上虽然有所增长，但是在职业教育的教学科目调整、教学设备补充、师资配备、学生职业指导等方面缺乏实质性改进，导致职业学校培养的人才难以适应社会需要。

第三节 中国近代职业教育思潮的实践特征

中国近代的职业教育虽然在很大程度上是一种舶来品，但是这种西方色彩只是中国近代职业教育产生和发展的一个外部因素。中国近代社会具有半殖民地半封建的特殊性质，清末和民国时期社会政治腐朽、经济落后、民生困苦的社会现实，对职业教育的发展产生了深刻的影响，从而使中国近代职业教育不同于西方工业文明发展基础上建立起来的职业教育，在历经艰辛探索而坎坷前行的过程中，表现出若干实践特征。中国近代职业教育思潮发展进程中的实践特征是研究中国近代职业教育思潮不能忽视的一个方面。

一、中国近代落后的经济水平影响了职业教育的发展

西方资本主义国家的职业教育制度是伴随着资本主义生产方式的发

---

① 赵演，《现阶段中国教育鸟瞰及其改进趋势》，《教育杂志》，1934年第9期。

展而产生的，职业教育的发展有着深厚的资本主义工商业基础。而中国近代经济水平的低下与落后，直接制约着职业教育的发展，近代以来的职业教育始终面临需求不足的困境，因此，受过职业教育的毕业生虽然数量有限，但是失业者比比皆是，学非所用者也大有人在，以致毕业生出路问题成为职业教育理论界长期关注、讨论不休的问题。这也导致社会各界、学生家长乃至教育界本身对职业教育缺乏足够的信心。

职业教育始终面临经费匮乏的问题。经费短缺使职业学校买不起实习设备，吸引不了合格师资，致使职业学校无法开展实习，职业教育师资等同于普通教育师资，所培养的学生自然只有书本知识，没有动手操作能力。近代中国的机器工业尚不发达，学徒制盛行，企业对职业教育不感兴趣。尽管职业教育思潮中一再强调职业学校联络沟通实业界，以方便学生实习、就业，但往往成为一句空洞的口号无法落实。因此，职业教育脱离实际生产生活也是必然的。

近代社会的经济发展严重落后，导致人民生活贫困，基本的生存问题一直困扰着普通中国人。人们没有经济能力接受职业教育，这使职业教育一直缺乏稳定充足的生源供应。近代的国民政府带有半殖民地半封建的性质，加上长期军阀割据、战乱不止、抗战救亡等原因，导致国民政府对职业教育实际上的支持也十分有限。

以上政治、经济、民生等几方面因素，导致近代中国职业教育发展实践滞后于思想，在中国近代化过程中的实际作用并不明显，呈现出不实用的弊病，以至于职业教育思潮反复地出现重实用的呼声。

二、中国近代职业教育早于其他近代教育出现

广义而言，带有近代职业教育性质的洋务学堂伴随着洋务运动的推进出现在清末科举教育体系之外，已经成为中国近代职业教育的发端。在此基础上逐渐发展起来的晚清实业教育，成为这一历史阶段的职业教育的代名词，只是还没有被称为"职业教育"而已。而此时，封建科举

教育依然是官办主流教育，顽固地占据着正统教育的地位，直至1905年由清政府宣布废除。1903年制定的癸卯学制（奏定学堂章程）颁布实施前，洋务教育、维新教育和清末新政时期兴办的洋务学堂、实业学堂基本上都属于近代职业教育范畴，此后中国近代初等教育、中等教育、高等教育、师范教育等各类学堂才陆续建立和发展。中国近代职业教育早于其他近代教育出现，这是中国职业教育发展史上的独特之处。这种发展进程导致了中国近代职业教育缺乏基础教育的奠基和高等教育的支持，所以在实业学堂设立之初就步履维艰。没有建立起坚实的近代基础教育，当时中国实业教育就不能从基础教育中得到符合近代文化素质要求的合格的生源。实业学堂所招收的学生在入学前接受的大多是旧式的传统封建教育，甚至已经取得了某种功名，因此他们大部分都缺乏必要的近代科学基础知识，因而生源的质量也就得不到保证。而且当时中国的实业教育尚未形成独立的系统，无序而分散，更不可能有配套的师资培养和供给。再加上传统致仕科举教育观念的影响，实业教育只是少数倡导洋务运动、维新运动的人士在呼吁和提倡，没有得到整个社会的普遍认可，反而由于又捡起科举教育封官晋爵的那一套激励制度，给学生们造成了新的错误认识，使得学生们又把职业教育理解为升官发财的另一途径，这就扭曲了中国近代职业教育的意义。

三、中国近代职业教育发展存在严重不平衡

中国近代职业教育的发展，在其不同的历史阶段表现为不同的形态特征。洋务教育阶段的洋务学堂主要是依托为数不多的洋务企业来兴办，谈不到平衡发展；清末民初的实业学堂建立是为了满足当时农、工、商各业发展的客观需求，在一定程度上得到政府的支持和推动，但是在数量和分布等方面，不同省份和地区以及不同行业领域间都存在着明显的发展不平衡。民国时期职业教育、乡村教育运动的试验和推广，也深受城乡差异、经济较发达地区和偏远落后地区差异、文化

与教育基础条件差异等因素的影响。这是同中国近代经济和社会发展的不平衡性相联系的。以实业教育阶段为例,这种不平衡性主要表现在以下两个方面。

(一)实业教育发展的地区不平衡

中国近代实业教育的发展布局同中国近代农、工、商经济发展的主要地区分布是相对应的。总体上来说,东部沿海、沿江地区等经济较发达地区以及作为政治中心的华北地区,近代实业产生比较早,发展的也较快,成效比较明显。而经济落后、交通不便的中、西部地区,由于实业发展不足,实业教育起步也比较晚,发展较慢,对当地的近代经济发展所起的作用也不如东部的实业教育那样明显。这种情况从实业教育诞生之初一直延续到实业教育衰退为止,沿海和内地、东部和西部职业教育的巨大反差一直都没有本质的变化,甚至还在不断的拉大差距。这可以从清末实业学堂的地域分布上得到证实:1909年实业学堂数在10所以上的省份有浙江、湖北、湖南、四川、河北、山东、河南、广东、云南、上海等10个省市,总计有163所学堂,占全国实业学堂总数的67.36%,而西部省份大多只有2—3所实业学堂。……从学生数量来看,1909年,仅湖北、湖南和河南三省实业学堂的学生就占全国的30.09%。[①]

(二)实业教育的发展存在着行业不平衡

在中国近代职业教育发展的初期,由于洋务运动倡导对西方军事和工业等工程技术的学习,工矿、电报等行业能够直接产生经济利益,所以直接为军事等方面服务的洋务学堂首先涌现,并得到了优先发展。农业类的学堂则随着江南地区对近代丝织业的需求而后来居上,并一直是近代职业教育的一个重点教育方向。商业类的学堂也随着民族工商业的

---

① 徐东、郭道端,《我国近代职业教育的变革与发展》,《国家教育行政学院学报》,2006年第8期。

发展而相继出现。而医学、交通、家政类学堂的发展却远不如农、工、商、矿业学堂。这种情况的出现，一方面反映了中国当时国民经济整体结构状况，另一方面也反映了当时中国的实业教育还不能超越单纯的生产需要，尚未注意到社会其他行业所蕴含的巨大就业潜力。如何逐步消除这些实业教育发展中的不平衡，还没能引起当时的实业教育推动者的关注和重视。

四、中国近代职业教育的实用精神难以真正落实

实用精神之所以成为近代中国职业教育思潮的精神追求，是由于近代中国教育始终存在脱离生产生活实际的弊病，导致职业教育家们的教育理想难以真正实现。

19世纪洋务派和早期改良派，为了学习西方的新教育而批判封建教育的空疏无用，纷纷强调实用精神。但是直到清末实业教育及1922年后的职业教育，仍然没有摆脱严重的脱离生产生活实际的弊病。新教育尤其是职业教育脱离生产生活的实际，表面上看，是由于职业教育内部因素例如师资、教材、教法、设备等问题引起的，但深层次原因主要是以下三个方面：一是癸卯实业教育制度照搬日本，壬戌职业教育制度效法美国，两者的通病是盲目模仿多，结合国情不够。教育制度脱离了本国经济、教育实际，实践效果当然不会好。仅从教育制度上改变，而与此配套的职业教育师资、设备、课程、教材、教法等等条件都根本没有准备好。二是中国儒家文化传统中重道轻艺思想根深蒂固，技艺工匠根本没有社会地位。因此，尽管培养技术技能型人才的教育制度建立了，社会鄙薄职业的观念仍然存在。这种情况从清末到民国时期都没有改变。尽管一些有识之士也曾批判这种陈腐观念，但根本不能彻底清除它的广泛存在和顽固影响。三是近百年中国虽也有一些时期经济迅速发展，然而总体来看是发展十分缓慢，水平十分低下，规模非常小，结构不合理。近代职业教育不是在充分发展的大规模工业化基础上产生的，

而是在分散、零碎、薄弱的民族工业基础上，在富国强兵、救国救民思潮强烈推动下产生发展，所以先天经济基础不够坚实，又缺乏健康发展的经济动力。社会经济发展落后对职业教育的影响，表现为两方面，一是对职业教育需求不足，二是无力支持职业教育。

五、中国传统学徒制是近代职业学校教育的重要补充

实业教育是一种培养有一定文化水平，掌握本行业特殊技能的实用人才的教育，从某种意义上说，可以追溯至中国古代学徒制。学徒制是广泛存在于中国古代手工业、农业、商业、医疗、服务业的培养技术人才的教育，为中国历史上各种传统技艺的传承与发展发挥了巨大作用。随着西方近代科技、教育制度的传入，培养近代企业需要的技术工人和培养农、商、家事等技术和管理人才的基本方式被西方式职业学校教育所取代，但是中国传统的学徒制教育在实业学堂、职业教育之外依然广泛存续，并且在中国近代职业教育的发展过程中仍然扮演了自己的重要角色。这一点显然没有引起思考中国近代职业教育的人们的关注和重视。

第八章 启示：中国近代职业教育思潮的现代观照

中国近代职业教育思潮的流变是中国近代社会发展演进的特定产物，是职业教育发展受到中国近代社会经济、政治、文化等因素制约和影响的反映。新时代对我国职业教育的发展提出了新的客观要求，必然带来与新时代相适应的职业教育思想、制度、体系等方面的改革创新。如何客观总结中国近代职业教育思潮流变中的规律和启示并合理借鉴，在新时代职业教育思想、制度、体系等改革创新中吸收有益历史经验，是需要我们深入探讨的重要课题。

第一节 中国近代职业教育思潮的流变规律探寻

纵观中国近代以来职业教育的几次思潮演进更迭，从社会背景因素、影响因素、动力因素、内生因素等方面来看，呈现出了一定的特点和规律：中国近代社会深重的民族危机是中国近代职业教育思潮产生和流变的源动力，国外教育变革潮流的影响是推动近代职业教育思潮流变的重要条件，对前期职业教育思潮的反思和扬弃是近代职业教育思潮流变的内部动因，职业教育思潮与实践的结合是推动近代职业教育思潮流变的关键因素。

一、近代以来深重的民族危机是近代职业教育思潮产生和流变的源动力

1840年至1949年，中华民族和帝国主义之间的矛盾是中国社会的主要矛盾，亡国的危机随着帝国主义侵略的加剧而日趋严重。中国教育近代化的兴起，主要是由于中国近代遭受西方侵略产生严重的民族危机和政治危机。内忧外患促使国人反思中、西方的差距究竟在哪里。表面看，中外的差距在军事科技上，才有了林则徐和魏源开眼看世界的呼喊。在镇压太平天国运动时，以曾国藩、李鸿章、张之洞等为代表的一批清末官僚通过亲身的体验，感受到了西方军事、科技、工业等方面的先进性，进而发动洋务运动，试图通过"中体西用"这条道路，发展中国的近代化经济和军事。这也成为当时大部分国人公认的救亡图存之路。实业救国思想正是在这种大环境下产生的。因此，中国近代职业教育的兴起和发展，其政治动因远大于经济动因。

不论是洋务企业还是民族资本主义企业，都需要大批实用技术人才。人才的短缺使得人们又开始将救亡的目光从实业转向了教育。早在19世纪60年代，早期资产阶级改良派代表郑观应就提出了兵战不如商战、商战不如学战的理念，将变革教育摆在了救亡图存的高度。实业救国理论催生了实业教育救国理论，中国近代实业教育思潮是在"实业救国"口号下产生和流行的。1904年1月颁布的《奏定实业学堂通则》开篇就是"实业学堂所以振兴农工商各项实业，为富国裕民之本计"。在实业教育后来的发展历程中，也时时可以看到政治因素对实业教育发展的影响，超过了经济因素对实业教育发展的实际需要。这一特点几乎从根本上决定了中国的实业教育乃至整个近代职业教育都带着浓厚的政治色彩，也决定了它自身所具有的、无法克服的种种局限。

当然，内忧外患的处境并不能直接成为职业教育思潮发展的动力，只有当危机被越来越多的人切身感受到时，它才能扮演助推器的角色，成为推动几次职业教育思潮萌发涌动并更迭发展的源动力。近代中国几

次职业教育思潮的参加者有不同阶级、不同政治派别,出于不同的利益,对职业教育的作用产生不同的认识,存在不同的期望。清末地主阶级希望靠职业教育达到富国强兵的目的,以维护封建统治;资产阶级从早期改良派到维新派到革命派,都把职业教育作为救亡图存发展资本主义的工具;早期马克思主义者陈独秀、李大钊、毛泽东等把争取工农劳苦大众的受教育权作为革命的手段之一。尽管想要达到的目的有所不同,但是把职业教育看作推动经济发展、国家富强的重要途径,是各阶级派别的普遍共识。把职业教育功能推向极端的是近代资产阶级,他们相信靠职业教育可以救国。恽代英、杨贤江对此进行了充分的批判。

二、向西方学习是推动近代职业教育思潮流变的重要条件

中国的传统文化植根于以农为本的自给自足的自然经济体系。在资本主义国家的军事、经济和文化侵略下,这种封建的经济体系逐渐瓦解,新的生产方式开始在帝国主义和封建主义的夹缝中生长。随着民族资本主义的发展,代表着先进生产力的阶级和知识分子也开始出现。新的社会阶层群体,必定会产生新的利益要求,而这种利益要求肯定会对代表旧的生产关系的教育制度造成强烈的冲击。中国先进的知识分子逐渐认识到西学的长处,看到了自己的不足,对西学也普遍关注和重视起来,主动承担起接受与引进的任务。虽然这种接受与引进带有明显的功利性和实用主义色彩,但不能否认的是,西方教育思想和教育制度的输入有力地冲击了中国的传统旧教育体制,逐步形成和相继改进了中国近代的教育制度,其中自然包括职业教育体系的形成和发展。

近代的洋务派提出的"中体西用"教育思想,是在维护中国旧有的封建统治体制的前提下,引进西方先进的科技和教育,使中国在维持社会平稳的同时摆脱落后挨打的境地,走的是借鉴西方的路子。中国近代实业教育的学制设计也参考借鉴西方的体制,模仿的是日本的学制。中日甲午战争以后,中国掀起了出洋考察外国新式教育制度的风潮。由于

第八章
启示：中国近代职业教育思潮的现代观照

在地理、文化、国情上的共同之处，日本成为教育改革人士出洋考察风潮中最受青睐的目的地。考察回国后，他们撰写了大量的考察报告或考察心得，例如姚锡光的《东派学校举概》，李宗棠的《考察日本学校记》，罗振玉的《扶桑两月记》，胡景桂的《日游笔记》等。还有不少热衷教育改革的人士通过翻译日本教育文件资料，为中国的教育改革提供参考，例如罗振玉的《日本教育大旨》等。其中1901年10月《教育世界》第11期上刊载的日本实业教育章程《实业学校令》，对于中国参考日本制定自己的实业教育体制，意义尤为重大。1902—1903年，清政府将实业学堂纳入了学制。

西方教育思想对中国近代职业教育思潮的又一次重要影响，是实用主义教育思想的引入。五四新文化运动时期，美国的实用主义哲学家、教育家杜威的实用主义教育思想经过蒋梦麟、陶行知、胡适等留美归国的教育界名人介绍而得到广泛传播。加上新闻舆论界的宣传吹捧以及杜威、孟禄先后到中国游历讲学，使杜威的实用主义教育思想和西方职业教育思想深刻影响了20世纪20年代的中国职业教育思潮。例如杜威在中国讲学时极力宣扬的平民主义教育思想，在教育界掀起一个平民教育思潮和运动，黄炎培、陶行知等许多职业教育界人士都受到影响，积极倡导和践行平民主义职业教育。

第三个对国外教育思想和制度学习借鉴的重要时期是职业教育思潮流行阶段。1915年4月至1917年3月间，职业教育的主要倡导者黄炎培先后考察了美国、日本、菲律宾及南洋各地的职业教育，了解各国职业教育状况后深受启发，进一步认识到"今后之富国政策，将取径于职业教育"，发展职业教育"为方今之急务"。1917年5月在上海发起成立了中华职业教育社，把介绍外国职业教育的先进经验并加以试验和推广作为重要任务之一。1917年11月至1925年11月，该社创办的《教育与职业》杂志刊载的介绍外国职业教育的文章达116篇之多，其中包括了美国、英国、德国、法国、苏联、日本等几乎所有当时职业教育发达的国家。1929年，职教社还先后派杨卫玉、刘湛恩分赴日本和欧美考察职业教育。这种密切注意国外职业教育的最新动态，及时地把域外的新理论、制度、措施介绍到国内，并根据我国的具体情况经过试验加以推广，从而形成具有本国特色的做法，无论在当时还是在现代都是可取的。

三、对每次思潮的反思和扬弃是中国近代职业教育思潮流变的内部动因

中国近代的特殊国情决定了职业教育制度要在封建社会母体内生长，必然经历漫长的斗争过程。经世致用实学思潮是在对宋明理学坐而论道、封建科举教育空疏无用的反思和批判过程中形成的，到清末发出了"开眼看世界"和"不拘一格降人才"的呼喊。洋务派的中体西用、大力发展军事工业、工商业和兴办新式学堂等思想，是经世致用实学思潮中"师夷长技"思想的延续，并且比实学思潮在思想层面递进了一层，真正通过兴办新式洋务学堂来付诸实践。洋务派要求把科学技术作为强国富民的手段，带来了教育思想和教育制度的重大变革。以李鸿章、左宗棠和张之洞为代表的清廷洋务派在办洋务、搞实业过程中深刻认识到，要摆脱清政府在政治、经济上所面临的困境，走富国强兵的道路，就必须学习西方国家的先进科学技术。于是，他们在办洋务、搞实业的同时，积极倡导技艺教育，培养各种能掌握机器生产技术、使用先进武器的人才。李鸿章在为创设天津武备学堂上皇帝的奏折中写道："我非尽敌之长，不能制敌之命，故居今日而言武务，当以其人之道还治其人。"张之洞在其教育名著《劝学篇》中提出："今欲强中国存中学，则不得不讲西学"，即所谓"旧学为体，新学为用"。洋务派倡导新学的主张，实质上是为维护半殖民地半封建社会的统治服务的，但是在这种思想指导下创办的各种新式洋务学堂，在客观上打破了一千多年来的传统科举教育一统天下的局面，使中国近代职业教育开始破茧而出。

早期改良派教育思想直接脱胎于洋务教育思想，但是已经突破了

"西艺""西学"的局限而开始倡导学习"西政"和广建学校。郑观应在《盛世危言》中提出"立宪法""开议会"等，在主张民族资本主义的发展和君民共主制度等方面，比洋务派的"中体西用"思想具有进步意义。在他们的思想主张中"兵战不如商战、商战不如学战"等思想是对洋务教育思潮的反思和进步之处。

以康有为为代表的资产阶级维新变法派，极力推行新政和倡导新学。他们领导的变法维新运动，主要用教育的力量培养变法的人才，从而促进变法维新的实现。为此康有为建议效仿德、日等的学制，通令全国各省、府、县、乡开设学校，讲授天文、地、矿、光、化、电、机器、测量、绘图等科学，并认为"今欧美百业必出于学校"，兴办实业教育，创立实业学堂，以培养各行各业的人才。严复更积极地提倡向西方学习，主张办新式学堂，把教育看作变法能否成功、中国能否富强的关键。为此，他一面主张实行西方那种强制的义务教育，一面热心于创办实业学堂。他认为，"求才为学二者，皆必以有用为宗"。由于资产阶级改良派政治上的软弱性与妥协性，他们的变法维新运动和教育改革运动很快就失败了。但是他们反对旧教育和提倡新教育的主张，尤其是重视科学技术和注重实业教育的尝试，对职业教育的产生和发展具有很大的影响作用。

从戊戌维新教育思潮到辛亥革命后的新教育宗旨提出，也是一个历史扬弃过程。1912年，南京临时政府把实利主义教育列为教育宗旨的内容之一，把发展实业教育作为教育改革的重要内容。蔡元培首先发起组织了中国教育会，并担任了南京临时政府教育总长，对辛亥革命时期的教育改革做了大量工作。他在《对教育方针之意见》一文中，提出了军国民教育、实利主义教育、公民道德教育、世界观教育和美感教育的资产阶级教育方针，并把实利主义教育列为教育宗旨之一。他认为："实利主义教育以人民生计为普通教育之中坚，其主张最力者，至于普通学术悉寓于树艺、烹饪、裁缝及金、木、土、工之中。此其说创于美洲而近亦盛于欧洲。我国宝地不发，实业界组织尚稚，人民失业者至多而国家甚贫，实利主义教育因以当务之急者也。"后来他又参加了他的学生黄炎培发起的中华职业教育社活动。总之，资产阶级革命派为改造封建的旧教育和发展职业教育作出了重要贡献。

实业教育思潮推动建立中国近代实业教育制度，成为癸卯学制、壬子癸丑学制的重要组成部分，同时也推动了实业教育实践的发展。但是，对清末和民国初年实业教育实践脱离生产生活实际之弊的反思和扬弃，导致民初职业教育思潮的产生。实用精神贯穿于近代中国职业教育思潮的始终，其基本含义是指职业教育应密切联系社会生产和人民生活。针对民初以来职业教育实践不能满足社会生产和人民生计需求的弊病，又产生了20世纪30年代改进职业教育的新思潮和乡村教育、生利主义教育、生产教育等思潮的涌现。

马克思主义在新文化运动中进入中国，中国人民最终选择马克思主义教育思想，也是对前面所有思潮反思和扬弃的结果，是历史的一个必然选择。

四、职业教育思潮与实践的结合是推动近代职业教育思潮流变的关键因素

自洋务运动以来，历次职业教育思潮都不是务虚的空谈，而是与新学堂的设立、新学制的建立、新教育运动相伴随，以教育思潮推动轰轰烈烈的教育实践。洋务运动随着甲午战争失败而告终，当时的各阶层各派围绕批判封建教育的不切实用、建立实业教育制度这个目标，纷纷提倡学习西方及日本的实业教育，在"商战不如学战"的口号下，勾勒出了中国实业教育制度的轮廓。癸卯实业教育制度和壬子癸丑实业教育制度相继确立后，晚清政府和民初政府以"尚实"或"实利主义"为教育宗旨，各种实业教育学堂在各地广泛设立。这是职业教育思潮和办学实践的第一次互动和结合的高潮。张謇以其实业教育思想体系的完整和实业学校教育实践的成功，成为实业教育思潮的代表性人物。之后，实业

教育的种种具体问题成为讨论重点,先进人士则开始反思实业教育实践脱离生产生活的问题,这些为更为关注生活实际和个人生计的职业教育思潮的产生准备了思想条件。当职业教育思潮形成后,因为其和社会现实状况更为贴切而受到普遍关注,推动了职业教育进入1922年的新学制,实业学堂向职业教育学校转型,职业指导和职业补习学校受到重视和加强。同时,大批平民教育、乡村教育等试验区纷纷设立。特别要提出的是,新民主主义革命时期的职业教育在中国共产党领导下的苏区和革命根据地广泛开展。这是职业教育思潮和办学实践的第二次互动和结合的高潮。

总体来讲,各个阶段的职业教育思潮都伴随着不同的职业教育改革运动,通过办学实践进而推动职业教育进入近代的历次学制改革。这种思潮推动实践进而改变学制的范式,使每次职业教育思潮都产生了积极而重大的实际效果,这也极大调动了职业教育家们进一步深入思考职业教育发展中的诸多现实问题的积极性和创造性。

第二节 中国现代职业教育转型发展的成效和趋势

新中国成立以来,特别是改革开放以来,我国的社会生产力快速发展,科学技术日新月异,产业结构早已突破了农工商传统模式,第三产业快速兴起,信息产业突飞猛进。新兴知识型产业如电子数控、软件开发、通信、传媒等为现代职业教育开辟了广阔的领域,提供了新的发展机遇,职业教育的目标、内容、手段等均发生了质的变化,职业教育在社会主义现代化建设中的地位日益凸显。

整体来看,我国的现代职业教育与近代职业教育相比较,除了在社会政治、经济、文化、人口等外部因素方面有着无可比拟的巨大优势之外,职业教育自身体系已经得到充分的发展完善,各级各类职业学校承担了世界上最大规模的国家职业教育功能，为我国社会主义现代化建设培养了数以亿计的高素质劳动者。同时，现代职业教育与社会政治、经济、文化、科技发展的关系更加密切，形成了经济、科技、教育一体化的态势，现代职业教育的改革发展同样面临着如何与社会经济发展和产业调整相适应、与劳动力人才需求相统一、与普通教育发展相协调、与教育理念手段创新相配套等理论和实践问题。

进入 21 世纪以来，随着高等教育大众化、普及化的步伐加快，国家加大了高等教育的招生规模。普通高校的大幅扩招使我国职业教育的生源数量和质量都受到较大的影响，职业教育的发展空间也受到一定的影响。另一方面是我国由劳动密集型产业向技术密集型产业转型，各类型产业对具有较高的技术技能型人才的需求大量增加。所以，职业教育发展面临的机遇和挑战同在。怎样才能更好地促进新时期职业教育的发展，是每个职业教育工作者都应肩负的责任。

一、我国现代职业教育在转型中发展

新中国成立后，民国时期的职业教育体系并未被直接列入我国社会主义教育制度体系之中。新中国的教育体系基本仿照的是苏联的教育制度体系和模式，其中对于培养社会各行业所需要的具备一定专门技能的管理者和劳动者方面，主要采取了利用中等专业学校、劳动技术学校等形式培养的方法。1949 年 9 月，中国人民政治协商会议第一次会议讨论并通过了《中国人民政治协商会议共同纲领》（简称《共同纲领》）。《共同纲领》具有临时宪法的性质，其中关于教育的内容有五条，第四十七条指出"有计划有步骤地实行普及教育，加强中等教育和高等教育。注重技术教育、加强劳动者的业余教育和在职干部教育，给青年知识分子和旧知识分子以革命的政治教育，以应革命工作和国家建设工作的广泛需要"。这里用的是"技术教育"的提法。1951 年 10 月，政务院颁布《关于改革学制的决定》，其中中等技术学校取代了

第八章
启示：中国近代职业教育思潮的现代观照

新中国成立前的职业学校在学制中的地位，把职业学校改名或合并到中等技术学校，实行以政府为主导的中等专业学校和技工学校的苏联模式。这种模式基本沿用至 21 世纪初的教育结构调整阶段，甚至影响至今。改革开放之后，职业教育、职业技术教育的提法先后出现在党和国家的重大法律和文件中。1982 年 12 月 4 日，第五届全国人民代表大会第五次会议通过的《中华人民共和国宪法》规定："国家举办各种学校，普及初等义务教育，发展中等教育、职业教育和高等教育，并且发展学前教育。"1985 年，中共中央颁布《关于教育体制改革的决定》，明确指出"社会主义现代化建设不但需要高级科学技术专家，而且迫切需要千百万受过良好职业技术教育的中初级技术人员、管理人员、技工和其他受过良好职业培训的城乡劳动者。没有这样一支劳动技术大军，先进的科学技术和先进的设备就不能成为现实的社会生产力。但是，职业技术教育恰恰是当前我国整个教育事业最薄弱的环节。一定要采取切实有效的措施改变这种状况，力争职业技术教育有一个大的发展"。《决定》要求从中学阶段开始普职分流，"逐步建立起一个从初级到高级、行业配套、结构合理又能与普通教育相互沟通的职业技术教育体系"，以"造就数以亿计的工业、农业、商业等各行各业有文化、懂技术、业务熟练的劳动者"。在改革开放的新的历史时期，我国的职业教育发展进入了快车道。

2002 年，国务院颁布了《关于大力推进职业教育改革与发展的决定》，指出改革开放以来，我国职业教育事业有了很大发展，各级各类职业学校教育和职业培训取得显著成绩，为社会主义现代化建设培养了大量高素质劳动者和实用人才。但是，职业教育的改革与发展也面临一些问题，一些地方对发展职业教育的重要性缺乏足够的认识；投放不足，基础薄弱，办学条件较差；管理体制、办学体制、教育教学质量不适应经济建设和社会发展的需要；就业准入制度没有得到有效执行，影响了受教育者的积极性；地区之间、城乡之间发展不平衡。要以中等职业教育为重点，保持中等职业教育与普通高中教育的比例大体相当，扩大高等职业教育的规模，协调中等职业教育、普通教育、成人教育、高等职业教育之间的关系，建立人才成长的"立交桥"，培养一大批工作在第一线的高素质劳动者和实用型人才。

党的十八大以来，为了推动职业教育从数量扩张到质量提升的转型，国家出台了一系列政策措施。一是推进职业教育办学模式转型。2014年9月颁布《关于开展现代学徒制试点工作的意见》，在该意见中进一步强调了高职院校建立现代学徒制的重要意义，强调高职院校的专业设置、职业标准与课程体系，必须与企业生产进行对接，学历证书与职业资格证书并行，提升职业教育在终身教育体系中的地位。2015年，教育部印发《高职教育创新发展行动计划（2015—2018年）》，在该文件中明确提出要推动高职院校与当地的企业开展合作办学机制，寻求合作办学模式。2016年3月，教育部职业教育与成人教育司就该文件下发了试点院校通知，提出浙江、湖南、山东、江西、湖北、上海等省市开展试点工作，就高职院校与当地企业合作招生、课程建设、教学实习及考核机制等提出相关的规定。二是推动职业教育考试招生制度改革。2013年，教育部下发《改革高职教育考试招生制度的指导意见》，在这个文件中明确提出推进多元化的考试招生标准，突出知识、技能、职业素养的考核目标，为学生提供多元化、多途径的入学机会。简而言之，高职院校在招生过程中要以高考文化课、职业技能水平考核等多个指标衡量学生，不再只是以高考成绩作为唯一的招生考试标准。教育部批准的国家示范高职院校、各省教育厅批准的省级示范高职院校和现代学徒制试点院校，在高考之前可以组织有志于报考的学生进行单独入学考试，考核的标准应该包括文化素质、职业技能、综合素质等三个方面。三是强化职业院校师资队伍建设。2014年，国务院发布《关于加快现代职业教育发展的决定》，明确提出推动高职院校师资队伍建设的若干措施，包括推动校企共建双师队伍，加快建立校企合作的教师培养培育基地；高职院校加快外聘实践经验丰富的兼职教师；推动职业院校专业教师到企业参加定期实践；鼓励企业高级技术人才到职业院校从事教学活动。随后，教育部在《教育部关于开展现代学徒制试点工作的意见》（教职成〔2014〕9号）中进一步落实国务院的上述决定，明确要求高职院校和企业可以就双师队伍建设分别制订相应的激励机制，积极参加"双师型"队伍的教师可以优先晋升职称；积极参加"双师型"队伍建设的企业员工发放奖励津贴。四是推动职业教育的专业结构调整。2015年7月教育部发布《关于深化职业教育教学改革全面提升人才培养质量的若干意见》，明确提出随着新型产业及其形态的出现，职业教育必须改革传统产业的相关专业，根据新型产业形态设置新的专业群，推动国家、企业、行业发展继续教育专业建设。为此，教育部将专业调整的自治权下放给各高职院校，除了国家控制布点的专业以外，其他专业调整各高职院校可以自主进行，教育部下发文件给予规范。当然，为了避免各高职院校专业调整后出现的同质化局面，教育部在2015年底修改了《高职教育专业目录》，要求专业调整必须以目录为整体依据，兼顾学校软硬件条件及地方产业特色。五是推动职业教育管理改革。2015年，教育部印发《职业院校管理水平提升行动计划（2015—2018年）》，这是首次针对职业院校的教育管理颁发部门规章，目的是促进职业教育的科学转型，规范其管理过程。六是推动职业教育保障机制的完善。2016年，财政部、教育部印发《关于建立完善以改革和绩效为导向的生均拨款制度加快发展现代高等职业教育的意见》（财教〔2014〕352号），规定2017年高职院校年生均财政拨款平均经费不得低于12000元，对于积极推动校企合作、专业结构改革、在"双师型"队伍建设中取得成效的高职院校给予绩效性拨款奖励。该文件中还要求地方政府为生均经费提供配套标准，最低生均经费配套标准不得低于每年2000元。①

经过一系列政策措施的激励，近年来职业教育的师资队伍结构得到明显改善，教师队伍在数量和质量上得到进一步的优化。按照教育部

---

① 乔春英、高晶，《中国职业教育转型的现状、问题及出路：基于政策文本的分析》，《继续教育研究》，2018年第3期，第70—75页。

2016年发布的《中国职业教育发展白皮书》显示，2012—2015年，中等职业学校的师生比例从24.9∶1降到20.1∶1，中等职业学校的"双师型"队伍建设质量不断上升，"双师型"教师的比例也有了较大幅度的提高[①]。职业教育的经费保障机制逐渐完善，公共财政对职业教育的投入逐渐加大，中央政府加大财政转移支付力度，地方政府也加大了职业教育生均经费的配套支持，中等职业学校和高职院校的教学仪器设备及学生实习实训条件得到极大的改善，大部分的职业院校建立了校内外互动的实训基地来提升学生的实践操作技能。在办学模式优化方面，通过校企合作办学模式开展的订单培养模式，为学生提供了大量的"做中学"的机会，进而大大增强了学生的动手能力和实践技能。全国性的职业教育质量标准体系得以建立，规范了职业教育的专业设置、课程体系及教学过程，为职业教育的教学标准规范化打下基础。

二、我国现代职业教育发展中的主要问题

虽然我国现代的职业教育取得了长足的发展，但是距离新时代中国特色社会主义现代化强国建设的客观要求还存在一定差距，与欧美发达国家的职业教育相比较还存在一定的不足，有待在新时代改革发展进程中进一步完善和提高。

（一）职业教育的社会认可度依然不够高

近代以降，自我国的职业教育产生和发展至今，始终没有摆脱"重道轻术"、重视普通教育轻视职业教育的传统观念的羁绊，职业教育在教育体系中的地位并不突出，技术技能人才在社会上的地位也没有得到根本改善。从家长到考生都对职业教育抱有抵触心理，只有考入普通院校无望的学生才会选择报考职业院校，职业教育认可度下降，成了中

---

① 林克松、石伟平，《改革语境下的职业教育研究：近年中国职业教育研究前沿与热点问题分析》，《教育研究》，2015年第5期，第89—97页。

考、高考考生的"无奈选择"。尽管国家针对职业教育发展制定了很多政策措施，但因为劳动力市场准入机制未能完全落实，一部分普通高校毕业生就业挤占了部分职业院校毕业生的就业市场，还有部分行业用人单位为了降低劳动成本，即使没有专业技术教育的学历也可入职，职业教育的专业优势难以充分发挥。

（二）职业教育的供需矛盾依然存在

职业教育是整个教育体系中与社会产业结合最为紧密的部分，要与产业转型升级、科技转化应用同步发展，在专业设置调整、人才培养数量等方面跟上产业转型的步伐。现代社会中，在科技创新的推动下，我国的经济得到快速发展，现代产业体系基本形成，产业结构优化调整，对各级各类技术技能型人才需求呈现多元化、动态化态势。但是，职业教育院校同质化发展现象较为突出，在专业调整、课程设置、实习实训、技能考核等方面，还未能与产业发展需求实现有效衔接，一些职业院校未能根据区域产业定位、产业结构特色及时调整专业设置，为用人企业提供产业发展所需要的高素质技能型人才。一些职业院校的教学仍然以理论学习为主、实习实训为辅，校内实训设备普遍落后于企业生产设备，实习环节缺乏规范管理。部分院校的实习流于形式，毕业生素质与企业的技能标准、专业素养、行业需求存在一定距离。部分职业院校与企业签订校企合作协议未能有效落实。

（三）职业教育的经费投入依然不够充足

以 2013—2016 年为例，我国职业教育的总经费只占教育总经费的 12%，与国家提出的 20% 目标还有较大差距，与 19.8% 的国际平均水平也有差距，在经济合作与发展组织（OECD）国家中，职业教育经费占教育总经费的 30%—40%[①]。此外，我国职业教育经费投入的区域差

[①] 王群瑉、李康康、翁震华，《德国应用科技大学办学特色及其启示》，《职业技术教育》，2007 年第 35 期，第 81—82 页。

异较大，有近30%的省区尚未制订配套经费支持标准[①]。中西部地区地方政府对职业教育的财政投入极为有限，少数民族地区、边疆地区、革命老区的职业教育条件亟待改善。

（四）职业教育的体制机制依然不够完善

职业教育中的学历教育与职业资格认定双轨运行，自成体系，缺乏统一管理。在校企合作机制建设中，职业院校的主动性较强，但企业参与度不够，积极性不高，尽管国家出台了一些政策，但对于企业参与职业教育的激励作用并不明显，在校企合作模式中，往往造成合作形式单一、合作内容简单，没有深层次的合作，产教融合机制未能完全建立。究其原因主要是，企业参与职业教育过程会增加其人力资源成本支出，而当前体制下企业员工队伍稳定性不够，流动性较强，在一定程度上会影响企业的经营效益，因此不愿意承担相关办学成本。激励企业参与产教融合、校企合作的内外部机制还没有真正建立。

三、我国现代职业教育体系建设的趋势

2022年10月，党的二十大胜利召开，习近平总书记在报告中强调，统筹职业教育、高等教育、继续教育协同创新，推进职普融通、产教融合、科教融汇，优化职业教育类型定位。报告中明确将"大国工匠"和"高技能人才"纳入国家战略人才行列。在全面推进中国式现代化，实现中华民族伟大复兴的新征程中，职业教育必将承担起前所未有的历史重任。中国的职业教育体制机制也必将在中国特色社会主义新时代得到进一步完善提高，焕发出新的生机和活力。

---

① 姜大源，《中国职业教育改革与发展建言：措施与创新》，《职教论坛》，2011年第28期，第55页。

（一）进一步优化现代职业教育法治体系

2022 年 5 月 1 日，新修订的《中华人民共和国职业教育法》正式施行。这是《中华人民共和国职业教育法》自 1996 年颁布施行以来进行的首次大的修订。这次修订使该法内容从五章四十条完善至八章六十九条，从 3000 多字增至 10000 多字，内容体系更加完备，体现了对我国现代职业教育发展规律的新认识，反映了新时代我国职业教育发展的新要求和职业教育自身高质量发展的新需求，为我国新时代职业教育体系的发展完善提供了法律保障。

（二）进一步深化现代职业教育体系改革

2022 年 12 月 21 日，中共中央办公厅、国务院办公厅印发《关于深化现代职业教育体系建设改革的意见》（以下简称《意见》），内容包括总体要求、战略任务、重点工作和组织实施等四个部分，以深化供给侧结构性改革、构建各方互动联动协同发展机制为改革方向，以探索省域体系建设新模式、打造市域产教联合体和行业产教融合共同体为战略任务，做好关键办学能力提升、"双师型"教师队伍建设、区域产教融合实践中心建设等五方面重点工作。该《意见》深入贯彻党的二十大精神，提出了一系列优化职业教育体系建设重大举措：一是强调更新全社会对发展职业教育的理念和认识，彻底改变对于职业学校和职校生的歧视性观念，切实把职业学校作为协同创新重要主体、国家人才培养重要基地和学习型社会重要支撑。二是强调以深化产教融合为重点，以推动职普融通为关键，以科教融汇为新方向发展职业教育，将"三融"发展理念落到实处，打造职业教育发展新动能新优势。三是强调压实各方主体责任，构建央地互动、区域联动、政行企校协同的产教联合体、产教融合共同体。

（三）进一步完善现代职业教育专业建设机制

2022 年 9 月 7 日教育部、人力资源和社会保障部分别向社会发布新版《职业教育专业简介》，9 月 28 日发布《中华人民共和国职业分类大典（2022 年版）》。新版《职业教育专业简介》将中职、高职专科、高职本科专业简介框架统一调整为 9 项内容，覆盖新版专业目录全部 19 个专业大类、97 个专业类的 1349 个专业。2022 版《职业分类大典》对分类体系进行了修订，在保持 8 个大类不变的情况下，净增了 158 个新职业，首次标识了 97 个数字职业，职业数达到了 1639 个。专业简介是介绍专业基本信息与人才培养核心要素的标准文本，是职业教育国家教学标准体系的重要组成部分。职业分类大典则是职业分类的成果形式和载体。两部文献的修订都突出强调全面贯彻新发展理念、服务产业转型升级的需要，充分反映了数字经济和绿色产业的新要求，体现了汇聚群智、与时俱进、求新务实的特点。二者的发布对于落实立德树人根本任务、规范职业院校教育教学、开展职业教育培训和就业指导以及开展需求预测、统计分析等科研工作都具有重要的基础性意义和导向性价值。

（四）进一步规范职业教育"双师型"教师队伍建设机制

2022 年 10 月 25 日，教育部印发《关于做好职业教育"双师型"教师认定工作的通知》，从国家层面启动了认定工作，明确要加快推进职业教育"双师型"教师队伍高质量建设，健全教师标准体系。同时发布的《职业教育"双师型"教师基本标准（试行）》将"双师型"教师分为中职和高职两类，分别划分为初、中、高三级。这是我国职业教育贯彻党的二十大精神，落实《中华人民共和国职业教育法》《中共中央 国务院关于全面深化新时代教师队伍建设改革的意见》等文件要求的重要举措，是教育部职业教育教师队伍能力提升行动的组成部分，标志着我国职业教育教师队伍建设开启了国家行动的新篇章，"双师型"教师认定进入了有国家标准可循的新阶段。各地各校需要切实提高政治站位，认真贯彻文件要求，消化吸收国家标准，研制符合本地实际的认定标准和实施办法①。

（五）进一步完善职业教育办学机制

首先是在政府和社会层面，一是制定和完善相关的法律法规及职业教育经费拨付、转移支付政策，明确中央政府、地方政府、行业、企业等不同主体在职业教育经费拨付中的责任。二是制定职业教育发展规划及宏观政策，促进资源合理配置。三是按照国家职业资格目录的要求，开展职业资格认定工作，提升职业教育的社会认可度。四是提高劳动技能在初次收入分配中的比重，增加技能、技术等要素在收入分配中的比重，能够保持技术技能人才在社会享有较为体面的生活②。五是大力选树优秀技术技能人才典型，对专业技术能力强、潜心钻研科技创新、工艺改善并获得知识产权、科技成果转化成果的职业人才大力表彰奖励，对职业教育人才的科技创新成果、知识产权等予以广泛宣传和应用，展现职业教育发展的丰硕成果，引导全社会形成尊重技术技能人才的舆论氛围。

其次是职业院校层面，一是针对区域产业体系完善、产业结构优化升级的客观要求，优化职业教育专业建设。职业院校要克服同质化发展弊端，协调配置专业资源布局，积极与企业做好专业对接、岗位对接，强化校企合作，实现区域产业与职业教育协同发展。二是响应区域产业发展需求，深化产教融合，与企业达成战略合作规划，对接企业岗位人才需求，在专业设计、课程设置、人才培养模式选择等方面充分吸纳企业参与，教育教学中要充分体现出职业特点、行业特点，加强实习实训，为学生提供多方面的实习场所，使学生在做中学、学中做，动手动脑，提高实践能力，将理论知识与企业实践相结合。三是建立校企双

---

① 王新波，《2022年职业教育改革与发展十件大事》，《中国教师报》，2023年1月11日，第14版。

② 石学云、祁占勇，《中国职业教育改革发展的政策走向分析：1995—2008年中国职业教育政策文本的定量分析》，《职业技术教育》，2010年第34期，第5—11页。

方师资互聘互任制度，一方面提升职业院校师资的指导实习实训能力水平，另一方面提高企业技术师傅的理论知识指导能力，实现"双师型"师资校企共建。四是促进科技成果产出，依托校企双方的知识、科研、设备、市场等优势，鼓励人才开展技术创新、技术改造、工艺优化，保护知识产权、促进成果转化，让职业教育人才的职业价值、社会价值都能够得到充分彰显。

第三节　中国近代职业教育思潮流变的现代启示

习近平总书记指出："不忘历史才能开辟未来，善于继承才能善于创新。"[①] 中国当代职业教育发展既要有创新精神和时代特色，也不能忽视对近代职业教育优秀基因的继承和发扬。

一、从引进借鉴到中国化探索的精神值得发扬

由于近代职业教育是随着西方近代工业和科技的发展而兴起的，中国近代的职业教育不可能从自给自足的农业经济和封建科举教育体系中自然孕育产生。于是，当时更为先进的西方职业教育制度、教育思想便自然地被新兴阶层和知识分子们关注、引进和效法，向西方学习成为中国近代职业教育思想和制度产生的必然选择，也成为推动各阶段职业教育思潮流变的重要条件。从远学欧洲、近学日本到效法美国，从"师夷长技"到引入新式学制体系，从实业教育到职业教育，从实用主义教育思想的引入到平民教育、乡村教育试验，我国近代职业教育思想、教育制度、教育形态都经历了照搬引进、中国化探索、实践中发展的不同阶段。这些引进和探索基本上贯穿了中国近代职业教育发展的整个历程。

---

① 习近平，在纪念孔子诞辰2565周年国际学术研讨会上的讲话，新华网，2014年9月24日。

第八章
启示：中国近代职业教育思潮的现代观照

在这个过程中，既有封建势力代表人物改良求变的艰苦努力，也有民主力量革故鼎新的不懈探索。各种职业教育思潮尽管受近代社会政治、经济等诸多因素的局限，难免带有提倡者所代表的阶级烙印，但是在当时都分别显示出各自的先进性和实用性，而且经过了职业教育发展实践的选择和验证。

近代职业教育思潮流变过程也是职业教育中国化的过程。西方职业教育理论和制度进入中国后，如何与中国的实际相结合，最大可能地满足中国社会需要？中国近代的职业教育思想家大都主张根据中国国情学习外国，然而由于对本国国情了解不够深入透彻，对如何把学习外国职业教育同中国国情相结合，思路方法并不明确。西方的职业教育制度如果照搬到中国来，肯定实践效果不好，这已经被近代学制先学日本、再学美国都不成功的事实所证明。癸卯实业教育制度是西方实业教育中国化的第一次尝试，壬戌职业教育制度是西方职业教育中国化的第二次尝试。但无论仿日还是仿美，都存在脱离中国国情的弊病。清末民初在传统学以致仕科举教育体制中增设实业学堂，存在缺乏初等教育阶段的文化基础、缺乏师资、不重视实习实践等问题，特别是忽略了近代中国尚不具备发展实业教育所必需的产业转型的社会条件。民国时期引进的美国职业教育制度除了忽视中国传统文化中学而优则仕的观念和重文凭、鄙视职业教育观念的顽固影响，还对中国尚无经济实力支持大规模普及综合中学制度估计不足。两次变革教育制度都存在机械照搬外国的问题。20 世纪 30 年代国民政府对职业教育制度的调整，是近代职业教育中国化的又一次努力。职业学校与普通学校分别设置，职业教育致力于培养初中级技术和管理人才，努力沟通职业教育与社会需求的联系，重视因地制宜设置职业学校及其专业，重视实习等，都是顺应社会发展形势要求的，也取得了一定成效。这个时期的教育理论界对职业学校、职业补习、职业指导三者有机结合的中国式职业教育模式的倡导，对实用精神的强调，都是职业教育理论中国化的可贵努力。可惜由于此后社会动荡，这个过程没有能再继续下去。

近百年来西方职业教育中国化是探索、发现、再探索的艰难过程，这个过程今天仍在继续。那些近代职业教育思想先驱立足社会现实需求，敢于吐故纳新、主动借鉴、大胆试验的求索精神，无疑是值得在当今职业教育改革发展中继续发扬的。

二、思潮引领、试验先行的发展模式值得借鉴

纵观中国近代职业教育思潮的产生、发展与迭代，大多是从翻译引进日本、欧美的实业和教育发展的论著、制度等开始，还有那些有识之士在留学或国内外考察之后，结合中国社会和教育实际状况，阐发思想观点，再经过报刊等媒体和讲学活动广为传播，逐渐在社会上形成思想潮流，然后通过成立研究团体、兴办实业学堂和职业学校加以试验探索，最终推动学制变革和完善。这种先有思潮引领，后有教育试验，再有制度响应的职业教育探索路径和范式在当时取得了一定的实际效果。

近代中国社会仍然是个农业社会，工业化程度非常低，这极大地影响了职业教育在中国的发展进程。在落后的农业国，在顽固的封建专制制度和落后的封建教育体制基础上，开始中国职业教育近代化的艰难进程，无论是洋务学堂兴办、维新教育变革还是近代学制的建立，没有实业教育先驱们大胆探索的精神和敢于尝试、试验先行的勇气，都是无法实现的。中国近代职业教育思潮在向西方学习过程中，是在同中国传统政治、经济、文化制度和保守、落后观念极力抗争中逐渐产生并发展的。特别是新文化运动之后，近代中国进入了一个政治、思想、文化、教育等领域的空前活跃时期。黄炎培等一批职业教育先驱掀起了职业教育思潮，成立中华职教社，试办中华职业学校，为探索建立职业教育制度、职业教育宗旨和建立起职业教育理论体系作出了大胆的试验和广泛的传播。晏阳初、陶行知等平民教育思潮的倡导和推动者成立平民教育促进会，先后在河北定县、湖南衡山、四川新都等地试创办平民教育试

验区，创建中国乡村建设学院、生活教育社、山海工学团等平民教育机构，开展平民教育试验，以造就"新民"，达到强国救国的目的。从历史经验的角度看，这些职业教育理论研究与教育改革实践紧密结合，因地制宜开展教育试验探索等，对当代职业教育改革发展仍具有一定的借鉴价值。

三、对职业教育宗旨的动态认识值得延续

在清末"新政"之前，清政府并没有明确提出全国统一的教育宗旨。洋务运动时期，洋务派创办各类学堂，"西文""西艺"等"西学"成为洋务教育的重要内容，主要目的是培养洋务运动急需的外语、外交、军事、科学技术人才。这些学堂的设立没有统一规划，更无统一宗旨，但有别于以科举为中心的旧学的设学目标，都服从于"自强""求富"的洋务宗旨。

筹办京师大学堂，正式提出中国近代学堂立学宗旨。1896年8月，管学大臣孙家鼐在《议复开办京师大学堂折》一文中，认为开办大学堂"宗旨宜先定"。他把"中学为体，西学为用"作为京师大学堂的立学宗旨："应以中学为主，西学为辅；中学为体，西学为用。中学有未备者，以西学补之，中学有失传者，以西学还之。以中学包罗西学，不能以西学凌驾中学，此是立学宗旨。"1904年1月，清政府又颁布了张之洞等人拟订的《奏定学堂章程》，明确提出了全国学堂总的立学宗旨："至于立学宗旨，无论何等学堂，均以忠孝为本，以中国经史之学为基。稗学生心术壹归于纯正，而后以西学沦其智识，练其艺能，务期他日成材，各适实用，以仰副国家造就通才、慎防流弊之意。"[①] 这是中国近代教育史上首次由政府明确提出的立学宗旨。这个宗旨体现了张之洞等人历来主张的"中学为体，西学为用"的思想，是各级

---

① 璩鑫圭、唐良炎，《学制演变》，上海教育出版社1991年版，第289页。

各类学堂必须遵循的办学方针,其核心是封建传统的儒家道德,尤其是忠孝的思想。由此可见,清末教育改革的主观目的是维护清朝统治,维护封建伦理纲常,但是它又引进了西方一些先进的做法,反映了半殖民地半封建社会的时代特征。1906年,清政府颁布新的教育宗旨,概括为"忠君、尊孔、尚公、尚武、尚实"。与之前的"立学之旨"相比,这个宗旨在文字表达上更加简洁、明确,把"中体西用"的指导思想概括得更加具体。

癸卯学制中的实业教育宗旨是"意在使全国人民具有各种谋生之才智技艺,以为富民富国之本"[①]。辛亥革命之后,蔡元培倡导军国民教育、道德教育、实利主义教育、体育、美感教育"五育并举",在其主持制定的资产阶级新学制壬子癸丑学制中,也明确了实业学校的教育宗旨为"以传授农工商业必需之知识技能为目的"。教育宗旨从维护封建统治进步为关注人的发展。受美国等西方教育思想的影响,1922年颁布的壬戌学制的指导方针是:发扬平民教育精神,谋求个性的发展,注重生活教育。职业教育替换了实业教育,体现了该学制兼顾学生升学和就业两种准备的倾向。

之后曾有过"党化教育"的方针、三民主义教育等。三民主义教育宗旨中对职业教育提出了"扩张并改进职业教育,促成男女职业机会平等,促成职业的保障,培养专门技术人才"[②]的发展思路。1930年,国民政府教育部对职业教育的宗旨加以说明和解释:"养成国民之生活技能,增进国民之生产能力。"新教育宗旨中标明:"普通教育中应有职业教育之陶冶及训练,在学校设施上,应有职业专科之设置,前此职业教育之弊,在陷于书本的知识,缺乏实际的生活技能与生产能力。此后职业教育的设置,第一须视地方产业,第二须视当地成人职业,第三须视社会需要。明乎此三者,而后于高级中学设置相当之职业科,或另设职

---

① 璩鑫圭、唐良炎,《学制演变》,上海教育出版社1991年版,第489页。
② 中国第二历史档案馆,《中华民国史档案资料汇编》(第五辑),江苏古籍出版社1994年版,第3页。

业学校，并与地方产业界联络，谋学生在校时之实习机会，毕业后之工作地位，职业教育方有效果。"①1932年12月，国民政府公布了《职业学校法》，明确规定"职业学校应遵照中华民国教育宗旨及其实施方针，以培养青年生活之知识与生产之技能"。此项宗旨在1935年6月公布的《修正职业学校规程》中被进一步细化为六项内容：一、锻炼强健体格；二、陶融公民道德；三、养成劳动习惯；四、充实职业知能；五、增进职业道德；六、启发创业精神。可以说，上述职业教育宗旨对职业教育内涵的界定是较为准确的，体现出现代职业教育的基本精神。

1937年抗日战争全面爆发，国民政府制定了"战时须作平时看，一切仍以维持正常教育为主旨"的基本方针，战时职业教育的宗旨是"职业学校教育应为发展生产事业之教育，以注重公民道德与职业道德之陶冶，劳动习惯之养成，职业知能之增进，创造精神之启发，俾养成各种职业界中等创业及技术人才为目的"。②

由于近代战乱不断、经济凋敝，加上西方文化的侵蚀和清末民初政府的腐败，近代职业教育宗旨有很多方面得不到落实。

另外，职业教育的主要倡导者黄炎培先生提出"职业教育要旨有三"，包括为个人谋生之准备、为个人服务社会之准备、为世界增进生产力之准备，1923年又将其凝练为"使无业者有业，使有业者乐业"，1934年又把"谋个性之发展"列为职业教育的首要目的，已经触到了职业教育的根本宗旨。1943年，他在《职业教育的基本理论纲要》一文中，指出职业教育的任务便是"对全群的人，用启发方式，在每一个人长日劳力或劳心，换取他的生活需求时，帮助增进他的知和能，使了解到我与群的关系，尽量贡献他的力量，来开发地力和物力，凝结而成整个的群力"。

---

① 中国第二历史档案馆，《中华民国史档案资料汇编》（第五辑），江苏古籍出版社1994年版，第133页。
② 中国第二历史档案馆，《中华民国史档案资料汇编》（第五辑），江苏古籍出版社1994年版，第23页。

从强兵富国到振兴实业，从解决个人生计到服务社会进而到增进生产力，从教育平民化到重视学生个性的发展和职业道德的形成，近代职业教育宗旨是一个不断调整、动态发展的过程。将技术性知识与技能作为核心内容，以帮助受教育者能够适应社会生存的需要，只是这种教人谋生的价值导向只能是阶段性的。随着社会发展，职业教育要超越自身的工具价值，走出"技术至上"的误区，满足人的个性化发展、可持续发展的需求，为经济社会发展培养高素质职业人才，才是当代职业教育应有的价值取向。

四、社会化的开放办学思想值得传承

自洋务学堂开始，近代职业学校既有政府主办，也有企业、工商界人士、教会等参与捐资办学，私人创办的职业学校占了相当比例，形成以公办学校为主体，民办学校和企业办学为补充的多元办学格局。

（一）倡导职业教育适应社会需要

黄炎培指出，职业学校有最紧要的一点，譬如人身中的灵魂，这一点"从其本质说来，就是社会性；从其作用说来，就是社会化"[1]。强调职业学校在学科设置、课程开发、招生人数、人才规格等方面都必须适应社会的需要，要开门办学，"务求适合于地方状况与来学者志愿"设置专业，"需聘请职业界中长于实践，懂得理论的人才"任教[2]。他的"大职业教育"观点认为，职业教育不是一个孤立的社会现象，而是同社会的政治和经济等其他社会要素紧密联系的。必须从职业教育本身的改进入手，扩宽视野，从社会的层面上来加深对问题本质的理解，兴办

---

[1] 黄炎培，《职业教育机关唯一的生命是什么》，《黄炎培教育文选》，上海教育出版社1985年版，第179—180页。
[2] 沈茜，《黄炎培职业教育思想研究与启示》，《北京建筑工程学院学报》，2004年专刊，第71—74页。

职业教育要注意"社会化"和"科学化"。这里面所提到的"社会化",指的是开办职业教育必须要顺应时代的发展需求和注重社会的需要。因为,离开了社会,职业教育不可能存活。据此,他认为在推行大职业教育过程中,各个教育要素都要从社会需要的角度出发,以社会和时代的需要作为大职业教育的根本。这个观点从另外一个方面来看也就是,办职业教育"绝对不许关了门干"也就是不能闭门造车;"绝对不许理想家和书呆子去干",办职业学校的人,除了热诚,有学历、德行和经验以外,还必须具有"社会活动力"[①]。黄炎培还提出另一个观点,就是职业教育要"科学化",也就是用科学分析的方法来解决职业教育所遇到的问题。这种科学思想在近代中国尤为欠缺,因此中国的职业教育和工业发展,需要注意科学要素的支撑,在物质方面、教学设置方面都要实现科学化的管理。

(二)借助其他学校、团体、企业的力量开展职业补习教育

1933年9月,国民政府教育部颁布了《职业补习学校规程》,1936年2月又颁布《各省市推行职业补习教育办法大纲》,要求各省市遵照该办法的具体规定推行职业补习教育。大纲要求,各地应当充分利用当地的大学、农工商学等专科学校、职业学校、乡村师范学校以及中学的条件和设备,广泛设立职业补习学校。其中大学及专科学校应举办高级职业科目补习班或短期职业训练班,目的在于对已有职业者予以高深学科的补习;此外,各种职业团体均应与职业学校及其相当学校合作,利用学校的设备,举办与本业有关的职业补习学校或职业训练班。1941年8月,国民政府教育部、经济部、农林部联合颁发了《公私营工厂矿场农场推行职业补习教育并利用设备供给职业学校学生实习办法纲要》,其中规定,为了使职业教育与生产密切结合,使公私营工厂、农场能够为职业学校的学生提供实习场所,不断提高职工的教育水平,在这些工

[①] 黄炎培,《中华职业教育社奋斗二十三年发见的新生命》,《黄炎培教育文选》,上海教育出版社1985年版,第286页。

厂或农场中附设职业补习学校或职业训练班。

(三) 奖励私人、团体兴办职业教育

1936年7月,教育部下发《补助公私立优良职业学校办法》,规定了公私立职业学校的补助费额。其中,每年补助费的70%发放给农工两科职业学校,30%发放给商业及家事职业学校。上述补助费主要用于扩充职业科实习与研究设备。除给予补助之外,国民政府极力奖励农、工、商团体开办私立职业学校、职业训练班及职业补习学校,并在1941年6月颁发《奖励农工商团体办理职业学校、职业训练班及职业补习学校办法》。该办法指出,各农工商业团体可根据《职业学校规程》《职业补习学校规程》《短期职业训练班暂行办法》及其他有关教育法令办理职业学校、职业训练班、职业补习学校,并且指出,对于办理效果良好者,教育部将给予相当的奖励。这些举措在一定程度上促进了职业教育的发展。

吸收近代职业教育围绕工商业发展开放办学的有益经验,一是积极营造多元办学格局;二是按照社会需求选择办学方向和培养目标;三是围绕产业需求开展特色专业建设;四是加强校企合作、工学结合;五是采用理实一体化教学模式,加强实习实训,提高学生实践动手能力,积极培养区域经济发展所需要的高技能人才。

五、重视乡村、关注农民的职业教育情怀值得弘扬

晚清的实业学堂比较重视农牧林业类学堂的设置,这是同中国近代社会仍然以农业为主的社会实际相符合的。农业一直以来都是中国经济的基础,然而到了近代,曾经引以为豪的中国农业技术已经远远落后于西方。尽管在洋务运动兴起后中国兴起了学习西方的热潮,但是这种热潮主要集中在军事、工业、商业等行业,甚少有人注意到要用西方的技术来改进中国的传统农业。对此孙中山就曾经指出:"我国家自欲引西法以来,惟农政一事,未闻仿效,派往外洋肄业学生,亦未闻有入农

政学堂者，而所聘西儒，亦未见有一农学之师。"[1] 1898年，康有为就奏请设立各省农务学堂，光绪帝也曾在诏书中要求各省各地都要设立农务学堂。戊戌变法期间，教授近代西方农业技术的农业学堂开始大量出现，具有代表性的有杭州太守林启创设的杭州浙江蚕学馆（1897年）、浙江孙诒让创办的永嘉蚕学馆（1897年）、湖北农务学堂（1898年）、广西农学堂（1899年）、福建蚕桑公学（1900年）、山西农林学堂（1902年）、四川蚕桑公社（1902年）、湖南农务工艺学堂（1902年）等等[2]。大量农林学堂的建立无疑是中国传统的重农思想和当时中国传统农业经济仍占主导地位的现实的体现。但是，清末民初的实业教育实质上也是属于一种精英教育，接受职业教育的人大多数来自中等收入水平以上人家的子女，这是由于其家庭的经济地位和社会地位所决定的。往往这类人人数相对较少，而且接受农林实业教育的需求并不迫切，急需接受实业教育的反而是中等以下的平民子女。

从20世纪20年代中期开始，以中华职业教育社为首的职业教育界开始把实施职业教育的重心由城市转向农村。黄炎培从普及职业教育的角度，论述了乡村教育的重要性，他说："吾尝思之，吾国方盛倡普及教育，苟诚欲普及也，学校之十之八九当属于农村。"此后不久，1925年，中华教育改进社在太原召开第四届年会期间，黄炎培即着手筹划乡村职业教育的试点工作，提出了划区试验乡村职业计划，并且指出"乡村职业教育之设施，不宜以职业教育为限"，但因兵事纷争不能实现；后又于1926年5月，中华职业教育社联合中华教育改进社、中华平民教育促进会等共同试验划区农村改进工作，也因遇到了缺少经费等困难未能兴办。但是，这些行动对乡村教育的促进作用是很大的。据《第二次中国教育年鉴》的统计，到1935年在全国各地建立的各种乡村教育、乡村改进和乡村建设的试验区多达193处，其中中华职业教育社在江苏昆山徐公桥创办的乡村改进试验区具有代表性，另外还在镇江黄墟、吴

---

[1] 孙中山，《孙中山选集》，人民出版社1986年版，第247页。
[2] 李蔺田，《中国职业技术教育史》，高等教育出版社1994年版，第9页。

县善人桥、沪郊等地创办过农村改进试验区，在沪西清河泾创办农村服务专修科，以及在浙江余姚诸家桥办的浙江诸家桥农村改进试验学校。这些乡村职业教育的试验都对当时的职业教育由城市转向农村，由正规学校职业教育转向职业补习和职业指导起到了积极的推广和示范作用。

中国是个农业大国，农业人口占总人口的大多数，因此要解决中国的问题，就必须解决农民问题。近代乡村教育旨在提高农民综合素质，改造乡村社会的落后现实。晏阳初、梁漱溟、陶行知等乡村教育家并没有照搬西方经验，而是在农村开展大胆的教育试验，形成了西方教育观念和中国农村教育实践结合的模式，强调"自尊自信，自己创造"[1]。培养"农夫的身手；科学的头脑；改造社会的精神"[2]。近代乡村教育家广泛推行教育试验方法，根据当地的历史、风俗、生活状况、物产、人口等情况，因地制宜制定试验计划，在长期教育实践探索和教育思想总结中，形成了近代中国乡村教育的厚重遗产，具有重要的现实意义。

六、人才培养和社会需求相脱节的教训应该吸取

在中国近代的职业教育理论中，职业教育遵循着这样的发展过程：职业教育发展—促进实业发达—解决社会生计问题—职业救国。但是，当学生不能顺利进入实业界时，这一过程在第一环节处就中断了，解决社会生计和职业救国便成了幻想。尽管他们也在不断地改进办学方法，却不断地感到失望，改进教育理论，结果与理想总是相去甚远[3]。

清末实业教育举办之初，受当时实业救国思想的影响，中国社会投入了大量的热情和力量来建设中国的实业教育，实业学堂的设立和学

---

[1] 马秋帆、熊明安，《晏阳初教育论著选》，人民教育出版社1993年版，第48页。
[2] 陶行知，《陶行知文集》，江苏人民出版社1981年版，第67页。
[3] 徐东、郭道端，《我国近代职业教育的变革与发展》，《国家教育行政学院学报》，2006年第8期。

堂招生都无计划地盲目膨胀起来，中国实业教育表面上看起来一片繁荣。实业教育的初衷是培养中国的实业人才，而实业人才只有在毕业后真正投入实业中去，才能发挥自己的效用，达到实业教育的根本目的。但是，在当时实业教育思潮的狂热时期，实业教育显然忽视了当时中国整个实业发展的大环境。这种急功近利的做法一开始就隐含着一个十分严重的错误。清末民初，中国的实业发展规模尚小，实业仍处在起步阶段，虽然急需人才，但是实业界规模很小，所能提供的就业岗位有限，能够容纳的毕业生数量很有限，无法接收大规模的毕业生，导致了部分学生无法投身实业界。更糟糕的是，由于实业教育举办之初缺乏规划，导致专业的设置在一定程度上同中国近代发展中的实业企业相脱节，培养出来的人才不适合当时实业发展的要求，而不少行业又缺乏受过教育的技术工人，这进一步恶化了实业教育的供求关系。那些实业学堂，同样严重脱离经济生产和生活实际，所教并非农工商等职业知识技能，而仅仅教学生读一些农工商之书而已。故而现实社会中，一方面大批的学校毕业生苦于所学无所用，毕业即失业；另一方面经济生产领域苦叹人才奇缺，不得不用高薪去聘请洋人。穆藕初在《实业上之职业教育观》一文中指出，"育之为业，不尚口而尚躬行，不限之于讲堂以内，而讲堂以外至广至繁之地方存在皆为育人之事业活动之范围"[①]。1941年6月9日，穆藕初在《做事与为人》的演讲中强调，当时的学校教育"太偏重教而忽视了育，因此学校常易成为知识的贩卖场所而缺少人格感化的机会。做事与为人，不但重言，尤在重力行。"[②] 因此，当时有人戏称"实业学堂"为"失业学堂"，学生毕业也就意味着失业。这也是后来黄炎培创办中华职业教育社，力图将当时的"实业教育"改造为"职业教育"的一个重要原因。

  近代，"学而优则仕"的旧式教育传统影响仍存在于实业教育中，尽管中体西用、实业救国等新思潮不断兴起，但是社会上的科举教育和

---

① 穆藕初，《穆藕初文集》（增订本），上海古籍出版社2011年版，第72页。
② 穆藕初，《穆藕初文集》（增订本），上海古籍出版社2011年版，第410页。

读书入仕的观念仍然具有很强的影响,多数知识分子仍然将读书入仕作为受教育的目标。而且实业学堂的毕业生中相当一部分人由于传统的入仕观念导致就业无门,有的转入法政学校就读。

清政府制定的实业教育制度中还曾包含授予实业学堂毕业生"出身"等内容,引进功名和官衔制度,以此来激励人们重视实业。光绪二十九年（1903年）,张之洞、张百熙、荣庆等人所制订的《各学堂奖励章程》中规定,高等实业学堂毕业生授以举人衔,可以出任知州、知县等职；中等实业学堂毕业生授以贡生衔,可以出任州判、主簿等职。当然,这种办法实际上非但不能消除科举教育的影响,甚至还可能会导致偏离实业教育的真实目的。因此,宣统二年（1910年）左右教育法令研究会和各省教育总会联合会主张废止这种功名奖励办法,民国元年（1912年）这一饱受非议的章程被废除。

近代职业教育的后期,由于社会动荡,经济萧条,一度导致学生毕业即失业。可见,职业教育的发展必须基于人才实际需求,更深层次的是基于经济发展水平对职业教育的客观需求。仅靠移植教育制度或教育思想,不足以真正解决职业教育发展的现实问题,这是近代职业教育发展的教训。现代社会只有保持经济的健康、协调、可持续发展,才能保持对职业人才的旺盛需求。而职业教育必须面向社会经济领域,适应经济增长方式的转变、城市化的推进、劳动力转移等现实需要,实现与经济社会发展的良性循环,才能取得长足发展。

参 考 文 献

主要参考著作文献

[1] 朱有瓛．中国近代学制史料（第一辑上册）、（第一辑下册）、（第二辑上册）、（第二辑下册）[M]．上海：华东师范大学出版社出版，1983、1986、1987、1989．

[2] 陈学恂．中国近代教育史教学参考资料（上册）、（中册）、（下册）[M]．北京：人民教育出版社，1993、1993、1998．

[3] 陈学恂．中国近代教育文选 [M]．北京：人民教育出版社，2001．

[4] 舒新城．中国近代教育史资料 [M]．北京：人民教育出版社，1961．

[5] 田正平，李笑贤．黄炎培教育论著选 [M]．北京：人民教育出版社，1993．

[6] 李蔺田．中国职业技术教育史 [M]．北京：高等教育出版社，1994．

[7] 刘桂林．中国近代职业教育思想研究 [M]．北京：高等教育出版社，1997．

[8] 吴玉琦．中国职业教育史 [M]．长春：吉林教育出版社，1991．

[9] 璩鑫圭，童富勇，张守智．实业教育师范教育 [M]．上海：上海教育出版社，1994．

[10] 璩鑫圭，唐良炎．学制演变 [M] 上海：上海教育出版社，1991．

[11] 孙培青．中国教育史 [M]．上海：华东师范大学出版社，2000．

[12] 中国蔡元培研究会．蔡元培全集（第一卷）[M]．杭州：浙江教育

出版社，1997.

[13] 中华职业教育社. 黄炎培教育文选 [M]. 上海：上海教育出版社，1985.

[14] 黄嘉树. 中华职业教育社史稿 [M]. 西安：陕西人民教育出版社，1983.

[15] 董宝良. 陶行知教育论著选 [M]. 北京：人民教育出版社，1991.

[16] 陶行知. 陶行知全集 [M]. 成都：四川教育出版社，2005.

[17] 陈独秀. 陈独秀文章选编 [M]. 北京：生活·读书·新知三联书店，1984.

[18] 中央教育科学研究所. 老解放区教育资料（一）、（二）、（三）[M]. 北京：教育科学出版社，1981、1986、1991.

[19] 李国钧，王炳照，于述胜. 中国教育制度通史 [M]. 济南：山东教育出版社，2000.

[20] 中国韬奋基金会韬奋著作编辑部. 韬奋全集 [M]. 上海：上海人民出版社，1995.

[21] 马秋帆，熊明安. 晏阳初教育论著选 [M]. 北京：人民教育出版社，1993.

[22] 李蔺田. 中国职业技术教育史 [M]. 北京：高等教育出版社，1994.

[23] 陈学陶. 中国近代教育文选 [M]. 北京：人民教育出版社，2001.

[24] 汤志钧，陈祖恩. 戊戌时期教育 [M]. 上海：上海教育出版社，2007.

[25] 朱文通. 李大钊全集 [M]. 石家庄：河北教育出版社，1999.

[26] 恽代英. 恽代英文集 [M]. 北京：人民出版社，1984.

主要参考论文文献

[1] 李峻，刘艳春. 民国时期职业教育思想述评 [J]. 职教论坛，2016（13）：92-96.

[2] 王向太. 中国近代实业教育给我们的昭示和启迪 [J]. 中国职业技术教育, 2016（21）：58-63.

[3] 刘金録. 张百熙的职业教育思想及实践 [J]. 职业教育研究, 2014（10）：178-180.

[4] 马斌. 张謇职业教育思想概述 [J]. 江苏教育研究（职教）（C版），2014（15）：11-14.

[5] 丁水娟，茅佳清. 贾儒结合：陶行知职业教育思想的本土化特质探析 [J]. 历史教学问题, 2018（2）：109-115.

[6] 李梦卿，赵国琴. 江恒源职业教育思想及其当代价值研究 [J]. 教育与职业, 2022（14）：64-71.

[7] 胡淑贤. 黄炎培职业教育思想的形成与演变 [J]. 课程教育研究（上），2015（1）：16-17.

[8] 沈进. 黄炎培职业教育思想研究综述 [J]. 老区建设, 2015（2）：55-57.

[9] 代伟. 蔡元培的职业教育思想及现实启示 [J]. 教育与职业, 2012（14）：21-23.

[10] 周永平，杨鸿. 黄炎培职业教育思想对构建现代教育体系的启示 [J]. 今日教育, 2014（9）：66-67.

[11] 牛金成. 江恒源职业教育思想探微 [J]. 中国职业技术教育, 2012（21）：82-86.

[12] 张守权. 张之洞与近代农业职业技术教育 [J]. 经济研究导刊, 2014（33）：311-312.

[13] 金兵. 近代中国职业指导思想研究述评 [J]. 职业技术教育, 2010（25）：79-84.

[14] 张丽华. 从近代职业教育思潮看发展新职业教育 [J]. 职业技术教育研究, 2006（10）：6-8.

[15] 彭干梓，夏金星. 容闳职业教育思想研究 [J]. 职业技术教育, 2010（19）：78-81.

[16] 刘桂林. 论中国近代职业教育思想 [J]. 华东师范大学学报（教育科学版），1996（4）：89-98.

[17] 高严明. 蒋维乔的职业教育思想简说 [J]. 职业教育研究，2007（7）：179-180.

[18] 赵靓. 严复教育思想研究综述 [J]. 昭通学院学报，2013（3）：11-16.

[19] 李月红. 黄炎培职业教育思想探析 [J]. 职业教育研究，2008（4）：159-159.

[20] 付明明，李化树，樊晶. 黄炎培和陶行知职业教育思想及当代价值 [J]. 文史博览（理论），2012（2）：81-82.

[21] 李建求. 张謇的职业教育思想 [J]. 教育与职业. 1989（7）：45-48.

[22] 刘振宇. 郑观应的职业教育思想与实践刍议 [J]. 辽宁教育行政学院学报，2008（9）：69-71.

[23] 张雪蓉. 张謇教育思想述评 [J]. 江苏教育研究（理论）（A版），2014（13）：30-34.

[24] 李建求. 一个实业家的职业教育思想与实践 [J]. 华东师范大学学报（教育科学版），2002（2）：78-84.

[25] 钱菁. 谈陶行知教育思想对职业教育课程改革的指导意义 [J]. 职业教育研究，2010（11）：122-123.

[26] 杨琼，刘晓明. 论杨贤江的职业教育思想及其启示 [J]. 职业技术教育，2009（1）：82-85.

[27] 钱民辉. 近代中国社会变迁与职业教育思潮 [J]. 社会学研究，1998（5）：84-98.

[28] 梁柱. 论蔡元培的职业教育思想 [J]. 教育研究，2006，27（7）：79-84.

[29] 戴小江. 延安时期徐特立的职业教育思想与实践探析 [J]. 教育与职业，2015（31）：115-117.

[30] 张长芳. 谈胡适职业教育思想及其现实意义 [J]. 青岛职业技术学院学报, 2004, 17（2）: 18-19, 46.

[31] 邢海燕. 福州船政学堂: 中国近代工学结合模式的发端 [J]. 高等理科教育, 2015（1）: 121-125.

[32] 冯丽, 张珍珍. 论杨贤江的职业指导思想及启示 [J]. 教育与职业, 2007（3）: 94-95.

[33] 方晓敏. 张謇实业教育思想发展脉络研究 [J]. 中国成人教育, 2011（1）: 134-137.

[34] 彭干梓, 卢璐, 夏金星. 杨贤江职业教育思想的变迁 [J]. 职教论坛, 2008（17）: 61-64.

[35] 金瑾. 论张之洞"中体西用"教育思想的时代意义 [J]. 文化创新比较研究, 2018（25）: 32-34.

[36] 叶桉. 李大钊平民主义教育思想对当代职业教育改革与发展之启示 [J]. 职教论坛, 2017（16）: 92-96.

[37] 熊标, 刘东浩. 简论苏区时期毛泽东职业教育思想及其启示 [J]. 职教论坛, 2013（10）: 93-96.

[38] 彭干梓, 夏金星. 郑观应的《盛世危言》与实业教育思想 [J]. 职教论坛, 2011（19）: 93-96.

[39] 彭干梓, 夏金星. 张之洞的《劝学篇》与实业教育思想述评 [J]. 职教论坛, 2006（17）: 59-64.

[40] 张广杰. 王韬商本思想论略 [J]. 山东教育学院学报, 2008（1）: 56-58.

[41] 张静. 杨贤江职业教育主旨观及其对我国高职教育发展的启示 [J] 职教论坛, 2019（6）: 158-161.

[42] 金兵. 近代中国职业指导思想研究述评 [J]. 职业技术教育, 2010（25）: 79-84.

[43] 吴雪萍, 郝人缘. 中国职业教育的转型: 从数量扩张到质量提升 [J]. 中国高教研究, 2017（3）: 92-96.

[44] 苏小丹. 盛宣怀的新式教育思想及其实践探究 [J]. 信息化建设, 2016（7）: 175-176.

[45] 潘晓. 陈炽职业教育思想探析 [J]. 职业技术教育, 2016, 37（27）: 72-76.

[46] 赵宁宁. 有关中国近代职业教育思想的文献综述 [J]. 武汉职业技术学院学报, 2009（4）: 13-15, 22.

[47] 王筱宁, 李忠. 民国时期的劳工教育思潮及其影响 [J]. 职教论坛, 2015（10）: 91-96.

[48] 彭干梓, 夏金星, 邹纪生. 近代中国职业教育的启蒙 [J]. 岳阳职业技术学院学报, 2005（12）: 4-12.

[49] 刘超, 唐国庆, 夏金星. 张之洞实业教育思想初探 [J]. 职业教育研究, 2007（1）: 178-180.

[50] 任晓玲, 吴素敏. 王韬的重商主义思想及其近代影响 [J]. 内蒙古农业大学学报（社会科学版）, 2008（3）: 280-281, 302.

[51] 毛海英, 曾青云. 中国高等职业教育转型与创业教育改革: 基于《国务院关于加快发展现代职业教育的决定》的解读 [J]. 中国成人教育, 2015（11）: 68-71.

[52] 林克松, 石伟平. 改革语境下的职业教育研究: 近年中国职业教育研究前沿与热点问题分析 [J]. 教育研究, 2015（5）: 89-97.

[53] 王媛. 近代中国职业教育思想的萌芽 [J]. 成都大学学报（社科版）, 1999（3）: 63-65.

[54] 路来庆, 牟文谦. 论李大钊教育与职业合一思想及其启示 [J]. 长春工业大学学报(高教研究版), 2009（3）: 24-26.

[55] 谢长法. 任鸿隽的实业教育思想 [J]. 教育与职业. 1999（8）: 48-50.

[56] 刘金錄. 中央苏区、抗日根据地及解放区的职业教育 [J]. 职业教育研究, 2014（8）: 178-180.

[57] 石学云, 祁占勇. 中国职业教育改革发展的政策走向分析: 1995—

2008年中国职业教育政策文本的定量分析[J]. 职业技术教育，2010（34）：5-11.

[58] 刘江. 中国职业教育改革与发展探究[J]. 成人教育，2015（11）：86-88.

[59] 乔春英，高晶. 中国职业教育转型的现状、问题及出路：基于政策文本的分析[J]. 继续教育研究，2018（3）：70-75.

[60] 曹晔，周兰菊. 中国现代职业教育体系：建设基础与改革重点[J]. 职教论坛，2016（28）：28-34.

后 记

当前，我国的职业教育面临新的广阔发展空间，对于中国职业教育发展的探索也在中国学术界日渐升温，并取得了丰硕的成果。其中，对中国近代的职业教育产生、发展的历史进程和其中所蕴含的历史规律的探索备受学术界重视。晚清和民国时期是中国职业教育产生和发展的重要阶段，对近代中国职业教育思想的研究在整个中国职业教育史研究中也占有重要地位。本书吸收学术界已有的研究成果，站在巨人的肩膀上做了一些力所能及的收集史料、整理归纳和分析研究工作，以期大致勾勒出中国近代若干职业教育思潮产生和流变的阶段形态和特征规律。

中国近代职业教育与封建时代的传统学徒制式的职业教育乃至古代的职业教育因素一脉相承，同时又更多地受到近代西方科技发展和近代职业教育理念的影响，根植于中国近代工商业发展的时代土壤之中。中国近代职业教育思潮的产生和流变，既是学习借鉴西方职业教育发展的成果，带有浓重的西方色彩，同时也是中国职业教育发展自身规律的反映，有着与西方的职业教育不同的特征。中国近代职业教育承载着太多的历史意义和历史责任，不论成与败，它对于中国教育乃至整个中国社会的近代化所起的作用都是不可否认的。今天我们探讨研究中国近代职业教育思潮流变的历史进程，目的是希望通过这种探索，能够对中国职业教育发展的历史规律作一个初步的归纳总结，从而为今天我们从更新的理念上认识职业教育，从更高的程度上重视职业教育，从更深的层次上改革职业教育添砖加瓦，为中国职业教育新的发展作出一点绵薄的贡献。

职业教育是当前国民教育体系中的一个重要组成部分，对社会经济发展和人的生存与发展乃至国家的生存与发展的作用都是不容低估和不可替代的。然而，就是这种具有特殊功能的教育却经常被轻视甚至是忽视。在当今社会，职业教育依然被一些人视为低于普通教育的附属和补充教育类型，没有获得应有的地位。从根本上破除"先普教、后职教"的惯性思维影响，大力发展职业教育，把巨大的人口压力转化为人力资源优势，为我国经济社会发展造就高素质劳动者，具有重大现实意义。本书带着这样一份朴素的责任和使命，力求为中国职业教育理论的进一步丰富和发展而汲取历史的养分，注入本土的元素，踏响时代的足音。但因为学术水平和研究能力所限，难免有诸多欠缺和不足之处，敬请各位专家学者不吝赐教，批评指正。

本研究在选题论证、书稿修改等工作中，得到了安徽师范大学路宝利教授，河北科技师范学院赵宝柱教授、陈庆合教授、闫志利研究员等同人的诸多指导帮助，在此一并表示感谢！

2023 年 11 月 12 日